Lucky Luke

Kultur & Kritik 8

Georg Seeßlen, geboren 1948, Publizist. Texte über Film, Kultur und Politik für *Die Zeit, der Freitag, Der Spiegel, taz, konkret, Jungle World, epd Film* u.v.a. Zahlreiche Bücher zu Film, populärer Kultur und Politik, u.a.: »Martin Scorsese« (Reihe film: 6); »Quentin Tarantino gegen die Nazis. Alles über INGLOURIOUS BASTERDS«; »Tintin, und wie er die Welt sah. Fast alles über Tim, Struppi, Mühlenhof & den Rest des Universums«; »Das zweite Leben des ›Dritten Reichs‹. (Post)nazismus und populäre Kultur« (2 Bände); »Trump! *Pop*ulismus als Politik«. »Liebe und Sex im 21. Jahrhundert. Streifzüge durch die populäre Kultur«.
Zusammen mit Markus Metz: »Blödmaschinen. Die Fabrikation der Stupidität«; »Freiheit und Kontrolle. Die Geschichte des nicht zu Ende befreiten Sklaven«; »Hass und Hoffnung. Deutschland, Europa und die Flüchtlinge«; »Der Rechtsruck. Skizzen zu einer Theorie des politischen Kulturwandels«; »Kapitalistischer (Sur)realismus. Neoliberalismus als Ästhetik«; »Beute & Gespenst. Lebenswelten im Neoliberalismus«; »Apokalypse & Karneval. Neoliberalismus: Next Level«.

Georg Seeßlen

Lucky Luke

Fast alles über den (nicht gar so) einsamen Cowboy und seinen Wilden Westen

BERTZ + FISCHER

Bibliografische Information der Deutschen Nationalbibliothek
Die Deutsche Nationalbibliothek verzeichnet diese Publikation in der Deutschen Nationalbibliografie; detaillierte bibliografische Daten sind im Internet über <http://dnb.dnb.de> abrufbar.

Umschlaggestaltung: D.B. Berlin

Abbildungsnachweis:
Siehe S. 268

Franz-Mehring-Platz 1, 10243 Berlin, Germany
Standart Impressa, www.standart.lt, Vilnius, Litauen
ISBN 978-3-86505-774-7

Inhalt

Mein Freund Lucky, oder: Ich kannte mal einen Kerl, der ...

Ich weiß nicht, was poetisch ist. Ist es ehrlich in Tat und Wort? Ist es ein richtiges Ding?

Die Magd Audrey in *Wie es euch gefällt* von William Shakespeare

I'm a poor lonesome Cowboy, far away from home.

Lucky Luke in *Lucky Luke* von Morris

Als Lucky Luke in mein Leben trat, damals im Comic-Magazin namens *Der heitere Fridolin*, das mir auch die Bekanntschaft mit *Spirou* (alias *Fridolin*, später auch *Piccolo*) verschaffte, hatte ich schon einige Westernfilme gesehen – vor allem in den »Jugendvorstellungen« am Samstag. In denen wurden diverse Zusammenschnitte kurzer Filme mit dem fetzenbärtigen »Fuzzy« St. John gezeigt, aber auch schon ein paar »richtige« Western mit Richard Widmark und John Wayne, die ich eigentlich gar nicht hätte besuchen dürfen, wie die FSK-Freigabe-Daten und elterliche Ermahnung besagten. Und ich hatte auch meine erste Comic-Sozialisation hinter mir, legal mit Micky Maus und nicht so offen mit den 20-Pfennig-Streifenheftchen um Sigurd, Akim und Silberpfeil. Wahrscheinlich war es diese Vorbildung, die bewirkte, dass Lucky Luke sich bei mir sofort als etwas Besonderes einbrannte. Das war übrigens vor der Zeit, als man beschloss, dass Lucky Luke ein Westerner von der Sorte sein sollte, die niemandem richtig weh tun, geschweige denn jemanden töten. Deswegen war für mich gar nicht ausgemacht, dass es sich dabei um einen harmlos-komischen Western handelte, wie zum Beispiel in Parallelveröffentlichungen um Figuren wie »Der fidele Cowboy« oder »Buffalo Brill«. Auch die Schurken wie Phil Steel, genannt »Spinnenbein«, den man, wie ich später bemerkte, mit den Zügen des herrlichen Erzschurken-Darstellers Jack Palance ausgestattet hatte, waren nicht nur komisch, sondern auch ein bisschen gruselig. Aber Lucky Luke triumphierte.

Das besondere an Lucky Luke war, dass immer eine ganze Welt um ihn herum entstand. Das war etwas, das mich immer auch an »richtigen« Western gereizt hat. Gewiss passierte dauernd was, es wurde geschossen, geschlagen und geritten, was das Zeug hält. Aber es war eben auch viel Raum für das Land darum herum, unendlich viele Details, die immer wiederkehrten, Nebenfiguren, die einfach dazugehören, Dinge, die geschahen, ohne ausgesprochen zu werden. Es war die Kunst von *Lucky Luke*, den Hintergrund so lebendig werden zu lassen, dass man das Gefühl hatte, wirklich dabei zu sein.

Der Western war für mich eine Schule des Sehens, und die *Lucky Luke*-Comics, ganz anders als sonstige komische und kindliche Westerngeschichten, hatten diese Lektion schon intus, waren nicht nur Abenteuer von Helden und Schurken, sondern auch Abenteuer des Auges. Wie bei *Spirou* und *Tintin* (alias *Tim und Struppi*) wurde mir (irgendwie) bei *Lucky Luke* klar, was eine bestimmte Strichgröße, ein Hinzufügen oder Weglassen, bedeutet. Was mit Augen, Mündern, Bewegungen, Bildausschnitten und Perspektiven gesagt werden kann. Warum es so schön ist, wenn ein Panel – also ein Einzelbild in der Folge der Bildreihen – Details oder Kleinigkeiten im Hintergrund aufweist, die die Lesegeschwindigkeit verzögern, selbst da, wo es eigentlich gerade spannend wird. Die Abenteuer von Lucky Luke, das verband ihn mit dem Donald Duck des Carl Barks, überflog man nicht einfach, man versenkte sich, man war, für eine gewisse Zeit, darin zu Hause. Und unter der bedrohlichen Heiterkeit der fünfziger und frühen sechziger Jahre durfte man ein abenteuerliches Rumoren spüren. Ich war, muss ich gestehen, nie ein großer Karl-May-Leser, das war einfach nicht *mein* Westen. Näher war mir da schon James Fenimore Cooper. Bei ihm gab es zwar zu viel Wald und zu viel See, um diese Weite zu ermöglichen, die ich immer im Genre spüren wollte, weil sie uns so sehr fehlte, aber dafür hatten seine Figuren das Widersprüchliche und Widerspenstige, was auch bei *Lucky Luke* aufschien. Er war nicht dieser eifrige Gute-Taten-Held, er hatte seinen Ruf als schnellster Schütze, gewiss, aber er war weder auf Ruhm noch auf ein Amt aus, und manche seiner Aufgaben, wie das ewige Wiedereinfangen der Daltons, erledigte er mit stoischem Widerwillen. Er hatte die herrliche Lakonie, die James Stewart auszeichnete, wenn er an einem Stück Holz schnitzend auf die

Main Street schaute, und auf die Streithähne, die er mit kargen aber klugen Worten trennen würde, dieses kleine Blitzen in den Augen und das fast unmerkliche Zucken des Mundes, während man ganz gelassen abwartet, was dem Gegner an Aberwitz noch einfallen wird. Oder wenn er eine der *tall stories* als sinnreiches Gleichnis zum Besten gibt, die immer mit den Worten »Ich kannte mal einen Kerl, der ...« beginnen. Und da war dieses Schlussbild: Lucky hatte nur *ein* großes Glück, das Glück, immer weiterziehen zu können. Weil die Welt eben noch groß und frei war.

Vieles von den genialen Sophistereien und direkten Anspielungen kam erst später und war vor allem die Zutat des Texters René Goscinny. Was an dem so großartig war? Nun, er hatte zwar einen sehr speziellen Humor, aber er begnügte sich nie damit, seine Gags von einer Figur oder einem Figuren-Kosmos auf den anderen zu übertragen. *Lucky Luke*-Gags funktionieren anders als *Asterix*-Gags, und die funktionieren anders als *Der kleine Nick*-Gags, die wiederum ganz anders funktionieren als *Isnogud*-Gags. Selbst die Gag-Struktur in *Lucky Luke* hat die Wellenform der Westernerzählung: Immer gibt es die Momente der Ruhe zwischen den dramatischen Höhepunkten. Ganz anders als etwa bei *Isnogud*, wo die Pointen sich nach der Exposition in immer aberwitzigerem Tempo überschlagen. Luckys Gelassenheit überträgt sich auf den Rhythmus der Erzählung. (Nicht dass er nicht auch einmal die Faxen dicke haben könnte. Nicht an der Bosheit, wohl aber an der Dummheit seiner Mitmenschen konnte dieser einsame Cowboy gelegentlich verzweifeln.)

Allerdings: In einem ähneln sich die Serien, an denen Goscinny beteiligt war: Es ist das Vergnügen an der Komik der *ordinary people*, an der Eitelkeit, der Hybris, den Tics, den sozialen Spielen, der Korruption und der Dummheit von normalen Menschen, ob in einem gallischen Dorf, dem märchenhaften Bagdad, im Paris des kleinen Nicolas oder eben in einer Western-Town. Was dies anbelangt, gibt es einen Goscinny-Traumpfad zwischen »liebenswert« und »bösartig«, den beim besten Willen niemand so präzis zu gehen versteht. In der satirischen Zeichnung der schrullig-beschränkten Kleinbürgerwelt liegt, neben den politischen und kulturellen Anspielungen, der Reiz seiner Comics für erwachsene Leserinnen und Leser. Morris war für die komische Verdichtung der Westernstandards zuständig, Goscinny für den Rest.

Und dafür war bedeutend, dass sich diese beiden Autoren so gut verstanden wie Lucky Luke und Jolly Jumper: »Das Tollste war vielleicht, dass er beim Schreiben seines Textes ganz genau wusste, wie ich dies zeichnen würde. Und als ich seine Texte las, habe ich sofort gewusst, was er damit sagen wollte, habe den Sinn dahinter gesehen und wusste, wie ich dieses zeichnen sollte«[1] – so Morris über seinen Pard.[2]

Für mich war *Lucky Luke* nicht nur eine Parodie des Westerns, nicht einmal nur eine Liebeserklärung an das Genre, Bild für Bild, für mich war es auch eine Vollendung. Es steckt einfach die Essenz des Western in den Bildern von *Lucky Luke*. Aber der Reihe nach.

Wie der Western wurde

Die Besiedlung des Westens in der zweiten Hälfte des 19. Jahrhunderts entstand aus den sozialen und materiellen Trümmern des Bürgerkriegs und seiner Schrecken. Aus dem Süden wie aus dem Norden kamen Menschen, die von diesem Krieg gezeichnet waren, die Verlierer nur wenig mehr als die Gewinner. Sie waren desillusioniert und traumatisiert, einige hatten im Krieg alle moralischen Skrupel verloren, andere wollten nur Frieden finden in den Weiten der Prärie oder in den Bergen. Aber zugleich war dieser Wilde Westen auch der Entfaltungsraum eines wölfischen, unkontrollierten Kapitalismus. In die bald überfüllten Städte dagegen strömten neue Einwanderer aus Europa, die Gewalt eskalierte. In den Westen gehen war daher eine Option für junge Menschen, die solcher Enge entkommen wollten, und so entstanden im Westen auch Gemeinschaften mit idealistischen, religiösen oder weltanschaulichen Eigenheiten, und die leicht verrückten Gestalten, die uns im Genre dann begegnen, haben durchaus ihre realen Vorbilder. Es kamen die Mormonen mit ihren Siedlertrecks, die sich schließlich in der Gegend um den Salt Lake niederließen, es kamen die befreiten Sklaven, denen man indessen immer noch Arbeit und Gleichberechtigung verweigerte, es kamen die Chinesen, die insbesondere beim Eisenbahnbau als willige und billige Arbeitskräfte eingesetzt wurden, es kamen Abenteurer aus Europa, und auch hier ging die Entwicklung über manche so unbarmherzig hinweg, dass ihnen kaum eine Möglichkeit blieb als Raub und Mord, es kamen die unternehmerischen Leute mit Geld, die Banken und Verkehrsbetriebe gründeten, es kamen Frauen mit der Hoffnung auf eine neue Heimat und einige auch mit der Hoffnung auf schnelles Geld, es kamen Männer (und einige Frauen), die von ihren Künsten mit dem Schießeisen lebten, mal auf dieser, mal auf der anderen Seite des Gesetzes, es kamen gottesfürchtige Menschen und Quacksalber, die Kavallerie setzte sich aus Männern zusammen, die nichts anderes gelernt hatten, als zu gehorchen und zu kämpfen, es kamen Journalisten, Künstler und Schriftsteller, es kamen Pazifisten und Streitsucher,

Spieler, Goldschürfer, Händler, Kutscher und Ärzte, und es gab Tote, die von Bestattern auf den Boot Hill gebracht wurden, es kamen Lehrerinnen und Sängerinnen, es kamen junge Männer, die gebraucht wurden, um die Rinderherden nach dem Osten zu treiben, die Cowboys, es kamen Indianerfreunde und Indianerhasser, es kamen Zirkus- und Theaterleute, und vor allem kamen Leute, die mal dies und mal das machten, es kamen Verfolgte und Verfolger, Leute, die nur unterwegs sein wollten und andere, die nur sesshaft werden wollten. Alle diese Charaktere wurden zu Typen in der großen Westernerzählung, und aus diesen wiederum wurden Figuren im *Lucky Luke*-Universum.

»Der sogenannte Wilde Westen prägte einen Menschentyp, den es bisher in der Geschichte noch nicht gegeben hatte: den Eroberer. Jeder, der mit einem Planwagen den Mississippi überquerte, der mit einem Treck oder allein nach Westen ging, war sein eigener Eroberer. Trapper eroberten die Wildnis, Satteltaschenpriester eroberten neue Königreiche des Glaubens, eine Handvoll verwilderter Soldaten die Indianer, Landvermesser unerforschte Gebiete, der Siedler eroberte eine neue Zukunft, Frauen eroberten zum ersten Mal in der Menschheitsgeschichte die Gleichberechtigung, Cowboys einen Ozean aus Gras, verwegene Abenteurer eroberten, was sie wollten« (Heinz-Josef Stammel).[3] Die Paradoxie des Westerners – und eben auch die von *Lucky Luke* – liegt darin, dass er (und manchmal sie), in einer Welt der Eroberer lebt, ohne selbst ein Eroberer sein zu wollen. Genauer gesagt: Der »rechte« Westernheld ist Teil der Eroberung, der »linke« Westernheld ist Teil der Flucht vor ihr. Und die meisten Westernhelden bewegen sich zwischen diesen Extremen.

Die »Eroberung« (und das war durchaus im wörtlichen Sinne so) war eine ambivalente und komplizierte Angelegenheit. Die »Zivilisation«, und damit »Recht und Gesetz«, die sich in der zweiten Hälfte des 19. Jahrhunderts nach Westen hin, an einer *moving frontier* bewegte, war auch die Bewegung von Ausbeutung, Unterdrückung und Genozid. Das Grandiose und Hässliche dieser Situation war, dass sich die Menschen noch selbst entscheiden konnten, welche Rolle sie in diesem Prozess spielen wollten. Deswegen sind der Held im Genre und sein Widersacher, der Gute und der Böse, Ausdruck der gleichen Freiheit (woraus immer wieder nicht nur eine Geschichte der Grenzgänger zwischen Banditentum und Gesetzestreue gewoben wird, sondern auch eine innere Verwandtschaft, oft ganz direkt als Geschichte von Brüdern, die auf verschiedenen Seiten des Gesetzes stehen). Der Westerner, so wie wir ihn uns dann träumten, war einer, der sich im Dazwischen und in der Bewegung verstand; er ist nicht mehr, wie sein Vorläufer, der Trapper und Kundschafter, einer, der sich danach sehnt, in der Wildnis aufgenommen zu werden (mehr oder weniger zum »Indianer« zu werden), aber er ist auch keiner, der das alles begrüßt, was mit der Zivilisation kommt, die Banken, die »Imperien«, die das Land in Besitz verwandeln, den Stacheldraht und die Telegrafenlinien, die blutige Ausrottung der »Indianer« und die Herrschaft korrupter Politiker. In alledem schmerzten ja auch noch die Wunden des Bürgerkriegs; die United States Cavalry an der Grenze war schließlich eine Transformation der Bürgerkriegsarmee, und viele berühmte und berüchtigte Banden des Westens waren, wie die von Jesse und Frank James, aus den Guerillatruppen des Südstaaten-Rebellen und Nachkriegsverbrechers Quantrill entstanden, in denen Soldaten und Söldner gelernt hatten, ihre menschlichen Regungen zu vergessen. Die Cavalry, die uns dann in den Filmen und, natürlich in parodistischer Absicht, bei *Lucky Luke*, stets als Retter in letzter Minute erscheint, war ein Auffangbecken und ein soziales Transformationsmittel, vermutlich weit davon entfernt, so homogen und neutral zu sein wie in den Filmen des Genre-Mainstream. Und in dieser Armee gab es nicht nur Helden; auch in ihr selbst setzte sich der Bürgerkrieg als Trauma und Konflikt fort, wie man aus den Filmen von John Ford und aus den Comics um *Lieutenant Blueberry* von Giraud weiß.

Das ist der große Trick des Western, dass er die Bewegung seiner Helden nicht vollkommen mit der historischen Bewegung des Landes synchronisieren muss. So konnten auch Banditen und Outlaws zu Helden werden, wie umgekehrt Helden auch Männer und Frauen sein konnten, die sich gegen die Prinzipien der Landnahme wandten. Und so frei wie die Heldinnen und Helden waren auch die Autoren der Western-Sagas. Es gibt verdammt hässliche, verbohrte und propagandistische Western, es gibt aber auch wundervoll melancholische und poetische Western, es gibt rebellische, psychologische, »revisionistische« und surrealistische Western. Nirgendwo hat dieser Spruch eine so schöne und zugleich eine so grausame Bedeutung: Dies ist ein freies Land.

Legende und Wirklichkeit, Schauspiel und soziale Konkurrenz, Ideal und Alltag vermischten sich schon immer, nicht nur, weil das, was im Westen geschah, als »Nachricht« oder eben als Story immer schon in den Städten des Ostens aufgenommen und der Westen unter dem Stichwort »Go West, Young Man« zum Initiationsraum erklärt wurde – der ideale Ort, um »ein Mann zu werden«. Dies macht freilich viele Western zu einem *morality play*, zum Drama moralischer und menschlicher Entscheidungen. Dieses Chaos wäre ohne Helden und Heldinnen nicht zu ertragen, und deshalb *musste* der Westen Helden hervorbringen, real oder fiktiv, oder irgendetwas dazwischen. Und die Zeit dafür war recht begrenzt, nämlich ziemlich genau von 1850 bis 1900; was davor liegt, nennt man den Pre-Western, danach handelt es sich um Spät- oder Post-Western. So kann man sagen, dass die Western-Epoche gerade einmal das aktive Leben einer Generation umfasst, was möglicherweise die ikonische und charakterliche Einheit der Helden und Schurken erklärt. Nebenfiguren sind jene, die entweder zu früh geboren wurden (die »Oldtimer«, denen wir auch in den *Lucky Luke*-Comics begegnen werden, und die von den Zeiten schwärmen, in denen der Westen noch leer und wirklich wild war), oder zu spät (die Söhne, die vergeblich versuchen, in die Fußstapfen der Väter zu treten, weil die voranschreitende Modernisierung sie schon ergriffen hat).

Und der Westen war der Ort, an dem auch die Nation werden sollte, beides zugleich, ein »Schmelztiegel« für Einwanderer, und ein Konstrukt des praktizierten und legitimierten Rassismus. Der Westen war sowohl Überwindung als auch Fortsetzung des Bürgerkriegs (in vielen Western eine dunkle Vergangenheit, die ein Held oder ein Schurke noch mit sich herumschleppt), und er war die nationale Gründungslegende in horizontaler Bewegung als Pendant zur vertikalen Bewegung der großen Städte. Also war es ein Ort der Verwandlung und der Bewahrung, ein Ort der Prüfung und einer der Verdammnis, einer der Freiheit und einer der Gefangenschaft, der Fortschrittsgläubigkeit und der Nostalgie (hier ging es schon immer um eine »gute alte Zeit«, die es nie gegeben hatte: In jedem Saloon und an jedem Lagerfeuer findet sich einer, der von den alten Tagen berichtet, in denen es noch richtig große Geschichten gab). Die Geschichte eines Landes, das sich so schnell entwickelt, dass das Neue ständig über seine Menschen hinwegrollt. Was bleibt, ist der Mythos.

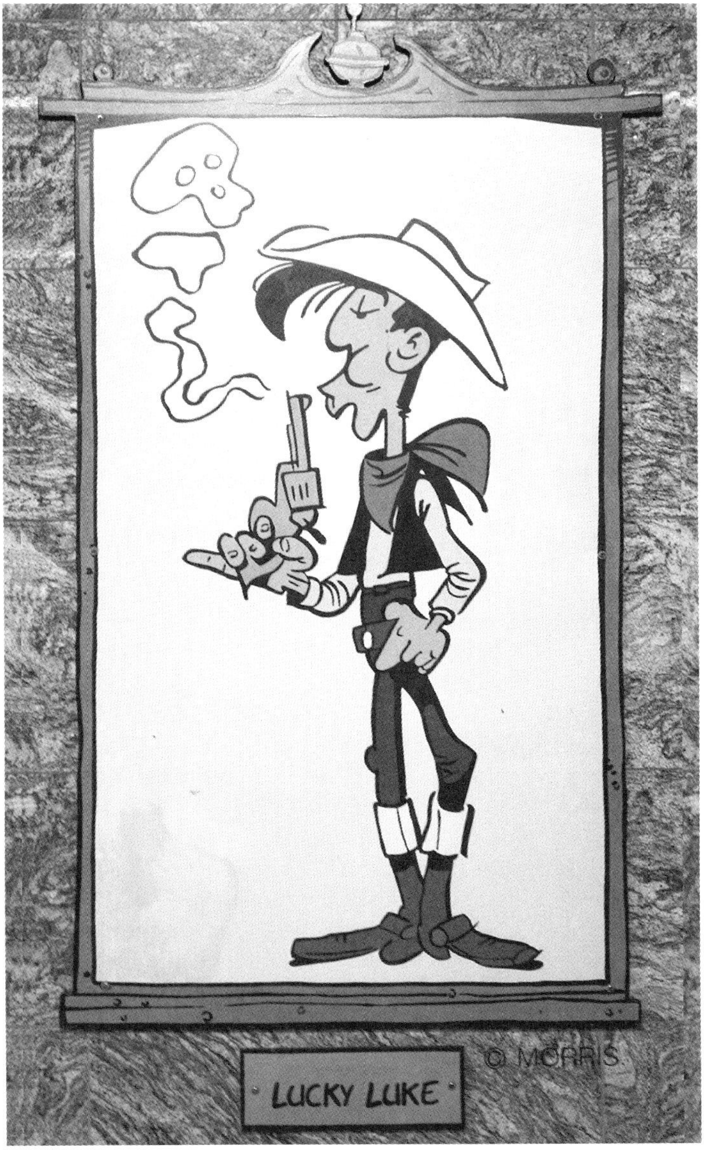

Lucky Luke in der U-Bahnstation Jason in Charleroi, Belgien (© Morris)

Die historische Situation der Grenze macht aus ehemaligen (teils dissidenten) Mitgliedern einst funktionierender und zum Teil hoch entwickelter Gesellschaften, den Einwanderern wie den Ausgestoßenen oder Abenteuerlustigen aus dem Osten, zunächst einmal extreme Individualisten oder Angehörige ebenso überschaubarer wie abgeschiedener Gemeinschaften. Eine Stadt, so sehen wir es immer wieder, und es ist natürlich ein Running Gag bei *Lucky Luke*, ist stets ein sozialer Mikroorganismus, der zwar stark gegenüber Fremden auftritt, aber höchst anfällig gegenüber tyrannischen und korrupten Kräften aus dem Innern ist. Eine Stadt – wie zum Beispiel Daisy Town – muss von einem Mann, der sich gegen das organisierte Unrecht auflehnt, »gesäubert« werden. Und wie *Lucky Luke*, so kommt er auch im Mainstream des Genres oft von außen, ein Fremder (auch mal einer »ohne Namen« oder einfach »Joe« genannt) muss die Stadtbewohner aus ihrer moralischen Lethargie erwecken. Dabei sind die Lager klar: Saloon, Bank und Ranch-Empire sind in der Hand der Schurken, die Zeitung, der Store, Schule und Kirche werden zu Zielorten des Helden, und dort findet er im Zweifelsfall Verbündete, während Minenarbeiter, Cowboys und andere Repräsentanten des Western-Proletariats zunächst unentschlossen sind; sie müssen immer erst auf die richtige Seite gebracht werden. Das gilt übrigens auch für die Vertreter des Rechts, die in drei Varianten (auch in unserer Comic-Serie) vorkommen: als Helden, als Feiglinge und als korrupte Verbündete der Schurken.

Der Westerner ist freier als seine Zeit; das ist es, was ihn zum Helden macht. Und er sieht mehr als er sagt. Er ist ein Einsamer, von Beginn an, und deswegen hat Lucky Luke mit seinem Lied am Ende immer ganz recht. Er ist auf die klassische Weise eines Westerners einsam, nicht auf die moderne Weise. Lucky hat kein Problem mit seinen Mitmenschen, er ist kein Ausgestoßener, sondern ein Außenseiter auf eigene Rechnung. Ein Nomade unter lauter Menschen, die sich auf die eine oder andere Weise ins Land eingraben wollen; die meisten anderen Nomaden sind Schurken, meistens verrückte Schurken, wie die Daltons, Produkte nicht nur einer überhasteten Modernisierung, sondern auch der klassisch-matriarchalen Familie, wie wir sie aus den Filmen von John Ford kennen, die immer auch Gesänge für die Prärie-Madonnen und die Mütter des Western sind. Und auch die gibt es eben, wie alles im Western, in einer guten und in einer bizarr-bösen Variante wie Ma Dalton, die viel später noch als Gespenst der Moderne in Gestalt von Ma Barker ihre Kinder in die letzten Gefechte mit dem Gesetz hetzen würde. Dass die meisten Bösewichte, aber auch eine hübsche Anzahl eher sympathischer Gestalten bei *Lucky Luke* mindestens eine schwere Macke haben, ist nicht nur der Fantasie von Morris und Goscinny geschuldet. Das Leben da draußen hat wirklich eine Menge Leute statt zu Helden zu Verrückten gemacht. Was unter anderem dazu führt, dass die Schurken in aller Regel interessanter sind als die Helden.

Aber der Westen war stets alles zugleich: eine Epoche der National-, Wirtschafts- und Kulturgeschichte der USA, ein weites Land mit Raum für viele Lebensentwürfe und soziale Modelle, und ein großes Schauspiel. Mitten in den »Indianerkriegen« und mitten in den Auseinandersetzungen um die Etablierung des Gesetzes, liebten es die Leute, in den Kneipen-Theatern Melodramen zu sehen, zum Beispiel über die »Indianerprinzessinnen« à la Pocahontas, oder über ganz in weiß gekleidete Helden, die der ewig bedrohten Jungfrau in Nöten gegen den immer in Schwarz gekleideten Schurken beistehen. (In Lucky Lukes Abenteuer mit dem weißen Reiter erweist sich eine Theatergruppe, – einer solchen huldigt übrigens auch John Ford in MY DARLING CLEMENTINE [Faustrecht der Prärie; 1946] – als Tarnung von Schurken, was der Faszination des Schauspiels-im-Schauspiel aber nichts nimmt.) Und dass (wenn auch oft in extrem geraffter Form) Shakespeare-Stücke in Prärie-Saloons aufgeführt wurden, ist keine Erfindung des Kinos. Die großen Helden der Landnahme, oder solche, die sich geschickt zum Helden stilisieren konnten, wie zum Beispiel William »Buffalo Bill« Cody, verwandelten sich in Magier des Show Business. Erastus Beadle verbreitete mit seinen Dime Novels[4] die Heldentaten des Westens in literarischer Form. Und die ersten Film-Western kamen noch als Dokumentationen daher. Die urbane Moderne und der Wilde Westen bestanden ein, zwei Jahrzehnte parallel, und daher scheint es wie selbstverständlich, dass die Helden der frühen Comics sich nicht in der Zeit, sondern nur räumlich vom einen in den anderen Zustand der Zivilisation bewegen. In seinem Film SUNSET (1988) lässt Blake Edwards den Wyatt Earp des »wirklichen« Westens – James Garner[5] – auf den Traumfabrik-Cowboy Tom Mix – Bruce Willis – treffen. Und in John Fords THE MAN WHO SHOT LIBERTY VALANCE (1962) spricht ein Zeitungsmann, nachdem der Film selber die etwas ernüchternde Wahrheit hinter einer Heldenlegende aufgedeckt hat, die legendären Worte: »When the legend becomes fact, print the legend«.[6] Es gibt da eine besondere Beziehung zwischen Legende und Wirklichkeit im Genre, und *Lucky Luke* gibt sie perfekt wieder: Immer wieder sehen wir, was hinter den Legenden steckt – nämlich Menschen mit Schwächen, Macken und Interessen – und immer wieder wird dennoch die Legende bewahrt. Es ist die schöne Paradoxie unseres Helden, dass er all die Legenden und Mythen des Westens durchschaut, und dass er sie dennoch und gerade dadurch, wie er es tut, auch rettet.

Das Westernkino

Letztendlich ist uns Homer nur zuvorgekommen.
Walter Hill

Auch der Westernfilm also begann inmitten der rauen Wirklichkeit. Die frühesten Western waren entweder mehr oder weniger authentische Dokumentarfilme über das Leben im Westen (ein Film von James H. White aus dem Jahr 1899 trägt den schlichten Titel CRIPPLE CREEK BAR-ROOM SCENE und behauptet, eine Saloon-Schlägerei wiederzugeben), oder es waren Wiedergaben von Western Shows. Der erste Western, der dann in den Genre-Geschichten auftaucht, ist THE GREAT TRAIN ROBBERY (1903) von Edwin S. Porter. Tatsächlich gibt es hier schon eine Reihe von Elementen aus den Rezepten des Genres: Verfolgungsjagden zu Pferd, Revolverduelle und das charakteristische Aussehen des Westerners (das ja allenfalls eine Form unter vielen möglichen Outfits der Zeit dort wiedergibt). Und es gibt die emblematische Einstellung von einem Kerl, der direkt aufs Publikum zielt und schießt, die immer mal wieder zitiert wird: Der Western ist nicht nur, wie André Bazin einst schrieb, »das amerikanische Film-Genre par excellence«, er ist auch ein wichtiges Medium in der Entwicklung der »Filmsprache«, in der Behandlung von Raum, Zeit, Subjekt und Perspektive. Im Western hat das Kino die Kunst entwickelt, das Publikum zum Dabeisein zu verführen.

In den nächsten Jahren wurde dieser Typus von Film mehr und mehr auf bestimmte Stars und ihre Mythen zugeschnitten. Von den Dime Novels übernahm der frühe Westernfilm die Serienproduktion. Gilbert M. »Broncho Billy« Anderson war der erste einer Reihe von Westernhelden, die sich vor allen Dingen durch ihren moralischen Vorbildcharakter auszeichneten. Anderson war noch der »good bad man«, ein auf den rechten Pfad zurückgekehrter Gesetzloser, und auch sein Nachfolger William S. Hart spielte in seinen Western gelegentlich moralisch zwiespältige (immer aber schließlich »gute«) Männer der Grenze. Die nächste Generation aber, in einer Zeit, da Western bereits ein Rückgrat der boomenden Filmindustrie und das populärste Outdoor-Genre waren, war von eindeutig gesetzestreuen und hehren Helden geprägt, von Tom Mix über Buck Jones, Hoot Gibson und Ken Maynard bis William Boyd alias Hopalong Cassidy. (Das weiße Wunderpferd Topper des stets in Schwarz auftretenden Helden war gewiss neben dem Silver des Lone Ranger ein Vorbild für Jolly Jumper.) Das waren die amerikanischen Idealtypen, junge (manchmal auch nicht mehr ganz so junge) Männer der Tat, die ihren Hut nur vor einer Lady oder in der Kirche abnahmen. Die meisten von ihnen bekamen auch ihre Comic-Serien. Buck Jones, Hopalong Cassidy und vor allem Tom Mix schafften es auch nach Europa. Und Tom Mix wurde zum Symbol für alles, was zwischen abenteuerlichen Jungsträumen und empörter Pädagogik Objekte von Identifikation und Abscheu werden konnte. Erst die Nazis und dann der »Volkswartbund« in der Nachkriegszeit verfolgten Tom Mix in Deutschland. Doch während zum Beispiel John Wayne im Kino der prototypische Westernheld wurde, schafften es die *John Wayne Adventure*-Comics, die von 1949 bis 1955 erschienen, nicht nach Deutschland, obwohl die Titelbilder aus ummontierten Filmstills bestanden und die Zeichnungen gelegentlich von Künstlern wie Frank Frazetta, Al Williamson oder Gil Kane stammten. Comic-Adaptionen erfolgreicher Western blieben auch in den sechziger Jahren noch en vogue, und davon immerhin schafften es auch einige nach Europa. Für deutsche Kinder war es, wie Conny Froboess ihnen im Schlager versicherte, viel besser als einen Tom-Mix-Film im Kino anzusehen, die Badehose einzupacken. Und wer in der Schule mit *Tom Mix*-Comics erwischt wurde, hatte nichts zu lachen.

Den Seriencowboys waren zwei Dinge zu eigen: Sie hatten in der Regel ein treues Wunderpferd, und sie trugen immer die gleiche charakteristische Kleidung. Beide Elemente verstärkten sich in den Comics zu einer Ikonografie. Wir erkennen Tom Mix, Tex Willer oder eben Lucky Luke an ihren Westen, Hemden, Stiefeln, Hüten und Halstüchern immer schon von weitem. Farbsignale auf Plakaten und Titelbildern versichern uns der ewigen Wiederkehr unserer Helden, auch wenn es dann im Einzelfall in Schwarz-Weiß weitergeht. Es gibt dabei übrigens eine merkwürdige Vorliebe für die Kombination von Gelb, Schwarz und Rot, aber darüber soll sich wer anderes Gedanken machen.

All diese Seriencowboys mussten einem strengen Moralkodex folgen. Ritterlichkeit, Ehrlichkeit, eine geradezu wundersame Fähigkeit, mit Colts oder Lasso so umzugehen, dass niemand dabei ernsthaft zu Schaden kommt, eine »anständige« Sprache und eine manische Abneigung dagegen, irgendetwas für Geld zu tun. Zwischen 1915 und 1925 entwickelte der Serienwestern seine erste Blüte und ein ausgesprochen standardisiertes Erzählschema. Im Tonfilm wurde dann die Produktion immer weiter spezialisiert. Neben dem Helden etablierte sich der kauzig-komische Sidekick als heimlicher Star der Filme (der in Europa bekannteste davon gab den Filmen schließlich sogar den bereits erwähnten Namen: Fuzzy – nach der flauschbärtigen Figur, die der Schauspieler Al St. John entwickelt hatte). Diese Serie wurden schnell und mit wenig Aufwand gedreht; weniger der historische Hintergrund als die Person des Helden boten die Leitlinie. Was auch dazu führte, dass der Serienwestern hier und dort Elemente anderer Genres (einschließlich der Science-Fiction) übernahm oder seine Handlung gar in die damalige Gegenwart verlegte. Serienwestern waren etwas für kleine Jungs, die sich dann entsprechend mit Blech, Plastik und Filz ausstafﬁerten. In den fünfziger Jahren setzte schließlich das Fernsehen das Format fort, zuerst, indem die alten Serienwestern aus dem Kino übernommen wurden, allerdings mit den üblichen Werbeunterbrechungen versehen, und dann begann auch eine eigene Produktion. William Boyd alias Hopalong Cassidy war höchst-

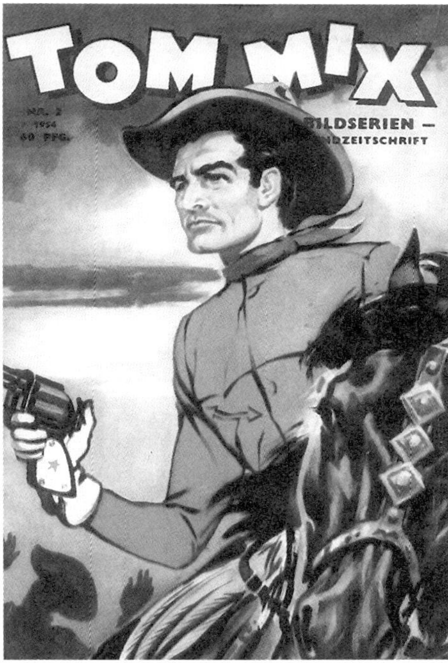

Zwischen abenteuerlichen Jungsträumen und empörter Pädagogik: *Tom Mix*-Bildserie, 2/1954

selbst Produzent seiner TV-Serie, ein Beleg dafür, wie bedeutend eine einmal etablierte Figur und ihr Darsteller als Markenzeichen waren. Daneben aber war über Jahrzehnte hinweg auch die Radio-Serie ein wichtiges Medium für den Western; das »Hi-jo Silver« des *Lone Ranger* tönte zu gewissen Zeiten aus allen guten amerikanischen Wohnstuben.[7] In den *Hopalong Cassidy*-Radiofolgen blieb mehr als in den Filmen Raum für den komischen Sidekick (den wie in einigen der Filme Andy Clyde gab[8]). Die wundersame Bedeutung des Radios im Leben einfacher Leute und die Westernserien für die Kids reflektiert übrigens sehr einfühlsam Woody Allens Film RADIO DAYS (1987).

Fortgesetzt und erweitert waren die Serienwestern der Stummfilmzeit in den Serienfilmen der dreißiger Jahre, in den etwa halbstündigen Western-Serials als Vorprogramm und schließlich in den B-Western, die für Doppelprogramme gedreht wurden, deren Entwicklung immerhin bis in die fünfziger Jahre (wenn auch unter veränderten ökonomischen Bedingungen) reicht. Übrigens gab es schon damals immer wieder Versuche, in Europa Western zu produzieren, wie etwa die »Isar-Western«, die in der Umgebung von München gedreht wurden und durchaus ihr Publikum fanden.

Neben diesen Serienwestern entwickelten sich aber als Gegentendenz schon in der späten Stummfilmzeit die »epischen« Western, die seit James Cruze's THE COVERED WAGGON (1923) einen gesteigerten technischen und künstlerischen Aufwand mit der Schilderung eines historischen Ereignisses verbanden. Die Themen für diese Western-Epics waren etwa die Siedlerzüge, die »Indianerkriege«, der Bau der transkontinentalen Eisenbahnen oder historische Gestalten wie Buffalo Bill und Wild Bill Hickok. Daraus entstand in der Tonfilm-Ära der A-Western, der seine eigenen Regisseure, seine eigenen Stars und seine eigenen Konventionen entfaltete, und schließlich das, was man in den USA als *adult western* und hierzulande als »Edelwestern« bezeichnete.

Mit John Fords STAGECOACH (1939) entwickelt sich diese weitere Erscheinungsweise des Genres, die eine psychologische Vertiefung der Charaktere erlaubte (eine inoffizielle Vorlage zur abenteuerlichen Reise der sehr unterschiedlichen Passagiere einer Postkutsche stammte schließlich von Honoré de Balzac). Der Ausdruck *adult western* bezieht sich also mehr auf die psychologische Ausformung der Charaktere als auf das Setting – der *adult western* schlechthin wurde dann, jedenfalls was das deutsche Publikum anbelangte, Fred Zinnemanns HIGH NOON (1952) alias ZWÖLF UHR MITTAGS, der seinerzeit mehr für die Reputation des Genres tat als John Ford und Howard Hawks zusammen.[9] Doch beides, der epische wie der erwachsene Western, trug immer noch in der Ikonografie, im Setting, in den Figuren etc. auch das Erbe des Serienwestern in sich, und diese gemeinsame Ikonografie ist der Ausgangspunkt für die Parodie. Man sah in den vierziger und fünfziger Jahren dem Genre beim Erwachsenwerden zu (in Deutschland bürgerte sich »Edelwestern« als kulturelles Preisschild ein, das im Übrigen später auch für eine Comic-Alben-Serie verwendet wurde: Dies durfte dann im Filmkunstprogramm oder im Jugendfilmclub gesehen werden). Und dazu gehörten allegorische, psychologische, erotische oder politische Etüden, denen man die Ikonografie und den Hintergrund des Genres verpasste, selbst wenn sie wie, sagen wir, Nicholas Rays JOHNNY GUITAR (1954) ganz und gar melodramatisch, gotisch und voll grandiosem Eigensinn waren. Das war der Spagat des Genres, auf der einen Seite die Landschaft und Geschichte des eigenen Landes zu entdecken und sich andererseits für Erzählweisen und Motive aus sehr unterschiedlichen Zeiten und Kulturen zu öffnen. (Alle großen Geschichten des Abendlandes und weit darüber hinaus, von der *Odyssee* über *Romeo und Julia* bis zu *Rashomon*[10], sind auch in der Form des Western erzählt worden.) Aber wie STAGECOACH auf eine Geschichte von Honoré de Balzac zurückging, so ließ sich Zinnemanns berühmter HIGH NOON auch als recht europäische Allegorie über sozialen Zusammenhang und seine Grenzen ansehen, und ein Film wie THE OXBOW INCIDENT (1943; R: William A. Wellman) galt lange Zeit als brauchbarer Diskursfilm für Fragen von Recht und Gerechtigkeit, ja sogar zur Bildung faschistischer Gruppierungen. Howard Hawks hat aus gutem Grund dem moralischen Drama im Westerngewand sein Konzept des amerikanischen *Professional* entgegengesetzt: Ein wahrer Westerner braucht keine Verbündeten im Bürgertum, er erledigt seine Aufgaben am besten allein oder im Verbund mehrerer Professionals.

Unnütz zu sagen: Lucky Luke ist eher ein Howard-Hawks- als ein Fred-Zinnemann-Held. Er erledigt seine Aufgabe am liebsten allein, und die Bürger einer Stadt sind ihm eher Manövriermasse, die er schon mal gewissenhaft manipuliert, sie aber rasch wieder

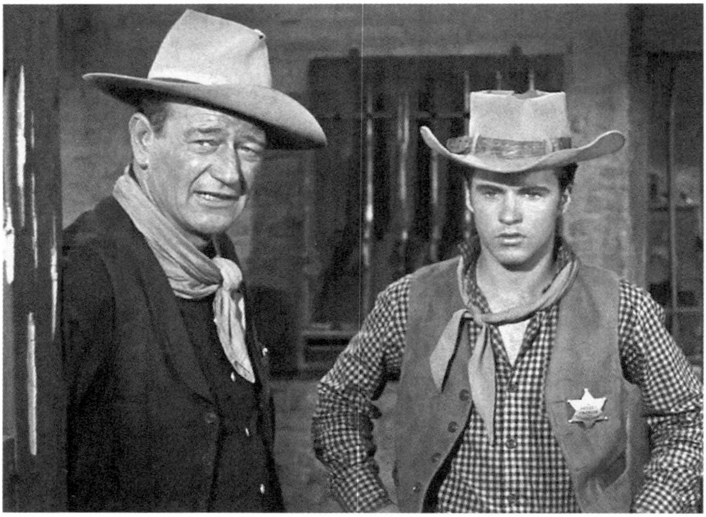

Die *Professionals* des Howard Hawks als Vorbilder: John Wayne als John T. Chance und Ricky Nelson als Colorado Ryan in RIO BRAVO (1959)

sich selbst überlässt, wenn die Dinge geregelt sind. Nichts läge ihm ferner als eine prinzipielle Gegnerschaft wie, sagen wir, in Gore Verbinskis Film LONE RANGER von 2013, der die grandiosen Landschaften und vertrauten Architekturen nur benutzte, um eine Bevölkerung zu charakterisieren, die grundsätzlich aus Dieben, Verrätern und Betrügern besteht, die so komisch sind wie die Schurken bei *Lucky Luke*, denen aber der Westen (und die Vereinigten Staaten von Amerika) bereits »gehört«. Lucky Luke – wie die *Professionals* des Howard Hawks – tut stets das Richtige. Aber er ist weiß der Himmel kein Weltverbesserer.

In den vierziger Jahren existierten *adult western* und Serienwestern noch nebeneinander. Jetzt waren, was dieses Segment anbelangt, die »singenden Cowboys« angesagt, Roy Rogers oder Gene Autry, die zugleich Schallplatten-Stars waren, oder auch Helden, die ihre ersten Abenteuer in Comic-Form oder in Radio-Serials erlebt hatten, wie Red Ryder. Natürlich ist auch Lucky Luke ein *Singing Cowboy*, vor allem im letzten Panel jedes Abenteuers (gelegentlich kommt er auch singend ins Abenteuer geritten, und vor allem singt er gern beim Baden, sei's im Fluß

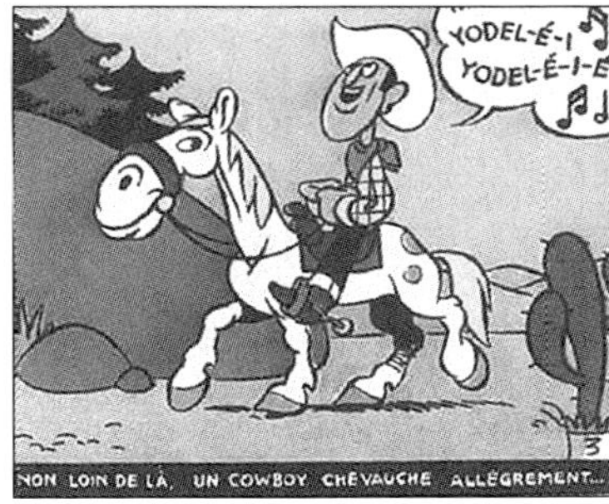

Singing Cowboy von Anfang an: Lucky Lukes erster Auftritt 1946 in *Arizona 1880* (© Morris)

oder in der Hotelbadewanne – aber tun wir das nicht alle?). Auch die Titelmelodien der Filme waren beliebte Schlager, und auch da blieb *Lucky Luke* seinen Vorbildern nichts schuldig.

Weil der Serien-Cowboy eine seiner Heimaten im rein akustischen Medium Radio hatte, wurden neben musikalischen Akzenten und hoch charakteristischer Sprechstimme auch ein gewisser Vorrat an sprachlichen Memen fürs Genre bedeutsam (was natürlich für die Sprechblasen-Kunst nicht ohne Bedeutung ist). Grußformeln (»Howdy«), das klassische Indianer-Englisch (»White man see no spirit in them hills«) bis zu Formeln von Spannung und Kampf (»This town ain't big enough for the both of us«), das bildete ein Western-Sprech aus, das natürlich auch nur eine vage Beziehung zur realen Sprachgeschichte des US-amerikanischen Westens hatte. Der berühmteste Radio-Westerner, der es später in alle anderen Medien schaffte, war der bereits erwähnte *Lone Ranger* (seit 1933 auf Sendung) komplett mit Maske und indianischem Begleiter (erfunden von George W. Trendle und Fran Striker). 1949 wurde das Konzept in die Fernsehserie übertragen, und mit Clayton Moore und Jay Silverheels entstanden die ersten »reinen« TV-Western-Stars. In der Revival-Filmversion von 1981, THE LEGEND OF THE LONE RANGER, funktionierte die simple Konstruktion des maskierten (weil offiziell für tot erklärten) Kämpfers für die Gerechtigkeit schon nicht mehr. In der späten »dekonstruktiven« Retro-Filmversion von Gore Verbinski wird Tonto (Johnny Depp) zum Erzähler – und das ist nicht die einzige Umkehrung, die der Film vornimmt. In den Comics erlebte er übrigens 2016 eine Wiederauferstehung in einer Serie von Brett Matthews, Sergio Cariello und John Cassaday. So einer wie der *Lone Ranger* stirbt eben nicht.

Von den *Lone Ranger*-Comics tauchte in Deutschland 1951 zum ersten Mal eine Übersetzung auf, die für eine Firma erschien, die nicht zufällig Buchfilm-Verlag hieß. Erst beinahe zwanzig Jahre später erschien er wieder im BSV (Bildschriften-Verlag), der durch die Einführung der Marvel-Comics in Deutschland (und manchmal legendär kuriose Übersetzungen) berühmt war. Nach den klassischen Tie-Ins zur Serie kam auch die neue *Lone Ranger*-Serie in einer deutschen Version auf den Markt.

Der *Lone Ranger* hat mit *Lucky* mehr zu tun als nur die Einsamkeit. Er ist ähnlich nomadisch durch Territorien und Mythen des Westens unterwegs, er ist ebenfalls einer, der selber die Bösen bestraft ohne je einen anderen Menschen zu töten. In Verbinskis Film scheitert dieses Konzept allerdings, wenn auch anders als in dem *Lucky Luke*-Film mit Jean Dujardin. Und natürlich ist Jolly Jumper ein würdiger Nachfolger des Wunderpferds Silver, insofern er auf eine irgendwie magische Weise zu ahnen scheint, wann und wie sein Reiter in Schwierigkeiten steckt.

Im Jahrzehnt darauf erfasste eine Welle des »Psychologisierens« das Genre, und es entstanden Filme wie SHANE (1953, R: George Stevens) oder JOHNNY GUITAR, Filme mit mythischer Überhöhung oder mit »manieristischer« Tendenz, in der schließlich die großen »Neurotiker« Hollywoods wie Paul Newman oder Marlon Brando ins Genre fanden. Brandos einziger Film als Regisseur, ONE EYED JACKS (Der Besessene; 1961) ist ein lange verkanntes Meisterwerk des »neurotischen Western« (übrigens begonnen von keinem Geringeren als Stanley Kubrick). Zugleich aber und weiter in die sechziger Jahre hinein waren durchaus konventionelle und traditionelle Western erfolgreich, nicht nur die John-Wayne-Filme, und es gab eine große Kunst des B-Western mit Stars wie Audie Murphy oder Randolph Scott, die ideenreiche Regisseure wie Sam Fuller, Budd Boetticher, Jack Arnold oder Routiniers wie Lesley Selander oder R.G. Springsteen mit einer Portion Härte und reduktionistischer Meisterschaft drehten. Der B-Western dieser Zeit war ein preiswertes Produkt für den heimischen Markt und erbrachte Extraprofite in den europäischen Ländern. Dass sich in dieser Sektion des Genres so viele echte Juwelen finden ließen, machte sie zu einem »Futter« für die Cineasten, die sich zugleich um die Autorentheorie scharten. B-Western waren für die Regisseure und Kritiker der Nouvelle Vague die Vorbilder für ein essentielles Kino, der direkte Weg zu dem, was Sam Fuller »das Schlachtfeld der Gefühle« nannte. Jean-Luc Godard, Rainer Werner Fassbinder, Klaus Lemke – viele Protagonisten des neuen europäischen Films hatten ihre Lektionen in Nachtvorstellungen mit amerikanischen B-Filmen gelernt, von denen, die sich ganz direkt darauf bezogen wie Jean-Pierre Melville ganz zu schweigen.

Ein Rückgrat dieser Produktion waren die grandiosen *heavies* gewesen, die Schurkendarsteller im Genre, Jack Palance, Lee Van Cleef, Leo Gordon oder Neville Brand – allesamt haben sie ihre Gastauftritte im *Lucky Luke*-Universum. »Lee Van Cleef ist ein Meister des Blicks, er scheint überhaupt nur im Zurücksehen etwas zu erkennen, als wäre er nur auf die Provokation der Außenwelt fixiert. In den drei Figuren ballt sich die negative Energie des Westens, als kalte Mordlust, als anarchische Sinnlichkeit, als ›eleganter‹ Sadismus. Und so treten sie auch Lucky gegenüber. Lee Van Cleef ist in den amerikanischen Filmen das ›absolut Böse‹ (in den Italowestern, in denen er zum Co-Star und dann zum eigentlichen Star aufsteigt, sieht das schon anders aus). Während Lee Van Cleef böse ›von Natur aus‹ ist, scheint Jack Palance eher der Machtmensch, der skrupellos seinen Weg geht, er braucht immer seine Leute um sich«, so habe ich das mal zu beschreiben versucht.

Es sind also die »men you love to hate« aus dem Genre, die *Lucky Lukes* Schurkengalerie ausmachen, und wir können uns immer noch von dem Vergnügen anstecken lassen, die bei ihrer Comic-Erschaffung im Spiel gewesen sein muss.

In der ersten Szene von HIGH NOON sitzt Lee Van Cleef auf einem Felsen, raucht eine Zigarette und betrachtet sie; dann schaut er herunter ein wenig auch auf uns, er hat erkannt, worauf er wartet; er späht hinaus in die Weite der Hügellandschaft, aus der sich ein Reiter nähert. Seine Hemdsärmel sind leicht nach außen gerollt, sein Colt hängt unglaublich weit mit dem Halfter vom Körper. Der ganze Mann ist nichts als Bedrohung, und in dieser kurzen Pre-Titel-Sequenz hat Lee Van Cleef dem Film eine Dramatik gegeben, der die Geschichte dann gar nicht mehr wirklich gerecht werden kann. Übrigens steckt selbst in der gezeichneten Version bei *Lucky Luke* mehr in der Figur – die sich mehr noch an an Lee Van Cleefs Kopfgeldjäger aus Sergios IL BUONO, IL BRUTTO E IL CATTIVO (Zwei glorreiche Halunken; 1966) anlehnt –, als der Plot ihr dann zubilligt. Und dann schauen wir uns die Bilder an, in denen, sagen wir, Jesse James in den *Lucky Luke*-Kosmos eingeführt wird ...

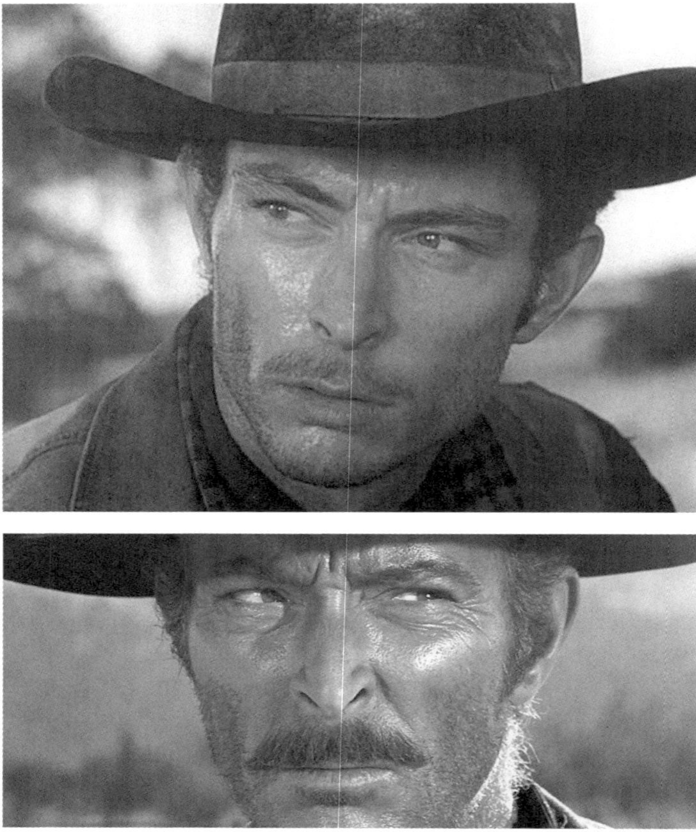

Lee van Cleef in HIGH NOON und mehr noch in IL BUONO, IL BRUTTO E IL CATTIVO liefert das …

Im Blick der Schurken und im Bild der Helden ist immer gegenwärtig: Der Western ist ein »horizontales« Genre. Er erzählt in die Weite hinein, er »denkt« in Entfernungen. Deshalb sind auch die *Lucky Luke*-Comics in ihrer Panel-Aufteilung wie in Einzelbildern »horizontal«, auch wenn die Main Street einer Westernstadt in der Regel in die Tiefe hinein dargestellt wird. In die Tiefe geht der Kampf (wie das Duell zwischen Lucky und den Daltons in Daisy Town), in die Weite aber das Glück, wenn unser Held in seinem Land unterwegs ist, in dem Kakteen und Tafelberge die

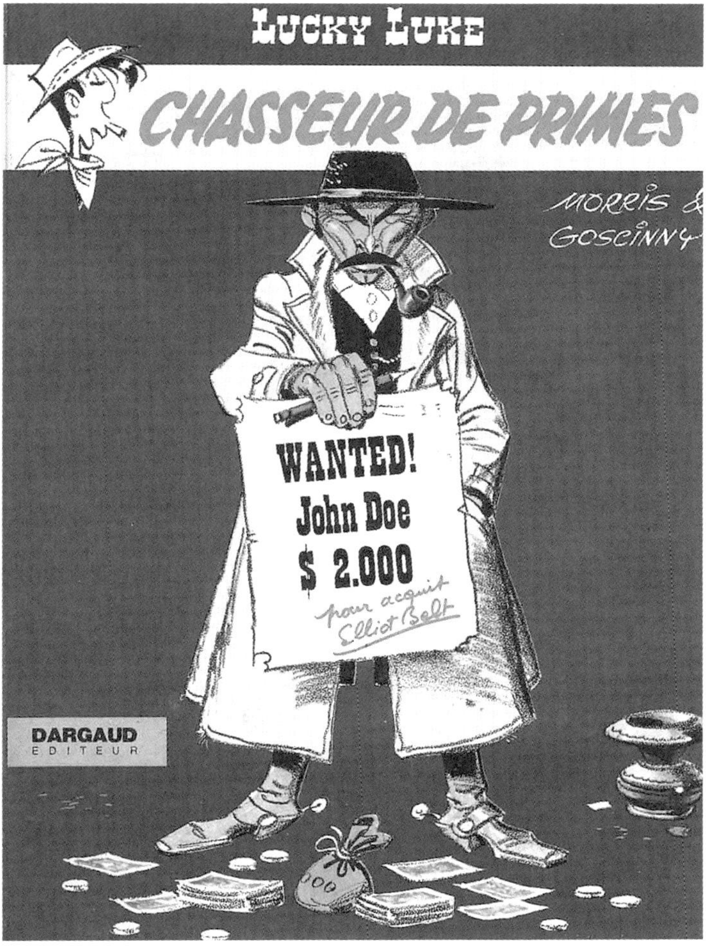

… Vorbild für den Killer in *Der Kopfgeldjäger* (1972; © Morris / Dargaud)

Superzeichen bilden. Die Entfernung ist aber auch die Voraussetzung für das Leben jenseits des Gesetzes. Nur ihre Legenden sind schneller unterwegs als die Helden und die Schurken des Western. Und dennoch ist diese Weite wiederum von einem Netz des Schicksals durchzogen. Eine Suche in einem epischen Western, egal ob sie der Rache dient wie, sagen wir, in Budd Boettichers SEVEN MEN FROM NOW, oder den Spuren einer entführten Frau folgt, wie in John Fords THE SEARCHERS – beide Filme aus dem Jahr 1956 –, zieht sich über Jahre hin. Das Schicksal bringt dann Begegnungen, die »territorial« gesehen eher unwahrscheinlich sind. Dass sich Lucky Luke und die Daltons immer wieder so rasch begegnen, nachdem die Brüder wieder einmal aus dem Gefängnis ausgebrochen sind, liegt in ihrer Bestimmung füreinander. Gewiss kann Lucky sich darüber ärgern, dass die trotteligen Gefängniswärter die Daltons wieder einmal haben entwischen lassen, aber im Großen und Ganzen ist ihm auch klar, dass genau darin seine Bestimmung liegt: Die Welt immer wieder von den Daltons zu befreien, aber niemals endgültig. Die Wildheit des Westens hat damit zu tun, dass in der Weite alle Begegnungen etwas Unvernünftiges, Chaotisches oder Transzendentales an sich haben. Doch je mehr Weite die Menschen zur Verfügung haben, desto enger fassen sie ihre Gemeinschafts-Codes. Das ist die inhärente Tragödie des Genres, aus der es auch eine räumliche Wirkung erzielt. Das Enge und das Weite bedingen sich. So wie Freiheit und Gewalt.

Aber so wie einst der Westen, wurde auch der Western nach und nach gezähmt. Es war dann vor allem das Fernsehen, das den Serien- und B-Western Konkurrenz bot und im Medienverbund eine ausgeprägte Bildwelt schuf. Hier verlor das Genre etwas von seiner tragischen Gestalt, um sich »familientauglich« und konform zu machen. Die Fernsehwestern boten den Comics das Vorbild für reduziertere und Charakter-orientierte Geschichten. Bei den bekannten Serien wie BONANZA, RAWHIDE oder GUNSMOKE funktionierte im Übrigen das multimediale Marketing perfekt, zu ihnen gab es stets Comic-Serien, Romane, Sammelbilder und spielfilmlange »Specials«. Aber trotzdem hatte sich die Welt des Western hier erheblich verengt und, mein Gott, die Kerle redeten einfach zu viel. GUNSMOKE war nicht nur eine der langlebigsten TV-Serien überhaupt, sie lief bereits seit 1949 als Radio-Serie und wurde 1952 ins Fernsehen übernommen. 450 Folgen lang war William Conrad Matt Dillon, Marshal von Dodge City, im Radio. Im Fernsehen sollte ursprünglich John Wayne die Rolle übernehmen, der sich aber lieber auf der großen Leinwand sah. James Arness aber war durchaus ebenbürtig, und so entstanden zuerst 233 Folgen von 30 Minuten Länge und dann noch einmal 380 Episoden mit einer doppelten Laufzeit. Die Comic-Serie *Gunsmoke* wurde durch die Kunst des Alberto Giolitti und seiner Mitarbeiter zu einem Modell für eine realistischere und stimmungsvollere Gestaltung des Genres als bis dahin gewohnt. Giolitti war ein Meister der »filmischen« Perspektivwechsel im Comic und verstand es, seinen Bildern auch die Tiefe des Raums zu vermitteln. Die Comics waren, genauer gesagt, in ihrem expressiven Schwarz-Weiß »härter« als die Fernsehepisoden, auch wenn sie ursprünglich mehr oder weniger an die Drehbücher angelehnt waren. An Langlebigkeit konnten sie es aber nicht mit dem Hörspiel- und Fernsehoriginal aufnehmen: Schon mit Heft 27 war im Jahr 1962 Schluss. 1969 bis 1970 wurden noch einmal sechs Hefte produziert. Unter dem Titel *Gun Law* erschien allerdings in England eine Serie von Zeitungsstrips von Harry Bishop, auch sie von einer nicht nur für das Genre außergewöhnlichen Bildkraft. Die Serie spielt in den letzten Tagen des Wilden Westens, in denen es nicht mehr um Landnahme und Indianerkriege geht, sondern um die Zivilisierung der Boomtowns. Matt Dillon agiert entsprechend rational und legalistisch, und die Folgen von *Gunsmoke* erscheinen denn auch häufig wie Krimis in nostalgischen Umgebungen, was sich auch im realistischen Zeichenstil des Comic widerspiegelt. So seltsam es klingen mag: Das Fernsehen

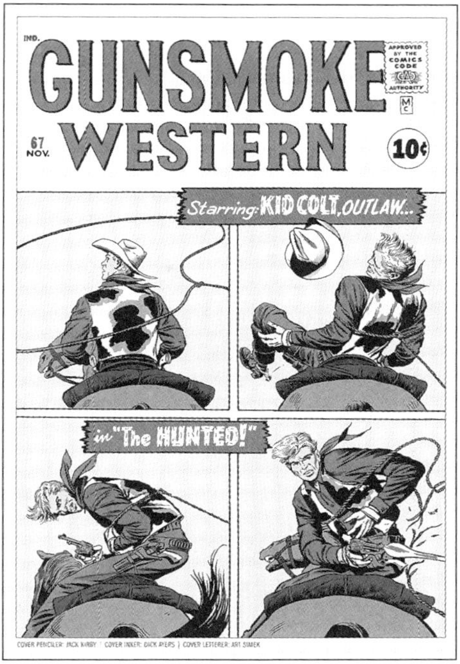

Perfektes multimediales Marketing: *Gunsmoke Western*, Nr. 67, 1955 (© Dick Ayers / Jack Kirby)

verhalf dem Western-Comic zu mehr innerer »Erwachsenheit«. *Gunsmoke* und *Gun Law* übertrugen auch dem Comic eine neue Form der Klaustrophobie: Keiner kam hier mehr wirklich aus der enger werdenden Welt heraus. Es war nichts mehr mit dem *long way from home*.

In den siebziger Jahren war der klassische Western aus Hollywood müde geworden. Und was seine Stars anbelangt, John Wayne, Richard Widmark, James Stewart, konnte man das durchaus wörtlich nehmen – diesem Umstand verdanken wir eine Reihe elegischer, herbstlicher »Spätwestern«. Was New Hollywood hervorbrachte waren dagegen Anti-Western. Sie unterzogen das Genre der historischen Revision, sie nutzten den Western als Parabelmaterial, sie demontierten die historischen wie die cineastischen Heldenfiguren, sie wechselten die Perspektiven zum Beispiel zu der der Indianer wie in LITTLE BIG MAN (1970) von Arthur Penn, A MAN CALLED HORSE (1970) von Elliot Silverstein bis zu GERONIMO (1939) von Walter Hill. Als der Nachschub an B-Western aus Hollywood in Europa nachließ, und die alten Western zu lahm, die Fernsehwestern zu geschwätzig erschienen, begann man zunächst in Deutschland (mit den hyper-romantischen Karl-May-Verfilmungen um Winnetou und Old Shatterhand in der BRD, denen in der DDR eine außerordentlich erfolgreiche Produktion von »Indianerfilmen« mit pflichtbewussten Hinweisen auf die Verbrechen der kapitalistischen Landnahme gegenüberstanden), dann in Italien (mit einem Ableger in Spanien) selbst Western zu drehen, die sich sehr rasch von kindlich-naiven Anfängen in das Genre der »Spaghettiwestern« verwandelten, in denen drei Sergios – Sergio Leone, Sergio Corbucci und Sergio Solima – ein paar veritable Meisterwerke ablieferten. Die italienischen Western hatten nichts mit einer Geschichte der Zivilisierung und der *moving frontier* zu tun, sie spielten in einer Endzeit, in einem Post-Histoire. Sie waren, bevor sie sich dann in Klamauk und Weirdness auflösten, dreckig, blutig und zynisch.

Das ist nicht unbedingt die Welt von *Lucky Luke*, auch wenn archetypische Figuren wie der Kopfgeldjäger aus Leones Film durchaus in seiner Welt auftauchen. Nur ein Teil der europäischen Western machten die Wendung zum »schmutzigen« Western à la Cinecittà mit, andere schlugen sich auf die Seite des Anti-Western, und wieder andere blieben dem traditionellen Bild vom Westen und seinen Helden treu. Das Bezugsfeld von *Lucky Luke* jedenfalls blieb im Großen und Ganzen der amerikanische Western der Genre-Blütezeit und sein historischer Fundus, was natürlich nicht heißt, dass es nicht auch hier Revisionen und Manierismen gegeben hätte.

Seit den neunziger Jahren ist das Genre immer wieder totgesagt worden und erlebte immer wieder kurzfristige Renaissancen. Darunter befinden sich bedeutende Helden-Revisionen wie Clint Eastwoods UNFORGIVEN (1992) oder überraschende Publikumslieblinge wie Kevin Costners »Öko-Western« DANCES WITH WOLFES (1990). Es folgten feministische Western wie MEEK'S CUTOFF (Auf dem Weg nach Oregon; 2010) von Kelly Reichardt; sie erzählen die Geschichte der Besiedlung des Westens noch einmal aus einer neuen Perspektive. Reichardts FIRST COW (2019) berichtet dann von der tiefen Freundschaft zwischen einem europäischen und einem chinesischen Amerikaner (und vom Beginn der Milchviehhaltung). 1968 hatten sich mit Andy Warhols LONESOME COWBOYS zum ersten Mal offen queere Aspekte ins Genre gemischt (»zwischen den Bildern« war natürlich auch vordem schon einiges anders zu »lesen«), und mit Ang Lees modernem *Gay Western* BROKEBACK MOUNTAIN von 2005 war die Abweichung vom traditionellen Geschlechterbild nicht mehr nur als schrille Parodie zu haben. Ralf Königs *Lucky Luke*-Hommage *Zarter Schmelz* zollt diesem Film denn auch gehörig Tribut. Auf dem Gebiet der Westernserien (nun für die angesagten Kabelstationen und Streamingdienste) wurde der »Wilde Westen« als trostlose und gewalttätige Welt gezeichnet, wie in DEADWOOD (2004–2006) oder HELL ON WHEELS (2011–2016).

Neben dem Epischen, dem Dramatischen und dem Moralischen steckt von Anfang an auch das Komische im Genre. Der Western war kaum als Genre geboren, da wurde er auch schon zum Gegenstand von Parodien. Alle großen Slapstick-Komödianten erleben auch Abenteuer im Wilden Westen: Charlie Chaplin gerät in den großen GOLDRAUSCH (1925), Buster Keaton vernahm den ikonischen Ruf GO WEST (ebenfalls 1925), Laurel und Hardy verschlägt es WAY OUT WEST (1937). Aber die Komik ist dem Genre auch in seinem Hauptstrom eingeschrieben, und das hat seine Tradition in den *tall stories*, den Aufschneidergeschichten, die man sich am Lagerfeuer zu erzählen pflegte, und in denen es von Schützen wimmelte, die in etwa so schnell ziehen und so sicher treffen wie Lucky Luke. (Kenner der historischen Waffen wissen natürlich, dass es bei den sechsschüssigen Colts mit der Treffsicherheit nicht so weit her war, und das wiederum spiegelt sich in Lucky Lukes Abenteuern immer wieder in Gestalten, die so grotesk schlechte Schützen sind, dass sie nie ernsthaften Schaden anrichten.) In ihnen steckt übrigens auch ein wiederkehrendes Moment des Funny Western, das Auftauchen eines Greenhorn im Westen, am besten noch »stutzerhaft«, das heißt nach europäischer Mode oder nach Art der Städter im Osten gekleidet. Den Slapstick-Helden folgten auch die Cartoon-Gestalten: Donald Duck und Mickey Mouse, Tom und Jerry, Bugs Bunny und Daffy Duck erlebten ihre Western-Abenteuer sowohl in den Filmen als auch in den Comics. In *Popeye Out West*, nur zum Beispiel, führt Olive Oyl einen Saloon, und Whimpy sitzt am Klavier darin. Der Witz ist: Nur Popeye bleibt eben immer Popeye. Auch die Tonfilm-Komiker machten ihre Abstecher in den Westen: die Marx Brothers (GO WEST; 1940), Abbott und Costello (THE WISTFUL WIDOW OF WAGON GAP; 1947) Jerry Lewis und Dean Martin (PARDNERS; 1956), die Three Stooges (GOLD RAIDERS; 1951), Bob Hope (THE PALEFACEM; 1948, SON OF PALEFACE; 1952, ALIAS JESSE JAMES; 1959), Doris Day (als CALAMITY JANE; 1953) bis zu Gene Wilder in Mel Brooks' BLAZING SADDLES (1974). Sehr französisch schließlich DYNAMITE JACK (1961), eine klassische Doppelgängergeschichte um einen Tenderfoot und einen Pistolero, beide von Fernandel gespielt – und dennoch vergleichsweise unkomisch. Über alledem aber schwebt ein Film wie DESTRY RIDES AGAIN (1939; R: George Marshall) mit James Stewart und Marlene Dietrich, der sich nicht etwa über den Western lustig macht, sondern erklärt, was man mit der Waffe Humor anrichten kann. Und wenn James Stewart zu einer seiner »Ich kannte mal einen Kerl, der ...«-Geschichten anhebt, versteht man, dass er die gesamte Mythologie und Epik des Westens schon in sich trägt und mit einer sensiblen Lakonie in die soziale Praxis zurückspiegelt. Genau wie *Lucky Luke*.

Europäische Western-Parodien blieben immer ein wenig hinter der Entwicklung des Genres zurück, wie etwa der überraschend erfolgreiche Film LIMONADOVY JOE (Limonaden Joe; 1964) von Oldrich Lipsky, der noch einmal auf die Serien- und B-Western

Bezug nahm, die es so zu dieser Zeit längst nicht mehr gab. 1965 fertigte Bruno Bozzetto den Animationsfilm WEST AND SODA, der in seiner Geschichte vom einsamen Cowboy, der sich an die Seite einer bedrohten jungen Lady und gegen einen landhungrigen Schurken stellt, direkte parodistische Verweise auf Klassiker wie HIGH NOON erlaubt, aber auch schon auf die Travestien eines Sergio Leone verweist. Im Osten spielten Lolek und Bolek wilden Westen, im Westen ritten der »Tscharlie« und seine Freunde in der TV-Serie MÜNCHNER GESCHICHTEN (1974) durch die aschgraue Isarstadt. Und die weise Oma des Tscharlie (Therese Giehse) erkennt genau: »Es muss halt ein jeder einmal im Westen gewesen sein«. Genau.

Auch die Muppets gingen nach Westen. Und auch sie erlebten einen Hauch von Nostalgie. Folgerichtig ist es der letzte große Animationsheld die Biegepuppe im Cowboy-Outfit in TOY STORY, der im Kinderzimmer durch einen Weltraumfahrer namens Buzz Lightyear ersetzt werden soll, aber seinen Wert für das Sozial- und Seelenleben durch besondere Tapferkeit unter Beweis stellt. Und dann, nun ja, Randy Newman hat es in einen Leit-Song gepackt: *You've Got a Friend in Me*.

Der Westernkanon

Was man am Western so lieben kann, und was das Genre so produktiv für die Parodie macht, ist seine Regelhaftigkeit. Es ist ein offenes Land, eine Gesellschaft im Werden, in der sich Technologie, Politik und Gesetz erst durchsetzen müssen, ein Land, in dem die Menschen sich ihre Regeln selber machen müssen, weil sie noch frei sind, frei zum Fiesesten und Korruptesten, frei aber auch zum Guten. Der Westernheld ist, wie gesagt, deswegen so faszinierend, weil er, was er tut (und was er lässt) aus freien Stücken tut. Aber er tut es in einer Welt, in der es eine Anzahl von Rollen und Zugehörigkeiten gibt, die eine klare Funktion und eine klare Ikonografie haben: Die Cowboys, die Rancher, die Farmer, die »Indianer«, die Kavallerie, die Banditen, die Sheriffs, die Quacksalber und mal falschen, mal echten »Docs«, die Lehrerinnen und die »Prärie-Madonnen«, die Saloon-Girls und die Abenteurerinnen, in der Spätzeit noch die Journalisten, die Marshals und Pinkerton-Detektive, die Bürgerlichen und gar schon: die »Touristen« im Westen. Dazu kommen die ethnischen Milieus der Einwanderer: die Iren, die Chinesen, die Mexikaner, die Franzosen etc. und die religiösen Gruppierungen: die Mormonen, die Katholiken, die Puritaner, die Juden, die Anhänger allerlei Sekten und Mini-Religionen, zu schweigen von Agnostikern und Atheisten und von denen, die für eine Zeit den seltsamen Heiligen, den Predigern und Propheten des Westens auf den Leim gingen. Dazwischen immer wieder die nomadischen Helden und Schurken, die nirgendwo wirklich dazugehören, immer »far away from home«, weil Home ohnehin immer nur der Ort sein kann, an dem man seinen Hut aufhängt (bevor es einen wieder hinauszieht).

Und mit einem solchen Repertoire an Figuren und Gruppen, allesamt in sich ambivalent und veränderbar, gibt es eine Anzahl von Geschichten zu erzählen, zu variieren, zu parodieren, die immer von beidem etwas haben, vom Episodischen einer *tall story*, einer Abenteuer- und Aufschneidergeschichte, die am Lagerfeuer erzählt werden kann und kaum den Anspruch erhebt, wirklich geglaubt zu werden, und vom Epos, einer mythischen Gesamterzählung in unzähligen Kapiteln: How the West was won. (Und das beinhaltet schon immer, aber ganz besonders im Abstand eines Jahrhunderts die Gegenerzählung: How the West was lost.)

Frank Gruber, selbst ein produktiver Westernautor, schlug in den fünfziger Jahren einen Kanon der sieben Grund-Plots für Romane und Filme des Genres vor (die Comics interessierten ihn damals weniger, weil sie sich ganz diesen Medien anzupassen schienen):

1. Die Union Pacific Story

Damit sind auf der einen Seite die Geschichten gemeint, die sich um den Bau der transkontinentalen Eisenbahn ranken, in dem in der Tat so vieles zusammenkommt, was die guten und die schlechten Seiten der Besiedlung ausmacht: rücksichtsloser, kapitalistischer Wettstreit, Pioniergeist, Resilienz und Fantasie. Dazu kommen die Auseinandersetzungen um die Routen, der Widerstand der »Indianer« gegen das »eiserne Pferd« (dem übrigens John Ford seinen ersten epischen Western in der Stummfilmzeit widmete), die billigen ausgebeuteten Arbeitskräfte, die Entstehung der Boomtowns an den Strecken, die Vertreibung der vorigen Generation der Pioniere, die sich von der mit der Bahn verbundenen »Zivilisation« empfindlich in ihrem Lebensstil gestört fühlen musste.

Das Kernstück des Mythos ist die Konkurrenz zwischen der Union Pacific und der Central Pacific, die ihre Strecken quer durch den Kontinent und aufeinander zu bauten. Der eher kommerzielle als heroische Antrieb zur manchmal gnadenlosen Beschleunigung der Arbeiten war ein Regierungsdekret, nach dem jeder Company für eine Meile Gleisverlegung rund 25.000 Quadratkilometer Regierungsland zur freien Verfügung versprochen wurde. Eisenbahn und Immobilienspekulation hatten also eine innige Verbindung miteinander. (Kommt uns irgendwie bekannt vor.)

Im weiteren Sinn lassen sich unter diese Rubrik aber auch alle »Verkehrswestern« einreihen, Filme über Postkutschen, über den Pony Express und schließlich den Bau der Telegrafenlinien. Filme die an die Erschließung des Landes als positive Bewegung glauben, zumindest in einem formalen Sinn wie es Fritz Lang in WESTERN UNION (Überfall der Ogallala; 1941) beschreibt, in dem der Telegrafendraht das Land zugleich organisiert und »zerschneidet« – je nachdem, auf welcher Seite der Zivilisationsgeschichte man sich befindet. (Im *Lucky Luke*-Abenteuer *Der singende Draht* wird übrigens eine emblematische Einstellung aus Fritz Langs Film direkt zitiert.)

Es ist die progressive Geschichte des Western, das Vordringen der modernen Technologie als Work in progress und überdies eine Verschärfung des Grundwiderspruchs des Westernhelden: Er baut an einem Fortschritt mit, der ihn selber überflüssig macht. Aber er ist zugleich gezwungen, an diesem Fortschrittsprojekt teilzunehmen, unter anderem, weil die Widersacher noch viel tückischer sind. Es gibt die Sabotage, das Aufhetzen der Indianer, die Komplizenschaft mit örtlichen Banditen – Helden werden hier einfach gebraucht.

Postkutschen- und Zugräuber allerdings sind keineswegs von vornherein die Bösen; wie die Bankräuber, so handelt es sich auch bei ihnen oft um depravierte Landbewohner, deren Taten zumindest in den Legenden immer auch ein Akt der ausgleichenden Gerechtigkeit sind. So richtig edel sind die Räuber zwar selten, aber sie haben durchaus auch Züge von rebellischen Volkshelden; Typen wie Jesse James oder Black Bart können der klammheimlichen Sympathie mancher Landbewohner sicher sein, die ähnliche Erfahrungen mit Banken und Unternehmern gemacht haben.

Die Eisenbahn ist natürlich auch ein klassisches Objekt der historischen Nostalgie im Genre, Eisenbahnszenen (wie die legendäre Eingangssequenz von C'ERA UNA VOLTA IL WEST (Spiel mir das Lied vom Tod; 1968) von Sergio Leone, die übrigens häufig in frankobelgischen Comics wie etwa *Viper* zitiert wird) gehören zu den Standardelementen. Die Postkutsche wiederum ist, natürlich in besonderem Maße seit John Fords STAGECOACH (1939), ein dramatischer Ort par excellence: Die Gesellschaft des Westens auf engstem Raum, unterwegs durch alle Gefahren, die diese Weltgegend zu bieten hat. Mit THE HATEFULL EIGHT führt Quentin Tarantino dann auch diese Genre-Variation 2015 zu einem blutigen Ende.

Lucky Lukes Abenteuer: Verkehrswestern bilden neben den Geschichten von Flucht und Jagd (nach den Daltons vor allem), und den Geschichten um wilde Städte und ihre üblen Herrscher das Rückgrat der *Lucky Luke*-Geschichten. *Die Eisenbahn durch die Prärie, Die Postkutsche, Der singende Draht, Der Pony Express, Nitroglycerin.*

2. Die Ranch Story

Der Kampf der Viehzüchter und ihrer Cowboys gegen Banditen und Konkurrenten, die Dynastie-Geschichte um Erbschaften und Familienkonflikte, die Konflikte zwischen Viehzüchtern und Farmern, der Beginn der Stacheldraht-Ära. Familienfehden und die stete Hoffnungen des Westerns irgendwann mit einer »netten kleinen Ranch« sesshaft und glücklich zu werden.

Eine besondere Ausformung dieses Motivs ist die Geschichte vom Big Trail, also vom Viehtrieb aus dem Westen zu den Verladestationen der Rinder, die für den Fleischbedarf des Ostens gedacht waren. Ein solcher Trail ist die ideale Form für ein Stationen-Abenteuer, und natürlich auch für eine Westernserie wie RAWHIDE, die uns vor allem wegen eines der Hauptdarsteller im Gedächtnis blieb: Clint Eastwood. Und wie in RED RIVER (1948; R: Howard Hawks) ist ein solcher Viehtrieb auch der ideale Hintergrund für psychologische Konflikte (wie hier zwischen dem Patriarchen und seinem Ziehsohn: John Wayne und Montgomery Clift) oder auch kriminalistische Nebenhandlungen: Auch in *Lucky Luke* pflegt ja eine solche gefahrvolle Reise stets von einem Verräter in den eigenen Reihen begleitet zu werden.

Lucky Lukes Abenteuer: *Texas und kein Ende, Stacheldraht auf der Prärie*

3. Die Empire Story

Geschichten um große Familien, ihre Konflikte, ihren Zerfall, ihre Erneuerung usw. Aber auch die Geschichte des (vergeblichen) Kampfes gegen »die neue Zeit«, vor allem und immer wieder darin die Kain-und-Abel-Geschichte oder der Vater-Sohn-Konflikt, der, nur zum Beispiel, in LAST TRAIN FROM GUN HILL (Der letzte Zug von Gun Hill; 1959; R: John Sturges) Anthony Quinn als Großrancher mit seinem alten Freund (Kirk Douglas) in Streit bringt, der seinen Sohn als Vergewaltiger und Mörder überführt hat. Die populärsten Serien mit dem Thema sind wohl BONANZA, BIG VALLEY und HIGH CHAPARRAL – sie widersprechen insofern unserer Saga vom einsamen Cowboy, als sie die (erweiterte) Familie als Handlungsgemeinschaft betrachten und damit auch ein dynastisch-autoritäres Modell (nebst einem eingebauten Ödipus-Element) in den Vordergrund rücken. Zum Cattle-Empire muss das Genre naturgemäß ein ambivalentes Verhältnis haben: Einerseits bringt es neben der Dynastie selber immer auch den Cowboy hervor, der dann wiederum an den Stacheldrähten der Farmer und dem Bau der großen Eisenbahnen scheitern wird, andererseits ist das Empire auch ein Wesen der ökonomischen Zivilisierung: Der Viehbaron wendet sich nicht nur gegen die nachströmenden Siedler, sondern auch gegen das Gesetz des Zentralstaates. Aus der Landnahme und der damit verbundenen ursprünglichen Akkumulation wird ja noch kein Rechtsstaat: In dieser Westerngeschichte muss immer wieder das Prinzip von »Besitz« geklärt werden. Der Besitz im Allgemeinen, und der Familienbesitz im Besonderen, sind zwar »heilig«, aber gleichwohl müssen auch die Besitzenden lernen, verantwortungsvoll mit ihrem Besitz umzugehen und die Rechte der Besitzlosen zu respektieren. In einem weiteren Sinne kann man unter dieses Motiv alle Filme einordnen, die mit der »Landnahme« zu tun haben.

Lucky Lukes Abenteuer: *Round Up, Auf nach Oklahoma, Stacheldraht auf der Prärie*

4. Die Indianerkriegs-Geschichte

Geschichten, in denen Mythen wie »Custer's Last Stand« vom heroischen Opfertod im Kampf gegen Sitting Bull erzählt oder direkt oder indirekt widerlegt werden, der Kavallerie-Western zwischen Strafexpeditionen und Angriffen aufs Fort. An der Gestalt dieser Figur, die wie so viele andere den Bürgerkrieg im Grenzgebiet des Westens auf ihre Weise fortsetzten, schieden sich die Westerngeister schon vergleichsweise früh: Regelrechten Apotheosen wie THEY DIED WITH THEIR BOOTS ON (1941; R: Raoul Walsh) standen (wenn auch nicht unter der Nennung des Namens) kritischere Blicke wie John Fords FORT APACHE (1948) gegenüber. Und natürlich die Geschichte der von »Indianern« bedrohten Städte oder Siedlerzüge, die im letzten Moment durch das Angreifen der Kavallerie gerettet werden. Immer wieder kommt es aber auch vor, dass die Kavallerie wie bei *Leutnant Blueberry* ein Zufluchtsort für den jungen Helden ist, der früher oder später notgedrungen mit seinen Vorgesetzten und dem militärischen System selbst in Konflikt gerät. Die Armee ist eine »Heimat« für den Westerner, der seine Sehnsucht nach Autonomie nicht erfüllen kann, so wie umgekehrt der nomadisch einsame Westerner einer ist, der eben diese Heimat verloren hat (und oft dadurch gekennzeichnet ist, dass er seine Armee-Hose, die oft noch aus dem Bürgerkrieg stammt, unter dem Zivilgewand anbehält). Die Kavallerie, die aus dem Westen das »befriedete« Land machen soll (und in Wahrheit natürlich das Unrecht der Landnahme forciert), ist eine Erbschaft des Bürgerkriegs; sie beherbergt nicht nur viele vom Krieg gezeichnete und in ihm schuldig gewordene Männer, sondern sie ist auch als Institution der Umleitung des aggressiven Potenzials gewidmet. Im Mainstream-Western kommt der Kavallerie immer wieder eine rettende Funktion zu, was aber nicht wirklich übertüncht, dass die Zivilgesellschaft des Westens eine allenfalls ambivalente Beziehung zur Armee hatte. Eine andere Subgeschichte ist die vom Scout, der der Kavallerie eher widerwillig dienen muss, und schließlich die Geschichte vom »Friedensstifter«, der ganz nebenbei die »wahren Schurken« im »Indianerkrieg« entlarvt: die Händler, die giftiges »Feuerwasser« an die Indianer verkaufen oder schlimmer noch, moderne Gewehre.

Kavallerie-Western sind ein eigenes Subgenre, so wie es umgekehrt »Indianer-Western« gibt, die ganz aus der Perspektive der Native Americans erzählt werden. Am meisten eignet sich allerdings immer der Wanderer zwischen den Welten als Held, von DER GEBROCHENE PFEIL über DER MANN, DEN SIE PFERD NANNTEN bis zu LITTLE BIG MAN. Ein Hybrid bildet Kevin Costners DER MIT DEM WOLF TANZT: Die innere und äußere Wandlung eines versprengten Soldaten im Indianergebiet.

Lucky Lukes Abenteuer: *Der falsche Mexikaner, Lucky Luke reitet für die 20er Kavallerie, Der Apachen-Canyon*

5. Die Rachegeschichte

Die lange Suche nach einer Bande, die im Leben eines Mannes einen traumatischen Hass hinterlassen hat wie Randolph Scott in SEVEN MEN FROM NOW (1956; R: Budd Boetticher) – geradezu das Muster eines Outdoor-Rachewestern. Die Traumatisierung des Helden spielt aber auch in anderen Zusammenhängen oft eine Rolle. Nicht zuletzt bei der Erklärung für seine Unfähigkeit, sich familiär und sozial zu binden. Die Rachegeschichte ist der ideale Aufhänger dafür, »gebrochene Charaktere« im Genre einzuführen. Sie bricht sich stets an der Geschichte von der Einführung des Gesetzes; einerseits wird eine Geschichte der Suche nach Gerechtigkeit »persönlich«, und anderseits wird die persönliche Rachegeschichte in eine Geschichte der allgemeinen Gerechtigkeit überführt.

Es ist ein weiteres Schlüsselmotiv für den Western als Zivilisationsgeschichte: Das Prinzip Rache herrscht dort, wo das Prinzip Recht nicht greift. Im klassischen amerikanischen Western muss persönliche Rache geübt werden, weil das Recht noch nicht genügend durchgesetzt ist (und folgerichtig erzählen viele Filme davon, wie persönliche Rache sich dann doch dem Rechtsprinzip beugen muss); im Spät- und Italowestern dagegen ist das Prinzip Rache deswegen vorherrschend, weil das Recht sich nicht hat durchsetzen lassen, an Korruption und Schwäche verdorben ist.

Lucky Lukes Abenteuer: Natürlich beinahe alle *Dalton-Geschichten*, denn für Joe Dalton gibt es nur das eine Ziel im Leben: Rache an dem Cowboy, der sie immer wieder ins Gefängnis bringt. (Joe bekommt, wie wir wissen, jedes Mal einen cholerischen Anfall, wenn auch nur der Name Lucky Luke erwähnt wird, weshalb ihn die mittleren Brüder stets zu beruhigen versuchen: »ganz ruhig, Joe«.) *Die Daltons brechen aus.*

6. Die Outlaw-Geschichte.

Das Werden, der Aufstieg und Fall der Volkshelden-Banditen wie Jesse James, Billy the Kid oder Black Bart, denen wenn schon nicht Absolution erteilt, so doch mit Verständnis und Respekt begegnet wird. Wie der Protagonist der Rachegeschichte so ist auch dieser Held von einer psychotischen Energie getrieben, die den ungeschriebenen Code des Westens überschreitet. Daran, nicht an der Überschreitung des geschriebenen Gesetzes scheitert der heroische Outlaw. Der Outlaw wird daher durch sein bitteres Ende sanktioniert. Auch hier muss es einen »wahren Schurken« geben, zum Beispiel den Verräter in der eigenen Bande, oder den umgedrehten Freund wie Pat Garrett, oder auch eine (manchmal unschuldig) verräterische Frau. Auch jemand wie Jesse James kann nur durch Verrat enden, und Bob Ford, der ihn hinterrücks erschossen haben soll, ist eine Judas-Figur im Western, der manchmal die ganze Aufmerksamkeit gilt wie zuletzt in DIE ERMORDUNG DES JESSE JAMES DURCH DEN FEIGLING ROBERT FORD (2007; R: Andrew Dominik).

So wie es eine Verfolgungsgeschichte im Rache-Western gibt, gibt es eine Fluchtgeschichte im Outlaw-Western; sie kann, wie in BUTCH CASSIDY AND THE SUNDANCE KID (1969; R: George Roy Hill) sogar über mehrere Ländergrenzen führen.

Lucky Lukes Abenteuer: *Der Doppelgänger, Die Gesetzlosen, Billy the Kid, Jesse James*

7. Die Marshal- oder Sheriff-Geschichte.
Sie kann zu einer endlosen Folge von Heldentaten und ordnungshüterischer Raffinesse führen, aber auch zu Engführungen wie zum Beispiel in den Howard-Hawks-Filmen nach RIO BRAVO (1959) oder in 3:10 TO YUMA (2007; R: James Mangold) oder LAST TRAIN FROM GUN HILL. Dort geht es stets um die Bewachung oder den Transport von Gefangenen gegen eine Übermacht des Gegners (natürlich muss auch Lucky Luke einmal einen solchen Transport durchführen). Eine noch häufiger variierte Geschichte ist die vom »Zähmen« einer Boomtown durch einen Sheriff oder Marshal, der am Ende erfolgreich das Gesetz als erste Ordnung auch vor den Machtansprüchen der Viehbarone und lokaler Banden durchsetzt. Natürlich gibt es auch die Geschichten von durchaus zweifelhaften Ordnungshütern wie Wyatt Earp und Doc Holliday oder gar einen noch zweifelhafteren Richter wie Roy Bean (dem unser Held auch einmal begegnen muss). So wie der Outlaw kommt auch der Gesetzeshüter stets in einer guten und einer bösen Form vor.
Lucky Lukes Abenteuer: Der fragwürdig-legendäre *frontier marshal* Wyatt Earp tritt in drei Abenteuern auf: In *Ein Mann wie Wyatt Earp, O.K. Corral* und *Oklahoma Jim*. Gemütliche bis feige Sheriffs sind immer wieder zu finden, darunter der in *Billy the Kid*, der allein durch die Nennung des Outlaw-Namens vom Stuhl fällt. Die Geschichte des *Town Taming* wird erzählt in *Dicke Luft in Pancake City*.

Wohl weil es sich dabei sehr häufig um Komödien oder Parodien handelt, hat Gruber die sehr wichtige Linie der *Initiatons- und Anpassungsgeschichten* nicht erwähnt: Aus Jungen werden Männer, aus Bürgern werden Cowboys, aus Greenhorns werden Westerner.
Lucky Lukes Abenteuer: *Das Greenhorn.*

Neben diesen kanonischen Themen des Genres gibt es eine Reihe von Motiven, die eher am Rand angesiedelt sind und daher manchmal auch in der Ikonografie und Dramaturgie vom Mainstream-Western abweichen:

1. Die Goldrausch-Geschichte. Eine Geschichte von Hoffnung und Vergeblichkeit wie DER SCHATZ DER SIERRA MADRE, und im Extremfall führt sie zu schrecklichen Katastrophen wie dem Kannibalismus im eiskalten Winter, grandios persifliert von Charlie Chaplin in seinem GOLDRAUSCH. Bei *Lucky Luke* kommt das Motiv häufiger vor; eine Mine ist aber auch ein zu verlockender Schauplatz. Immer wieder drehen die Menschen im *Lucky Luke*-Kosmos vollkommen durch, wenn sie nur das Wort »Gold« hören.

Lucky Lukes Abenteuer: *Die Goldmine von Dick Digger, Im Schatten der Bohrtürme, Goldrausch!*

2. Der Grenz-Western, der mit der Überquerung des Rio Grande zu den Begegnungen mit dem unruhigen Staat Mexiko führt. Auch Butch Cassidy und Sundance Kid fliehen nach Lateinamerika, nach Bolivien, wo auch der Spätwestern BLACKTHORN (2011) spielt, in dem Sam Shepard einen alten Gringo spielt, dessen wirklichen Namen, Butch Cassidy, niemand kennt, und dessen ruhige Tage auf einer einsamen Farm von seinem Wunsch beendet werden, in die Heimat der USA zurückzukehren. Auch die Daltons überschreiten einmal die amerikanische Grenze und werden Teil der Szene von Revolutionären, Landbaronen und Banditen, wie sie dann der Italowestern in seiner Blüte im Subgenre »Revolutionswestern« liebt.

Lucky Lukes Abenteuer: *Tortillas für die Daltons*

3. Die Western-Gauner- und Betrügergeschichte um Figuren wie den Falschspieler (gern auf einem Mississippi-Dampfer), den Quacksalber oder den »falschen Propheten« und Wanderprediger, die sich als Mörder entlarven. Auf der eher sympathischen Seite agiert in der TV-Serie MAVERICK James Garner und im Kinofilm Mel Gibson als Pokerspieler, der zwar die angenehmen Seiten des Lebens und das schnelle Geld liebt, sich aber im Zweifelsfall doch moralisch integer zeigt. So wie den Spieler (bei *Lucky Luke* werden sie gern seriell geteert und gefedert) gibt es auch den Prediger in einer guten und einer bösen Variante. Bei den eher düsteren Gestalten ist übrigens der in der Bibel verborgene Colt ein beliebtes Accessoire. Hier entwickelt sich auch die Sub-Form des *gothic western*, in dem düstere und gespenstische Elemente ins Genre reichen. Dabei wiederum ist eine der zahlreichen Geisterstädte, die nach dem Goldrausch oder durch die Veränderung der großen Trails verlassenen Siedlungen, der ideale Handlungsort. Auch Lucky Luke kommt einmal in eine Geisterstadt, begegnet einem

»Propheten« und hat es mit Spielern wie Pat Poker zu tun. Ein betrügerischer Kartenspieler gehört zum Inventar der Western-Town wie der »Leichenheini«. Im Format der TV-Serie hat James Garner die Spielerrolle in 124 Episoden dargestellt (vergessen wir das etwas glücklose Kino-Remake mit Mel Gibson).
Lucky Lukes Abenteuer: *Das Elixier von Doc Doxey*

4. Die Expeditionsgeschichte, die Geschichte vom Forscher und Chronisten im Westen (mehrfach tauchen mehr oder weniger verrückte Wissenschaftler in *Lucky Luke* auf), beginnend mit großen Filmen über die »North-West-Passage«.

5. Der Weird Western, die Verbindung des Genres mit Elementen von Science-Fiction, Horror und Fantasy, die es schon bei Gene Autry und in B-Filmen wie BILLY THE KID MEETS FRANKENSTEIN'S DAUGHTER (1966; R: William Beaudine) gab, die aber auch in eigenen Comic- und Pulp-Fiction-Serien gepflegt wurde. Mit COWBOYS AND ALIENS (2011; R: Jon Favreau) versuchte man sich an einem SF-Western mit den Schauwerten und Stars eines Blockbusters. *Lucky Luke* aber ist gegen allen faulen Zauber und Geistererscheinungen immun; er ist zwar nicht unbedingt in einem realistischen Westen unterwegs, aber als Person durch und durch Realist.
Lucky Lukes Abenteuer: *Die Geisterranch, Die Jagd nach dem Phantom*

6. Die Buddy-, Brüder- und Odd-Couple-Geschichte im Western, die von Partnerschaften zwischen Konflikt und Komik handeln. Es ist ein wenig wie Laurel und Hardy oder Estragon und Wladimir aus Becketts *Warten auf Godot*: Leute, die sich auf Gedeih und Verderb aneinander gebunden haben, und sei's durch Verwandtschaft wie in den beiden Trinità-Filmen mit Bud Spencer und Terence Hill oder bei den Daltons. Es ist eine Überlebensfrage des Westerners, dass er sich, wie John Wayne, gegen eine allzu enge Partnerschaft, insbesondere mit jungen Bewunderern zur Wehr setzt. Daher ist die Komplizenschaft des alten Marshal mit der jungen Mattie Ross (Kim Darby) in TRUE GRIT (1969) von Henry Hathaway so wirkungsvoll zwischen Komödie und Spätwestern-Melancholie. Andrerseits illustrieren Filme wie COWBOYS von Anna Kerrigan den Satz von William Blake: Der Vogel hat ein Nest, die Spinne ein Netz, der Mensch hat die Freundschaft. Die Unabhängigkeit ist das größte Gut des professionellen Westerners, zugleich aber braucht selbst der einsamste Held auch immer wieder Verbündete und Partner, es ist die Zwickmühle schlechthin: Wie viele finstere Rachegeschichten beginnen mit dem Verrat einer großen Freund- und Partnerschaft? *Lucky Luke* trifft immer mal wieder »alte Freunde«, viel mehr als man es einem »einsamen« Cowboy zutrauen würde, aber sie alle kennen die buddhistische Tugend: Nicht anhaften! Davon mal abgesehen, gibt es keine professionellere Partnerschaft als die zwischen einem Cowboy und seinem Pferd.

Lucky Lukes Abenteuer: *Schikane in Québec, Fackeln im Baumwollfeld*

7. Der Dirty- und Antihelden-Western, in dem es allenfalls noch Professionals aber keine wirklichen Helden mehr gibt – den Übergang markiert vielleicht THE MAGNIFICIENT SEVEN (Die glorreichen Sieben; 1960; R: John Sturgess) – bis hin zu abstrakten Western (wie den beiden Filmen die Monte Hellman für Roger Norman drehte) oder nihilistischen Western wie Sergio Corbuccis IL GRANDE SILENZIO (1967). Zudem gab es in den USA auch regelrechte Trash-Western, entweder als Sex-Parodie wie LUST IN THE DUST (1984) oder als Gewaltfantasien wie FIVE BLOODY GRAVES (1969), wo Trash-Regisseur Al Adamson gleich den Tod selbst als Off-Erzähler fungieren lässt.

Lucky Lukes Abenteuer: *Der Kopfgeldjäger*

8. Der kanadische oder auch Schnee-Western, Filme, mit den »Rotröcken«, den Mounties und den Partnerschaften mit den berittenen Polizisten der Berge, die insbesondere Tex Willer aber natürlich auch unser Held pflegen. Im Film gehörten etwa Russell Hayden (TRAIL OF THE MOUNTIES; 1947) oder Gary Cooper (NORTH WEST MOUNTED POLICE; 1940) in diese Welt der bergigen Wildnis.

Lucky Lukes Abenteuer: *Schikane in Québec*

9. Der moderne oder anachronistische Western, ein Film des Genres, in den etwa schon die ersten Segnungen der neuen Technologie reichen (die ersten Autos im Westen, ein Motorrad – und jede Menge Sprengstoff – wie in TODESMELODIE; 1971) oder verrückte Erfindungen eine Rolle spielen bis hin zu regelrechten Steampunk-Western wie WILD WILD WEST (1999). Bei *Lucky Luke* kommt schon sehr früh, in *Lucky Luke und ›Pille‹* ein Fahrrad zum Einsatz

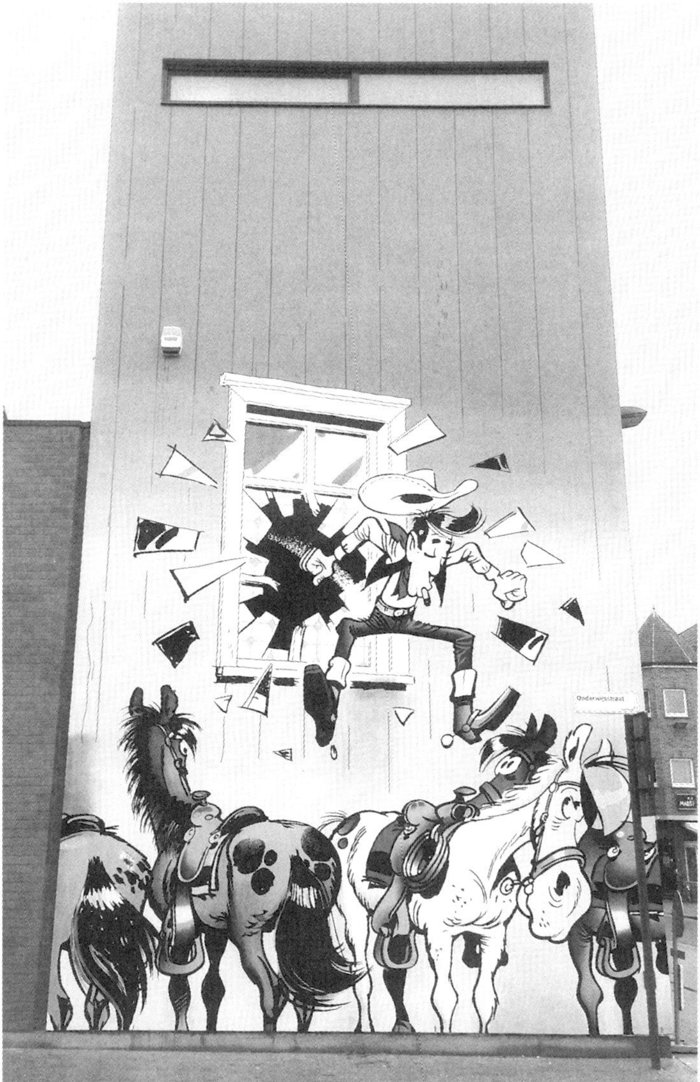

Davon mal abgesehen, gibt es keine professionellere Partnerschaft als die zwischen einem Cowboy und seinem Pferd: Lucky Luke und Jolly Jumper auf einer Häuserwand in Middelkerke, Belgien (© Morris)

– lange bevor er selbst in einem Hommage-Band »umsattelt«. Eine Hybridform ist der Western, in dem ein bestimmtes Stück der urbanen Zivilisation in den Westen vordringt, vom elektrischen Klavier bis zum Motorrad.
Lucky Lukes Abenteuer: *Der einarmige Bandit*

10. Die Geschichte vom Westerner, der sein Land verlässt, manchmal nicht nur nach Süden in die Freiheit oder nach Osten in die Stadt, sondern auch in andere Erdteile wie Australien oder Europa (Lucky Luke, wen wundert es, verschlägt es einmal nach Paris), Tom Selleck als amerikanischen Cowboy nach Australien in QUIGLEY DOWN UNDER.
Lucky Lukes Abenteuer: *Ein Cowboy in Paris*

11. Der Rodeo- und Zirkus-Western. Clint Eastwood hat mit BRONCO BILLY (1980) eine sanft ironische, Robert Altman mit BUFFALO BILL AND THE INDIANS, OR SITTING BULL'S HISTORY LESSON (1976) eine bitter-sarkastische und Sam Peckinpah mit JUNIOR BONNER (1972) eine elegische Variation des Motivs gedreht. Das Ende der großen Westernlegenden und -charaktere im Entertainment hat etwas so Tragisches wie das Auftreten von Zirkus und Theater in der Welt der Westerner etwas Surreales.
Lucky Lukes Abenteuer: *Grand Rodeo, Fingers, Der Weiße Kavalier, Western-Circus*

12. Der feministische und »diverse« Western, der den Protagonisten der Grenze Gerechtigkeit widerfahren lässt, die in der »goldenen Zeit« des Genres in die Rolle von Nebenfiguren gepackt und vor allem um ihren Anteil an der Eroberung und Befriedung des Landes betrogen wurden. Schwule Cowboys gibt es in LONESOME COWBOYS; 1968 von Andy Warhol nach dem Drehbuch von Paul Morrissey und in der modernen Version in BROKEBACK MOUNTAIN (2005) von Ang Lee – und natürlich in Ralf Königs Hommage-Band für *Lucky Luke*.
Lucky Lukes Abenteuer: *Calamity Jane, Sarah Bernhardt, Belle Starr, Die Verlobte von Lucky Luke, Das gelobte Land*

13. Der abstrakte, surrealistische oder »existentialistische« Western, in denen die Settings und die Kostüme des Genres benutzt werden, um skelettierte und rudimentäre Grundsituationen des Lebens darzustellen, wie etwa die Western von Alejandro Jodorowsky. Essentialistisch kann man allerdings auch jene Western nennen, die ein individuelles und intimes Konfliktfeld mit höchster Konzentration durcharbeiten.

Lucky Lukes Abenteuer: *Die Eskorte*

Nahezu alles, was in diesem (erweiterten) Westernkanon aufgezählt wird, kommt auch in der *Lucky Luke*-Serie vor. (Einen Ausflug in den »echten« Weird Western hat er noch nicht unternommen, Gespenster erweisen sich in seiner Welt noch allemal als Schabernack oder Intrigenspiel, aber was nicht ist, kann ja noch werden ...) Um die komischen Wirkungen zu erzielen, um die es in der Serie geht, wird in *Lucky Luke* dieser Kanon nicht nur sichtbar gemacht, jeweils einerseits in Bezug auf die legendäre Wiedergabe der historischen Wirklichkeit, und andererseits in Bezug auf die Genre-Entwicklung, sondern er wird in gewisser Weise auch respektiert. Dieser Respekt unterscheidet die Serie deutlich von anderen Figuren des komischen Western.

Und dann gibt es noch ein »Western-Spiel« bei dem die vorgeschlagenen Typen, Schauplätze und Settings gewissermaßen einen Erzählreigen in Gang setzen:

a) Hauptpersonen: 1. Rancher (eventuell mit Sohn/Söhnen). 2. Großrancher (eventuell mit Sohn/Söhnen). 3. Cowboy. 4. Outlaw. 5. Rächer. 6. Sheriff.

b) Weibliche Personen: 1. Frau des Ranchers. 2. Rancherstochter. 3. Junge Lehrerin/Krankenpflegerin. 4. Animiermädchen im Saloon. 5. Mexikanerin. 6. Junge Dame auf der Durchreise.

c) Stadtbewohner I: 1. Geschäftsmann (reich). 2. Doktor. 3. Bankdirektor. 4. Einflussreiche Persönlichkeit. 5. Ehemaliger Offizier. 6. Reverend.

d) Stadtbewohner II: 1. Store-Keeper. 2. Barber (Ort: Barbershop). 3. Journalist (Ort: Zeitungsredaktion). 4. Hilfssheriff. 5. Postkutscher. 6. Station-Master (Ort: Railway Station).

e) Leute im Saloon: 1. Besitzer des Saloons. 2. Barmädchen. 3. Trunkenbold. 4. Spieler (Poker). 5. »normale« Saloon-Besucher. 6. Leute die Musik/Theater/Shows machen.

f) Leute am Rand der Gesellschaft des Wilden Westens: 1. Revolvermann/Revolvermänner (Gunfighter). 2. Soldat/en. 3. Goldsucher. 4. Indianer. 5. Mexikaner. 6. Einzelgänger, Fremder.

g) Orte der Handlung I: Je nach den Personengruppen A-F.
h) Orte der Handlung II *(außerhalb der Stadt)*: 1. Felsenschlucht. 2. Prärie (Ritt!). 3. Rancherhaus. 4. Pferdekoppel, 5. Weide (Rinder). 6. Flußübergang,
i) Orte der Handlung III *(bedroht oder bedrohlich)*: 1. Postkutsche. 2. Eisenbahn. 3. Wagenburg. 4. Verlassenes Haus (Geisterstadt). 5. Goldmine. 6. Fort.
j) Typische Szenen: 1. Unbekannter/Verdächtiger taucht auf. 2. Verfolgungsjagd. 3. Angriff auf Wagenburg, Fort, Eskorte usw. 4. Ankunft der Postkutsche/Bahn etc. 5. Eintritt des Helden in Saloon. 6. (versuchte) Lynchjustiz.
k) Handlungsverlauf: 1. Showdown (im letzten Drittel). 2. Schlägerei/Schießerei (Ende 1. Drittel). 3. Streitgespräch (Ende 2. Drittel, z.B. im Saloon). 4. Mischung mit friedlichen Szenen (Familie, Tanz, Kirche, Volksfest usw.). 5. Liebesverhältnis. 6. Happy End (Beimischung von Trauer?).[11]

All das also hat große Ähnlichkeit mit einer »Erzählmaschine«, wie wir sie aus der Genre-Theorie kennen, das heißt einer Anordnung zur Produktion von dramatischen, komischen, romantischen und epischen Konstellationen, die stets auf ihre eigenen Codes, das Repertoire, die Ikonografie, die Charakterologie, die Mythologie ihres Genres verweisen. Gäbe es keine Genre-Theorie, für den Western müsste man sie erfinden: Das »Material« eines Genres, gleichgültig in welchem Medium, besteht immer aus beidem: Aus historischer Schlacke und aus der Schlacke anderer Western. Und jeder Western ist nicht zuletzt Antwort, Kritik und Ergänzung anderer Geschichten des Genres. Die Selbstreflexion des Genres ist es, die das wesentliche komische Material von *Lucky Luke* darstellt: Das Regelhafte und die kleine Abweichung, die ewige Wiederkehr und der ironische Bruch. Oder anders gesagt: Unsere Erwartung, und wie man mit ihr spielen kann.

Western-Comics

Der Comic ist die last frontier, *und es gibt keinen Westen jenseits von Lucky Luke.* Fritz Göttler

Der Western war immer schon vor allem eine Bildwelt. Um das Jahr 1865 herum begann die romantische Entdeckung des Westens durch Schriftsteller, durch Maler und schließlich Fotografen. In den Gemälden von Frederic Remington (dem wir bei *Lucky Luke* einst höchstpersönlich begegnen werden) nahmen die »Ikonen« des späteren Genres schon Gestalt an. Der Film würde sich an diesen Vorlagen gut und gerne bedienen, und natürlich ebenso der Comic. Man kann zum Beispiel die Zeichnungen von Frank Frazetta (noch bevor er vor allem in Underground- und Aficionado-Kreisen berühmt wurde) aus der Serie *White Indian* (in den frühen fünfziger Jahren als Füllmaterial in verschiedenen Serien erschienen) mit der Westernmalerei vergleichen.

Im Western gibt es nicht nur eine Reihe von Schlüsselszenen (wie den Showdown, die Saloon-Prügelei, die Verfolgungsjagd zu Pferde, die Wagenburg, das Lagerfeuer, das Zähmen eines Pferdes im Corral usw.), sondern auch etliche Mikroelemente, die sich mit den technischen Möglichkeiten des Mediums verbunden haben. So entwickelte der Film aus den statischen Bildern von Malerei und Fotografie, aus deren Ikonografie er schöpfte, ein eigenes Repertoire des *Bewegungs*bildes: Es gibt kaum ein besseres Bild für »Sich-Nähern« als Reiter oder Postkutschen; die Telegrafenleitung ist ideal für die Darstellung der Tiefe des Raums, und eine Mainstreet ist das Muster für einen Zustand der Anspannung (Ruhe und Störung, Ordnung und Explosion). Und dann geht es um Verlangsamung (die schöne Trägheit in der Mittagszeit) und die Beschleunigung (das »Ziehen«, das so wichtig ist wie das Zielen, wenn nicht gar wichtiger). Die Mikroelemente des Western – Beschleunigung der Bildgeschwindigkeit insbesondre für die Darstellung »höllischer« Ritte (im Comic durch dynamische Panel-Folge ausgedrückt), die Kamera-Parallelfahrt (das planimetrische Bild), die Schnittfolge eines Duells – komplett mit abgestimmter Musik

(Schnitt/Gegenschnitt auch im Comic), der Sturz vom Pferd, der »Indian-Arrow-Trick« (die Kamera schwenkt von einem Indianer, der einen Pfeil in die Luft schießt auf einen Kavalleristen, der einen Pfeil in der Brust hat), der Sturz und das anschließende Überrollen eines Mannes durch eine Postkutsche, der Sprung auf den Sattel, der Sturz durchs Fensterglas oder durch die Saloon-Tür, der mit schöner Regelmäßigkeit in der Pferdetränke endet (kaum ein *Lucky Luke*-Abenteuer, das ohne eine solche Szene auskäme), die Wucht einer Pistolenkugel, die den Getroffenen umwirft vermittels eines unsichtbaren Seils, (überhaupt die westerntypischen Formen des Sterbens ...), Schuss-Gegenschuss, im Westernduell ganz wörtlich zu nehmen – für die Handwerker des Genres galt es stets, sie so effizient wie möglich zu gestalten, und dafür arbeiteten Spezialisten vor und hinter der Kamera, nicht zuletzt war der Stuntman so wichtig wie der *horse wrangler* und der Waffenmeister. Der Western ist in weiten Teilen eben immer auch ein akrobatisches Rodeo-Ereignis, wie umgekehrt Western-Shows die Stunts und szenischen Mikroelemente selten ohne einen dramaturgischen Faden vorführen und oft »historische« Ereignisse zu zeigen behaupten. Das macht das Western-Genre sozusagen genuin »filmisch« – und ganz im Gegensatz etwa zur Science-Fiction hat der Comic dabei keinen Vorsprung bei der »Suspension of Disbelief«. (Die Fantasien eines *Flash Gordon*-Comic von Alex Raymond ins Filmmedium zu übertragen, bereitete den Trick- und Design-Abteilungen doch die ein oder andere Schwierigkeit.) Aber gleichzeitig sind alle diese Attraktionen immer Aktualisierungen der Grundbilder: Pferde und Reiter, einsame Ranches, Rinderherden, Indianer in Kriegsornament, Planwagen, Main Streets, Schwingtüren vor dem Saloon (die es übrigens in Wirklichkeit eher selten gab), Lagerfeuer, Colts, Lassos, Verandas, Schaukelstühle, Square Dances ... Der Film erfüllt diese Bildelemente mit Leben und Sinn, und sie gruppieren sich nicht nur als eine ästhetische sondern auch als eine moralische Ordnung in Bewegung. Und der Comic kann diese Ikonografie in seinen Techniken aufnehmen. Bei den europäischen Western-Comics später (und natürlich auch bei *Lucky Luke*) wird besonderer Wert auf die »wellenförmige« Erzählweise gelegt, die Abfolge von Action und ruhigen, »ikonografischen« Szenen. Vor allem aber lebt der Western-Comic durch die Behandlung von Landschaft, oder, noch allgemeiner, die Behandlung von Raum. Die Frage, was *Lucky Luke* so besonders macht unter den (komischen) Western-Comics, lässt sich auch mit dem Hinweis auf Morris' Kunst beantworten, uns den Raum zu öffnen, den Blick schweifend in die Weite zu führen, oder engagiert in die Tiefe. Zwei »Einstellungen« in den Comics, die direkt aus der Bildsprache des Films stammen, sind das »Panorama«, ein

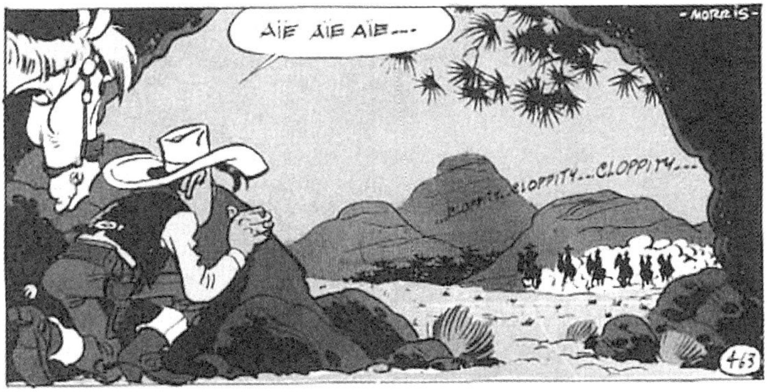

Die Kunst, uns den Raum zu öffnen: Der Blick in die Tiefe in *Lucky Luke gegen Joss Jamon* (1958; © Morris / Dupuis)

großer »Über-Blick«, der die Fülle wiedergibt, und die Halbnah-Aufnahme (man nennt sie auch »amerikanische Einstellung«), die hinter dem Protagonisten noch Figuren und Landschaften in der Ferne erkennen lässt, was einem Bild eine subjektive Dynamik gibt. Was immer die Figuren in einem Western anstellen, welche Kunststücke sie mit ihren Pferden, ihren Lassos, ihren Colts vollbringen, sie sind an ein bestimmtes Raumempfinden gebunden, sie sind dabei buchstäblich geerdet. Und dieses Raumempfinden des Western ist für die Qualität eines Western, im Film wie im Comic, mindestens ebenso wichtig wie die Stories, die Charaktere und die Dekorationen.

Jedes Bild – jede Kameraeinstellung, jedes Panel – macht eine Beziehung auf zwischen dem Blickraum (so weit das Auge reicht), dem Aktionsraum (so weit man ein Geschehen beeinflussen kann durch den eigenen Körper oder seine Instrumente: Bei Sergio Leone wird uns sehr drastisch vor Augen geführt, dass der Aktionsraum eines Kerls mit einem Revolver und der eines

Kerls mit einer Winchester sehr unterschiedlich sind) und dem akustischen Raum (der in der Regel größer ist als der Blickraum). Des Weiteren gibt es eine Spannung zwischen dem Blickraum des Zuschauers (Comiclesers) und dem Blickraum des Helden oder der Heldin. Wir sehen mehr, weniger oder dasselbe wie der Held, Lucky Luke zum Beispiel, und das löst jeweils sehr unterschiedliche Gefühle aus. Mehr sehen als der Held: Suspense. Weniger sehen als der Held: Eine Frage des Vertrauens. Der »epische Moment« (nicht nur) im Western besteht in der panoramatischen Sehweise, in der man sozusagen Vergangenheit, Gegenwart und Zukunft zugleich sieht. Man ist dann gern auf einem Berg oder schaut aus der »Vogelperspektive«.

Ein Comic-Western imitiert also nicht nur Landschaften und Charaktere, Objekte und Geschichten des Genres, sondern oft übernimmt er auch visuelle Techniken des Films. Eines der schönsten solcher Zitate bei *Lucky Luke* ist die dynamische Schräglage des Helden, der auf uns zugeritten kommt; und eine »Einstellung« aus extremer Untersicht, wie sie modernere Western lieben, kommt auch in der Comic-Bildgestaltung immer wieder vor. Oder der

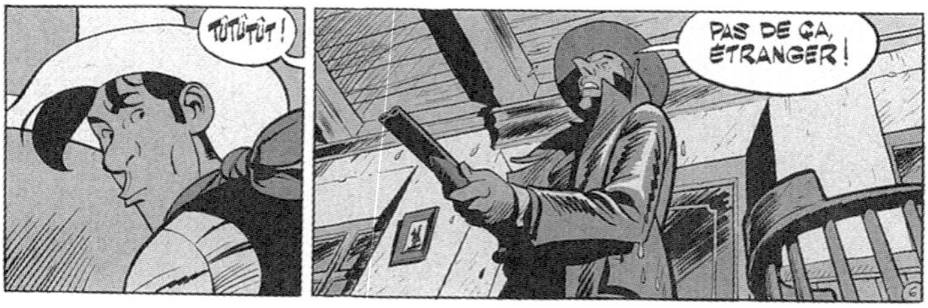

Zitate aus dem modernen Western: Extreme Untersicht in Matthieu Bonhommes *Der Mann, der Lucky Luke erschoss* (2016; © Matthieu Bonhommes / Lucky Comics)

Comic zitiert die erwähnten Mikroelemente – zum Beispiel spielen *Lucky Luke*-Comics mit den Entfernungen im Westernkino (jedenfalls vor dem exzessiven Gebrauch des Zoom): Zeit wird im Western durch Entfernung ausgedrückt, was die Comics (die besseren jedenfalls) direkt vom Film übernehmen.

Aber beide Medien können sich bei alledem auch auf Vorläufer in der Geschichte der visuellen Künste beziehen: Die Western-Shows, die Westernmalerei und schließlich auch die Westernfotografie. All diesen Künsten wird auch in *Lucky Luke* gedacht. Für Morris war aber zunächst das Kino die ursprüngliche Inspirationsquelle: »Mein beliebtestes Material waren Filmfotos. Und die musste ich meistens aus den Schaukästen vor den Kinos stehlen, denn ich konnte sie nicht auf normalem Wege erwerben. Einer stand dann immer Schmiere – meistens Franquin – und ich habe mir Fotos gemopst, die ich unbedingt brauchte.«[12]

In den USA waren Western-Comics erst einmal als mehr oder weniger patriotische Bilderzählungen zur nationalen Geschichte bekannt; als der erste »echte« Comic-Western gilt *Young Buffalo Bill*, 1928 von Harry O'Neill geschaffen, eine traditionelle Erziehungsgeschichte mit »historischem« Hintergrund. Als Genre entwickelte sich der Western-Comic indes vor allem als Tie-in für Filme und Fernsehserien, oder man warb zumindest mit populären Cowboy-Stars auf dem Titel. Für einen Serien-Cowboy der dreißiger und vierziger Jahre war es eine Ehrensache, auch einen eigenen Comic zu bekommen. Genuine Comic-Western dagegen waren eher selten, aber mit Anthologie-Serien wie *Western Picture Stories* (Untertitel: *Rapid Fire Smash Color and Action*) gab es auch eine regelmäßige Heftproduktion mit sehr verschiedenen Ansätzen. Das erste Heft erschien im Februar 1937 und enthielt neben kurzen Comic-Abenteuern stets mehr oder weniger historische Informationen und Schautafeln (»Weapons of the West«). Die Mischung aus (im Allgemeinen stramm patriotischem) Heimat- und Geschichtsunterricht, Abenteuertraum und Heldenverehrung prägte die amerikanische Genre-Produktion, die beinahe nahtlos von der Illustration der Kinoserien in die der Fernsehserien und von dort in die Comic-Hefte überging. Eine der erfolgreicheren Serien bei DC waren in den fünfziger Jahren die *John Wayne Adventure Comics* (zu denen übrigens der spätere *MAD*-Zeichner Harvey Kurtzman einen humoristischen Western unter dem Titel *Pot-Shot Pete* beisteuerte – jener Harvey Kurtzman, der sowohl für Maurice de Bevere als auch für René Goscinny einer der wenigen echten Freunde in den USA werden sollte), die sich, anders als zuvor, nicht allein auf eine feste Figur, sondern auf den Darsteller bezog. Deshalb konnten hier zusätzlich zu traditionellen Western-Stories auch Kriegsgeschichten (ebenfalls mit reichlich Patriotismus versetzt) veröffentlicht werden. Die amerikanischen Western-Comicbooks boten in der Regel abgeschlossene Geschichten in einer kontinuierlichen Erzählwelt, und das bedeutete, dass

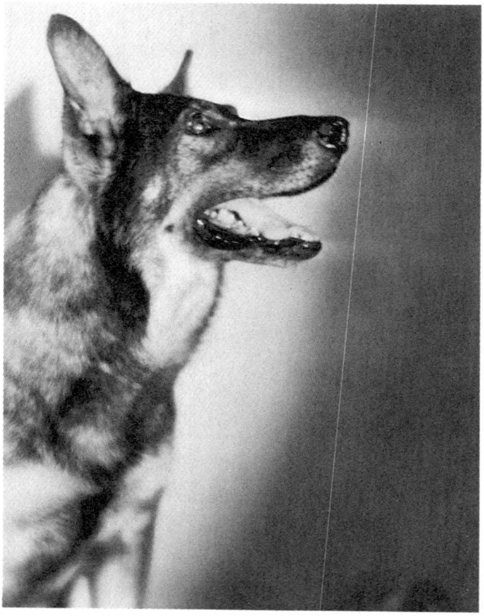

Der clevere Rin Tin Tin in dem Film FROZEN RIVER (1929; Regie: F. Harmon Weight) ...

sie sich eher an Western-Kurzgeschichten als an wahren Epen orientierten. Sie waren weitgehend Mischungen aus Kurzkrimis im Westerngewand, *moral tales*, in denen die Bösen für ihre Missetaten bestraft und die Guten als Gründer jenes Amerika belohnt wurden, in dem die Kids gefälligst gern und stolz zu leben hatten.

Einige eigenständige Serien entstanden aber auch seit den dreißiger Jahren, etwa die Abenteuer von Sergeant King (*King of the Royal Mounted*), eines der kanadischen Polizeioffiziere der Mounties, der Gelegenheit gab, Westernelemente mit Crime Stories zu verbinden und sich immer wieder an den »Geist« von Jack-London-Geschichten anzulehnen, schließlich stammten die Texte von dem Westernautor Zane Grey (der erste Zeichner war Allen Dean). Mit seinem treuen Pferd Toby jagte Dave King Pelzdiebe und Banditen, war aber auch immer den Gefahren des hohen Nordens wie Wölfen und Bären ausgesetzt. Eine Besonderheit waren sorgfältig komponierte Einzelbilder, die zu etwas genauerem Hinsehen verleiteten. Zwei erfolgreiche Filme wurden mit der Figur gedreht. Auch in *Lucky Luke* taucht mehrmals ein heroischer Mountie auf, der sich durch seine betonte Britishness (er verlangt stets eine Tasse Tee mit einem Tropfen Sahne[13]) auszeichnet.

Der berühmteste der Filmserien-Westerner, der Schauspieler Tom Mix, hatte seine eigene Comic-Serie wie auch Al »Lash« LaRue oder Hopalong Cassidy. Auch der verwegene Hund Rin Tin

Tin bekam neben Filmen und Serien verschiedene Comic-Reihen schon seit 1933. Seine Heldentaten gehen bis in die Stummfilmzeit zurück. Maurice de Bevere hatte sich bereits in seiner Kindheit mit einem kleinen Heimprojektor Rin-Tin-Tin-Filme angesehen. Natürlich ist Rantanplan, der dümmste Hund des Westens, ein Echo auf dieses Wesen, nur dass er eben – statt jedes Zeichen seines Herrchens sogleich richtig zu deuten – noch die offensichtlichste Situation konsequent falsch auffasst. In späteren Jahren war der abenteuerliche Hund ganz auf seinen kindlichen Herrn, den Jungen Rusty, bezogen, der als einziger einen Überfall auf einen Siedlertreck überlebt hat und nun als Maskottchen bei der US-Cavalry dient. Rantanplan dagegen hat sein Zuhause in einem sehr gemütlichen Gefängnis gefunden, in dem niemand aufzufallen scheint, wie wenig er für seinen Job als Wachhund geeignet ist.

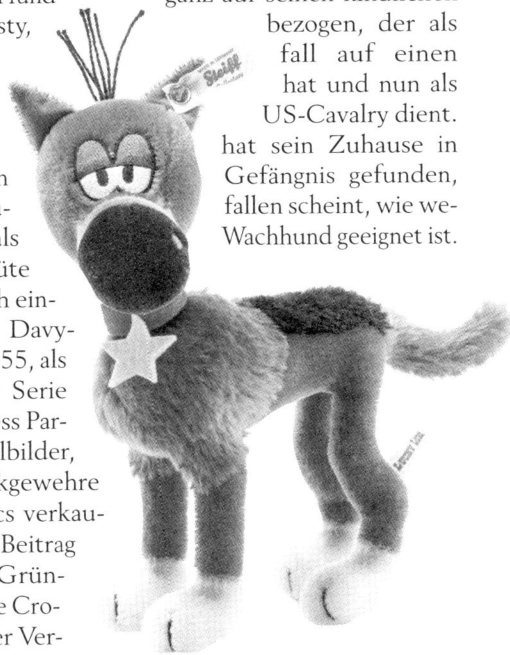

... und sein Gegenstück Rantanplan, der dümmste Hund des Westens, als Plüschfigur

Eine kurzzeitige Blüte erlebte das Genre noch einmal in der Zeit der Davy-Crockett-Mode um 1955, als die überaus populäre Serie von fünf Filmen mit Fess Parker Romane, Sammelbilder, Pelzmützen und Plastikgewehre und eben auch Comics verkaufen half. Auch dies ein Beitrag zur amerikanischen Gründungslegende: Der reale Crockett starb 1836 bei der Verteidigung der Festung Alamo gegen die mexikanischen Truppen – der erste Film über seine Heldentaten war schon im Jahr 1916 gedreht worden. Die Filme und Comics allerdings entstammten der Disney-Produktion und waren daher so sauber, der Held so unsterblich, dass man den Western gern vom Nachwuchs nachspielen ließ: Davy Crockett gab dem Western noch einmal seine moralische und politische Unschuld zurück.

Lucky Luke wurde in nahezu allen Ländern dieser Welt zu einem Verkaufsschlager, nur im Ursprungsland des Western, in den USA, bleibt seine Bedeutung auf den überschaubaren Kreis von Comic-Kennern mit einem Blick nach Europa begrenzt.[14] Vielleicht hat das damit zu tun, dass der Western eben immer wieder als »nationales Heiligtum« angesehen wird, über das sich niemand außerhalb der Nation lustig machen soll, vielleicht ist es aber auch der europäische, dekonstruktive Blick, der nicht geteilt wird. Dem amerikanischen Western-Comic jedenfalls fehlte lange Zeit der epische Atem, den die europäischen Nachkriegsserien entwickelten.

Was *Marvel* auf dem Gebiet der Superhelden gelang, nämlich eine radikale Neuinterpretation im Stile der modernen Zeit, konnte auf dem Westerngebiet nur bis zu einem gewissen Grad funktionieren: *Rawhide Kid* oder *Two-Gun Kid* erlebten zwar durch die Feder von Stan Lee eine dramatische und durch Zeichner wie Jack »King« Kirby eine dynamische Aufladung, und ihr Westen war deutlich »schmutziger« als der von den Konkurrenzserien der alten Schule, aber eine echte Veränderung im Genre brachten sie nicht. (Dafür berührten sie immer wieder auch das Feld von Groteske und Parodie.) Übrigens war ja auch der *Ghost Rider*, den wir heute als Motorradhelden und durch die Verkörperung von Nicolas Cage kennen, ursprünglich eine Westerngestalt. DC Comics konterte mit Weird Western wie zum Beispiel *Jonah Hex* (dem später ebenfalls eine kurze Filmkarriere gelang) zumindest eine Zeit lang. Aber im Großen und Ganzen führten Westernserien im *golden age* der Superhelden und danach keine besonders wichtige Rolle mehr. Die Veröffentlichungsformate und das Genre passten wohl nicht so recht zueinander.

Ganz anders in Europa. Der Western-Comic war hier von Beginn an mehr auf lange Geschichten und Entwicklungslinien angelegt. Insbesondere in Frankreich und Belgien war die Veröffentlichung als Fortsetzung in Comic-Magazinen (und die spätere Zusammenfassung im Albenformat) ideal für Geschichten mit längerem Atem und mehr Interesse für Hintergrund und Stimmung. Western gehörten hier zu den regelmäßigen Elementen der Comic-Magazine wie *Spirou* und *Tintin*. Dass Comics eine Kunstform sein konnten und die Zeichner ihren höchst eigenen Stil entwickeln durften, gehörte zum Kern dieser Comic-Kultur.

Die berühmteste Serie in Frankreich wurde der *Blueberry* von Giraud, der als Moebius zum Star des neuen surrealistischen Erwachsenen-Comic werden sollte. Den Weg aber hatte *Jerry Spring*, von Jijé gezeichnet, bereitet, der erste der frankobelgischen realistischen Comic-Western. Die Serie erlebte ihr Debüt im Jahr 1954 im *Spirou*-Magazin, und Jijé selbst brachte es schließlich auf stolze 21 Alben. Er konnte auf seine Erfahrungen eines längeren Aufenthalts in den USA und in Mexiko zurückgreifen – etliche der Geschichten spielen im Grenzgebiet mit seinen Spannungen. Der »Amerikaner« Jerry findet in dem Mexikaner Sancho »El Panchito« einen treuen Freund; er hat ein besonders starkes und treues Pferd namens Ruby (Jijé war in der Tat ein exzellenter Pferdezeichner) und ist ein Freund der »Indianer«. Was Jijés Arbeit auszeichnet ist die filmische Montage der einzelnen Panels, und mit *Jerry Spring* lässt sich schließlich die Entwicklung des Genres vom expressiven Schwarz-Weiß zur malerischen Farbe verfolgen: Mit Jijés Arbeit beginnt die kontinuierliche Arbeit des europäischen Western-Comic an einer »Traumlandschaft«.

Jean Giraud hat bei *Jerry Spring* als Assistenzzeichner begonnen. Sein eigener Western ist zugleich die praktische Fortsetzung dessen, was er bei Jijé gelernt hat, und ein Gegenentwurf zum reinen und stets edelmütigen Helden. *Blueberry* ist als Kunstwerk, das sich aus eher klassischen Anfängen zu einer vollständig eigenständigen Welt entwickelte, über allen Zweifel erhaben, aber es gibt auch einige Besonderheiten, die Girauds Arbeit zum realistischen Pendant von *Lucky Luke* machen. Auch hier werden sehr direkt filmische Vorbilder übernommen; der frühe Blueberry ist an den jungen Jean-Paul Belmondo angelehnt, und es tauchen Charaktere auf, die an Lee Van Cleef, Jack Palance oder Lee Marvin erinnern. Auch das elliptische Erzählen und die größeren Spannungsbögen gehören dazu. Allerdings gibt es auch einen entscheidenden Unterschied: Während Lucky Luke immer derselbe bleiben muss, was Alter und Status anbelangt, hat Blueberry eine Biografie. Wir können ihm beim Älterwerden zusehen. Und wir können die Epochen des Westens unterscheiden: Blueberrys Abenteuer beginnen im Bürgerkrieg, führen zu den Sioux- und Apachenaufständen über den Bau der Eisenbahnlinien. Ein Band, der etwas aus der Reihe fällt, ist eine Paraphrase auf Howard Hawks' RIO BRAVO, andere aber beziehen sich, wie

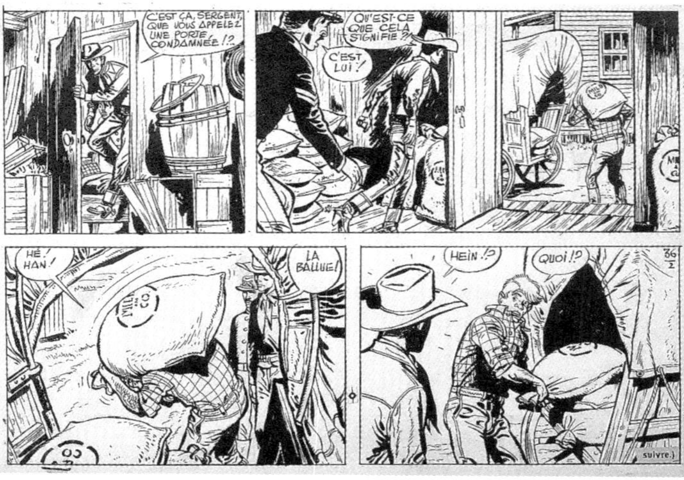

Expressives Schwarz-Weiß: *Jerry Spring: Fort Red Stone* (1958; © Jijé)

Lucky Luke auf konkrete historische Ereignisse wie zum Beispiel den Tod von Benito Juárez in Mexiko (der unserem Helden das Leben rettet). Und anders ist auch eine gewisse stilistische und dramaturgische Inkonsequenz: Im wachsenden *Blueberry*-Epos häufen sich Widersprüche und Ungereimtheiten der Continuity (dem Lesevergnügen tut das nur wenig Abbruch). *Lucky Lukes* Welt dagegen ist verlässlich konstant.

Western gehörten aber auch zur »Hausmannskost« des Comic-Angebots. So waren Helden wie *Tex* in Italien und *Silberpfeil* in Deutschland Futter für die billigen Streifenhefte, aber gerade erstere Gestalt hat eine lange Entwicklung hinter sich, und immer wieder wurden jenseits der im gewohnten Bonelli-Format (monatlich erscheinende taschenbuchartige Bände mit 98 Seiten) entwickelten Geschichten Comic-Künstler für Sonderausgaben gewonnen. *Tex* ist der große Überlebende eines gewaltigen Booms an Western-Comics, die durch den Erfolg der italienischen Filme des Genres noch einmal einen Popularitätsschub erlebten.

Die große Zeit des europäischen Comic-Western waren zweifellos die siebziger Jahre. Das Genre wurde, parallel zu den Kinofilmen, »erwachsener« aber auch gewaltvoller. Die »reinen« Helden wurden abgelöst durch Charaktere mit dunklen Vergangenheiten und persönlichen Problemen. Der italienische Western mit seinen dürren Endzeit-Settings und seinen Antihelden war eine Inspirationsquelle für Serien neuen Stils. Das Jahrzehnt begann mit *Manos Kelly.* Von Antonio Hernández Palacios ab 1970 für das spanische Magazin *Trinca* entwickelt, wurde die Serie bald auch in andere europäische Länder verkauft (in der BRD erschien sie zunächst im Kauka Verlag). Was *Manos Kelly* mit *Lucky Luke* verbindet ist erneut das direkte Zitat von Filmfiguren und Schauspielern im Comic. Zur Blüte bringt Palacios seine Technik dann aber in Zusammenarbeit mit dem Texter Jean-Pierre Gourmelen in der Serie *Alexis Mac Coy* – oder einfach nur *Mac Coy* –, die seit 1974 erschien. (Übrigens erlebte *Manos Kelly* in der Mitte der 80er Jahre eine Wiedergeburt.)

Nach und nach emanzipierte sich der frankobelgische Western-Comic und brachte eine Reihe von neuen Charakteren und Settings hervor: *Buddy Longway*, seit 1972 in *Tintin* erschienen, ist eine regelrechte Aussteigergeschichte und besticht durch sein Herzstück, die lange Liebes- und Familiengeschichte des weißen Trappers mit der »Indianerin« Chinook. Derib (= Claude de Ribaupierre) kehrte als Erster die Erzählrichtung des Genres um: Nicht mehr um die »Eroberung« des Westens und seine fragwürdige »Zivilisierung« geht es, sondern um die Sehnsucht nach einer Rückkehr zu Freiheit und Natur. Der Westen in *Buddy Longway* ist ein verlorenes Paradies.

Zu den grafischen Meisterwerken des Genres gehören die Western von Paolo Eleuteri Serpieri, die in ein ebenso arkadisches wie gewalttätiges Land führen, in das die neue Zivilisation mit destruktiver Macht einbricht. Unter seinen Western wiederum führt die Fantasy-Serie *Druuna* ein Eigenleben, eine erotische Fantasie, die verschiedene Genre-Welten miteinander verbindet. In seinen reinen Western wie *Lakota* arbeitet er fast dokumentarisch und detailreich das Leben der Native Americans und ihrer Überlebenskämpfe ein. Die Meister der neunten Kunst Hugo Pratt und Milo Manara taten sich für die Graphic Novel *Ein indianischer Sommer* zusammen. Ebenfalls für ein erwachsenes Publikum schufen José Ortiz (Zeichnung) und Antonio Segura (Szenario) die Serie *Hombre* – einer der »post-apokalyptischen« Western, die eine Zeit in Mode waren, und zu denen auch *Gunfighter* von Christophe Bec mit seiner Vorliebe für regennasse, schmutzige Ambiente und düstere Gestalten gehört. Nach dem Ende der europäischen Westernfilme und der spärlichen Genre-Produktion aus den USA waren die Comics der letzte Raum für die Sehnsucht nach der Bild- und Mythenwelt des Genres. Nirgendwo war der Western so lebendig wie auf den Seiten italienischer, französischer, belgischer und spanischer Comic-Magazine.

Als der amerikanische Western »Indianer« noch vorwiegend als Teil der gefährlichen Natur betrachtete, gegen die sich die weiße Gesellschaft an der Frontier zu wappnen hatte, und allenfalls Ausnahmen wie Robert Aldrichs APACHE (1954) mit Burt Lancaster als einsamem Kämpfer gedreht wurden, versuchten europäische Comics bereits, den Native Americans Gerechtigkeit widerfahren zu lassen und ihre Kultur respektvoll wiederzugeben. Der Niederländer Hans G. Kresse hatte eine Reihe von Comics um die Kultur und die Geschichte der »Indianer« als Gegenposition zu den Klischees der Mainstream-Western konzipiert. Eine andere »Revolution« im Western-Comic bildete die Serie *Ken Parker* von Giancarlo Berardi und Ivo Milazzo aus Italien. Sie humanisierte das Genre, machte auf moralische Konflikte eines Helden aufmerksam, der noch mehr als seine Vorgänger der »alten« Zeit anhing, und in Bild und Dialog wurde deutlich, dass auch der Westen ein Land war, das nicht so sehr von Helden und Schurken, als vielmehr von Menschen bewohnt (oder auch nicht bewohnt) wurde. Sehr direkt sowohl auf Kresse als auch auf Girauds *Blueberry* bezog sich dann Peter Nuyten in seiner Trilogie *Apache Junction* (2014–2017). Er erzählt die Geschichte des Army-Kuriers Roy Clinton, der – einmal mehr ein von allen Seiten verfolgter Außenseiter – zwischen die Fronten der Kavallerie und der aufständischen Apachen gerät, die gerade ihren letzten Kampf gegen die unwürdige Gefangenschaft im Reservat führen. In der Kresse-Tradition steht schließlich auch die Pre-Western-Darstellung von *Tomahawk* von Patrick Prugne, die in ihren atmosphärischen Aquarell-Zeichnungen in die Welt der James-Fenimore-Cooper-Helden wie Uncas und Lederstrumpf führt. Eine neuerliche Adaption dieser Werke lieferte Georges Ramaïoli.

Einige andere Serien nahmen deutlich Bezug auf die Genre-Veränderungen im Italowestern, und es gab entsprechende Helden wie *Durango* von Yves Swolfs, der 1981 mit dieser Arbeit sogleich Erfolg hatte. Der erste Band – in Deutschland als *Hunde heulen im Winter* veröffentlicht – ist sehr direkt an Sergio Corbuccis IL GRANDE SILENZIO (1968) angelehnt. Eine Art Hyper-Realismus in der Charakterzeichnung und ein enormes Gespür für Landschaft und Architektur im Hintergrund koppeln sich mit blutigen und ein wenig apokalyptischen Geschehnissen. Mit *Lucky Luke* verbindet *Durango* auch die Vielfalt der Settings, seine Reisen führen ihn ins mexikanische Grenzland wie in die schneebedeckten Berge, und sämtliche Szenarios aus dem Westernkanon werden durchlaufen. 2022 kehrte Swolfs nach Ausflügen in die Phantastik mit *Lonesome* zu den Westernwurzeln zurück, allerdings mischt er hier eine beträchtliche Prise »Weirdness« in die Geschichten.

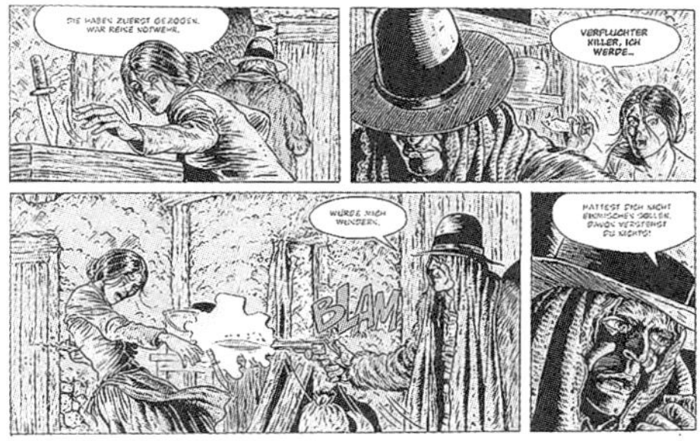

IL GRANDE SILENZIO als Vorbild: *Durango* von Yves Swolfs (© Splitter Verlag)

Auch hier gibt es eine eher apokalyptische Grundstimmung, in die ein finsterer Erlöser mit Waffe eingeführt wird. *Lonesome* spielt am Vorabend des Bürgerkrieges in Kansas, wo ein fanatischer Prediger mit seinen Leuten die Menschen terrorisiert. Eines Tages aber kommt ein einsamer Reiter (ein variabler *lonesome cowboy*) in die Stadt und entfacht einen Rachekrieg. In *Regenwolf* von Jean Dufaux und Ruben Pellejero werden die klassischen Figuren in einer Fehde-Geschichte, einschließlich der »Indianer«, die immer wieder auf verschiedenen Seiten eingreifen, etwas gegen den Strich charakterisiert, aber einmal mehr geht es auch hier um die liebevolle Ausgestaltung von Ambiente und Natur und nicht zuletzt darum, dem Western-Genre eine angemessene Farbpalette zu verpassen. Kurzum: Das Genre der europäischen grafischen Western hat eine Weite und Vielfalt entwickelt, die es auch einem parodistischen Comic wie *Lucky Luke* erlaubt, immer wieder Anregungen und Tendenzen aufzugreifen. Der Comic war das Medium, in dem der Western überlebte und seine Erzählweisen und Bildwelten bewahrte, auch in den Zeiten, als das Genre, was Film und Fernsehen anbelangt, als »tot« empfunden wurde.

Einer der profaneren Gründe dafür war, dass der Western, selbst in seiner einfachen Spielart, kein wirklich »billiges« Genre mehr war. Landschaften, Bauten und nicht zuletzt die Arbeit mit den Pferden machten die Produktion kostspieliger als computergenerierte Raumschiffe oder Kunstblutfontänen. Die Natur, die vordem so leicht zu haben war, wurde nun zum primären Produktionsproblem. Einmal davon abgesehen, dass der Western von einer heroischen und optimistischen Erzählung zu einer düsteren und pessimistischen Haltung konvertiert war und dieser Vorgang einigermaßen unumkehrbar erschien.

In den 2010er Jahren erlebte das Genre im Comic eine neuerliche Renaissance mit sehr »erwachsenen« und realistischen, vor allem aber auch einigermaßen düsteren Serien wie *Undertaker* (von Xavier Dorison und Ralph Meyer), *Buffalo Runner* (von Tiburce Oger) oder *Sykes* (von Pierre Dubois und Dimitri Armand). Der *Undertaker* ist ein Held, der einen bei *Lucky Luke* eher anrüchig-komischen Beruf ausübt; es ist der Leichenbestatter Jonas Crow, und wie bei *Lucky* hat auch er einen Geier als Begleiter. In seinem ersten Abenteuer, *Der Goldfresser*, muss er tatsächlich einen mit Gold vollgepumpten Leichnam durch den schäbigen Westen befördern. Der poetische Zynismus solcher Szenarien ging noch über das im Italowestern gepflegte Maß hinaus. Und schließlich durfte auch das nicht fehlen: Für das Magazin *Fluide Glacial* schufen Arnaud Le Gouëfflec und Dominique Bertail mit *Mondo Reverso* den ersten realistischen Transgender-Western: Die Rollen, die in der klassischen Genre-Dramaturgie von den Männern gespielt werden, sind hier konsequent weiblich besetzt und umgekehrt. »Was für ein Vergnügen, mit weiblichen Cowboys und lächerlichen Bartträgern in Frauenkleidern zu spielen; mit strammen Kerlen, die in die Menopause kommen, die zum ›reizenden Männlein‹ werden, oder mit Frauen, die Nüsse mit ihrer Vagina aufknacken« (Dominique Bertail).[15] Das Thema Sex war jedenfalls in den meisten französischen Western-Comics im Gegensatz zu den amerikanischen Vorbildern seit den siebziger Jahren nicht mehr ausgespart. Manchen Serien freilich bekam dieser Ausflug in die *guilty pleasures* nicht besonders. Ganz und gar ernsthaft dagegen beschäftigt sich ein anderes Werk mit den historischen Vorgaben, das schlicht *Western* betitelt ist. Jean Van Hamme (Szenario) und Grzegorz Rosiński (Zeichnung und Farbe) beschreiben eine Familiengeschichte als historisches wie psychologisches Drama, und sie gelangen an die Grenzen des Mediums, indem sie die üblichen erzählenden Panels mit großformatigen Gemälden verbinden. Dazu kommt ein umfangreicher Dokumentarteil, der die historischen Hintergründe liefert. Ein Western, der wie ein Abschluss einer langen Kette von Erzählungen wirkt, und der folgerichtig mit einem Zeitsprung ins Jahr 1922 endet. An ein Sterbebett.

In Italien hatte das Genre eine längere Tradition. Schon vor dem Krieg gab es eine *Kit Carson*-Serie (seit 1937 von Rino Albertarelli und Walter Morlino) um die historische Figur des Trappers, Scouts und Treckführers, der die Planwagen um die 1870er Jahre nach Westen führte. In der italienischen Version ist er ein Cowboy mit einem gewaltigen Backenbart und einem Stetson, um den ihn Hoot Gibson beneidet hätte. Und es gab eine *Buffalo Bill*-Serie um einen ungebrochenen Helden. Die Comics aus den italienischen Studios benutzten übrigens gern die auf dem europäischen Markt nicht erhältlichen amerikanischen Produktionen, um das Outfit, die Waffen und die Landschaften zu studieren

Der Boom der Western-Comics begann hier in den Jahren direkt nach dem Krieg. Zwei Serien waren schon durch die Titelfiguren an ein jugendliches Publikum gerichtet: *Il Piccolo Sceriffo* und *Il Piccolo Ranger* bzw. *Capitan Miki* waren Jungs, die die Rollen einnahmen, die in den amerikanischen Western nur »gestandenen Männern« zugestanden wurden. In *Il Piccolo Sceriffo* ist es der junge Kit (irgendetwas zwischen 12 und 14 Jahre alt), der in Prairie Town für Ordnung sorgt. Zu seinen Verbündeten gehören der sympathische Outlaw Garrett, der verfressene Piggie (eine Pflichtfigur in italienischen Comics, in Zagors Begleiter Cico ebenso präsent wie in der etwas vornehmeren Variante des Kit Carson bei *Tex*, wo sich der »Vecchio camello« [das alte Kamel, wie er liebevoll von Tex genannt wird] zwischen zwei Schießereien und langen Ritten immer nur ein ordentliches Steak wünscht). Der sympathische Fresssack, der dann mit Bud Spencer neben Terence Hill auch im italienischen Westernkino wieder auftaucht, findet möglicherweise sein Echo in Averell Dalton bei *Lucky Luke*, der einfach alles frisst, was ihm vors Gesicht kommt, Gras und Seife eingeschlossen. *Capitan Miki* (seit 1951) folgt der gleichen Formel: Der jugendliche Held in Begleitung von zwei alten Suffköpfen und Clowns, Doppio Rum und Doc Salasso, ist ungefähr 16 Jahre alt und hat daher schon ein Love Interest namens Susy, die wiederum eifersüchtig über seine Beziehung zur Saloon-Dame wacht.

Il Grande Blek führte in die Welt des Pre-Western und stammt übrigens vom selben Kollektiv, das unter dem Namen EsseGesse firmierte.[16] *Pecos Bill* (eine Zeit auch in der BRD verlegt) war schon durch seine gewaltigen Fransen an der Hose und seine blonde Mähne von anderen Helden zu unterscheiden, seine Lasso- und Reitkünste gehören indes zum Repertoire; auch er bezieht sich auf eine »wahre Legende« des alten Westens, nämlich einen Kerl, von dem es hieß, er sei mit Whisky und Colts großgezogen worden, nachdem er bei einem Treck vom Planwagen gefallen war, ohne dass es jemand der sechzehnköpfigen Familie bemerkt hatte. Die Kindheitsabenteuer von *Lucky Luke* in der *Kid Lucky*-Reihe nehmen dieses Motiv vom Western-Waisenknaben wieder auf. Der *Pecos Bill* der Comics war eher einer von den Guten und unterscheidet sich von anderen Westernhelden auch darin, dass er bemerkenswerterweise auf das Tragen eines Hutes verzichtet, vielleicht damit man seinen Blondschopf besser sehen kann. Seine Begleiter sind niemand anderes als Davy Crockett (als vollendetes Gegenbild zum sauberen Helden der Disney-Fabrikation in den USA), der stets seine Whiskyflasche bei sich hat und schwört, noch nie in seinem Leben einen Tropfen Wasser getrunken zu haben, und der treue Penne Bianca (Weiße Feder) von den Apachen. Und von den beiden Frauen in Bills Leben, Sue Sluefoot und Calamity Jane hat zumindest letztere, nach historischem Vorbild skizziert, durchaus schon gewisse Züge, die dann die Calamity in den *Lucky Luke*-Comics offenbaren wird, als fluchende und priemende Kunstschützin.

Tex Willer, der Ranger, betrat 1948 die Welt der *Fumetti*. Giovanni Luigi Bonelli und Aurelio Galleppini, zwei Gründerväter der epischen italienischen Comic-Erzählungen, ließen ihn mit *Il totem misterioso* seine Kreuz- und Querritte durch die Westernlandschaften und historischen Ereignisse in Arizona beginnen. Tex ist der No-Nonsense-Held der italienischen Western-Comics, einer, der nicht zögert, jemanden zu erschießen, wenn er es verdient hat, und der gerne einmal Geständnisse aus seinen Gefangenen herausprügelt. Seine Begleiter sind der ältere Kit Carson, der Indianer Tiger Jack und später auch Tex' Sohn Kit. Wie die meisten Bonelli-

Helden hat auch Tex eine bestimmte Art zu fluchen (»Peste e corno!«). Immer wieder wird in *Tex* auch das Subgenre des Weird Western gestreift, und der Westerner bekommt es mit verschollenen Kulten und Dämonen zu tun, wie mit seinem Erzfeind Mefisto. Übrigens ist es Tex Willer, der es im Comic zum ersten Mal mit den vier Daltons zu tun bekommt, die zu seinen wiederkehrenden Feinden zählen.

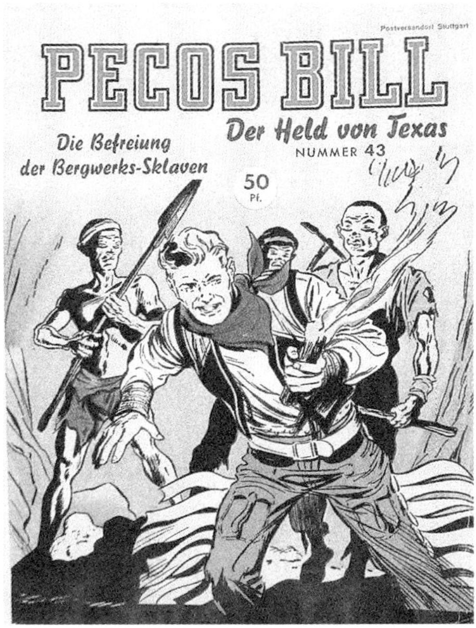

Westerner ohne Hut: *Pecos Bill: Die Befreiung der Bergwerks-Sklaven* (© Mondial Verlag)

Den mexikanischen Teil des Western, den es in der Literatur, im Film und in den Comics immer auch gegeben hat, vertritt *Cisco Kid*, eine Schöpfung des argentinischen Comic-Künstlers José Luis Salinas, der seit 1949 in den USA arbeitete und sich auf eine lange literarische (die Figur wurde von O. Henry 1907 in der Kurzgeschichte *The Caballero's Way*[17] entwickelt) und filmische Tradition (Warner Baxter, Duncan Renaldo und Gilbert Roland spielten den Caballero) beziehen konnte. *Cisco Kid* machte vor allem als Zeitungsstrip Furore und verfolgt eher die *Zorro*-Linie, insofern er weniger den »proletarischen« Cowboys zuzuordnen ist, als vielmehr einer reichen und gebildeten mexikanischen Familie entstammt. Übrigens hat auch er einen dicken verfressenen Sidekick namens Pancho, der verdächtige Ähnlichkeit mit mit dem Sancho Pansa der *Don Quijote*-Illustrationen hat. Dieser Held entspricht einer zweiten ästhetischen Linie im Genre: Entgegen der epischen Opulenz anderer Vertreter geht es hier um einen expressionistischen Stil. Tatsächlich kann man auch im Western-Comic die drei Segmente recht deutlich unterscheiden: »Epische« A-Western (Opulenz, Farben, Detailliebe, historischer Hintergrund etc.), B-Western (dramatische Konzentration, Schwarz-Weiß, Psychologie, Gewalt etc.) und Serien-Western (unbesiegbare Helden plus Begleiter, ewige Wiederkehr, Vereinfachung, limitierte Ikonografie etc.). Unnütz zu sagen: Alle drei Segmente haben ihre eigenen Reize und ihre eigenen Meister, und es gibt auch Erzählmaschinen wie etwa die des italienischen *Tex*, die in allen drei Segmenten ihre Spuren hinterlassen. Der europäische Western-Comic ist als Fundus von Helden, Bildern und Dramen immer zugleich Widerspiegelung und Fortsetzung des amerikanischen Genres par excellence gewesen, und *Lucky Luke* ist in dieser Erzählwelt ebenso zu verorten wie in der des Films.

Die komischen Cowboys: Luckys Vorgänger und Nachfolger

Westernparodien und *funny westerns* begleiteten das Genre in den USA seit den Anfängen, zumeist als Füllmaterial dramatischer Serien. Die Wurzeln des Westernhumors aber liegen in den Ursprüngen des Genres, das stets zugleich als nationale Gründungserzählung und als Loblied des anarchischen Individualismus funktionierte. Das Pathos der Legende und die Skepsis des individuellen Außenseiters begrenzen und kommentieren einander stets: Das Komische war schon in der Geschichte des amerikanischen Westens eine subversive Kritik an den politischen Mythen, in denen der territoriale, der technologische, der ökonomische, der kulturelle und der soziale Fortschritt miteinander Hand in Hand gingen. In Wahrheit, und das macht das manchmal etwas bittere Lachen des Cowboys aus, entwickeln sich alle diese Dinge als Widersprüche. Held wird man hier eher aus Versehen (und wenn man, wie Lucky Luke, etwas auf sich hält, dann wehrt man den Status lieber ab). Im Komischen wird deutlich, dass der Westen wie der Western auf der Basis von Rollenspielen funktioniert, und das heißt, dass das Rollenspiel immer wieder auch entlarvt wird. Am harmlosesten dort, wo jemand sich für etwas hält oder etwas vorgibt zu sein, was er nicht ist. Und die zweite Quelle der Komik besteht darin, dass vieles von diesem Rollen- eigentlich auch ein Kinderspiel ist: Westernhelden, die sich wie Kinder benehmen, oder Kinder, die sich wie Westernhelden benehmen.

Natürlich mussten daher auch die Cartoon-Stars immer wieder in den Westen geschickt werden, Mickey und Donald ohnehin. In Europa dagegen bildeten die komischen Western seit den fünfziger Jahren ein durchaus eigenständiges Segment im Bereich der Kid-Comics. In Italien waren die Kinderbeilagen der großen Tageszeitungen das bevorzugte Medium dafür. Hier (in der Beilage von *Il Giorno, Giorno dei Ragazzi*) begannen die endlosen und immer absurderen Abenteuer von *Cocco Bill*, die Benito Franco Jacovitti seit 1957 nach Texten von W.R. Spira zeichnete, später aber auch in eigener Regie fortführte. Zehn Jahre später ließ Jacovitti seinen *Zorry Kid* folgen. Das nun ist das genaue Gegenbild zu den liebevollen Hommagen von *Lucky Luke*, nämlich eine durchgeknallte, von surrealistischer Poesie durchtränkte und auch anatomisch voll aus dem Häuschen geratene Phantasmagorie eines absolut unvergleichlichen »Comic-Genies«. Bei Jacovittis Wimmelbildern muss man immer erst einmal die Zusammenhänge herstellen, aber auch seine einfacheren Panels sind, ganz im Gegensatz zu *Lucky Luke*, nicht auf die Verdichtung, sondern auf die Auflösung der Genre-Ikonografie gerichtet. Dass bei ihm die Cowboys Whiskyflaschen statt Colts in den Halftern tragen, dass Salami aus dem Boden wächst und Zwischentexte von Männern begleitet sind, die Wasserhähne statt Nasen und Badewannen statt Bäuchen tragen, gehört noch zu den »normaleren« Ereignissen in diesem sehr, sehr wilden Westen. Cocco Bills nicht weniger wundersames Pferd (das sich, nebenbei bemerkt, das Rauchen unter keinen Umständen abgewöhnen will) heißt übrigens Trottalemme.

In Deutschland erschien im Jahr 1954 die erste Nummer von *Der fidele Cowboy* mit der Serie von Giorgio Rebuffi (dem Schöpfer des in Italien sehr populären Gummiwesens Tiramolla), die bis zum Jahr 1957 weitergeführt wurde. In Rebuffis Westen gehen Katzen-Cowboys auf Bärenjagd, und Raben-Sheriffs setzen sie hinter Schloss und Riegel. Die großen Comic-Magazine hatten ihre *funny western*: In *Micky Maus* waren es Klein Adlerauge (Erziehungskomik in der Familie von Groß Adlerauge); für das Magazin *Horrido* (das 1954 in ein nur kurzes Leben gestartet war) schickte der deutsche Zeichner Bob Heinz *Jerry – der lustige Cowboy* in den Kampf, der zumindest was das Outfit – gelbes Hemd und rotes Halstuch – und natürlich die Schießkünste anbelangt, eine Ähnlichkeit mit *Lucky Luke* nicht verleugnen wollte. In *Fix und Foxi* waren es die Abenteuer von *Tom und Klein-Biberherz*, klassische Lausbubengeschichten im Western-Setting, und aus *Felix* ging die dramatische Held-&-Hund-Serie *Bessy* um eine ebenso treue wie tatkräftige Collie-Hündin hervor. Geadelt wurde diese Serie durch die Titelzeichnungen des vor allem durch seine Kunst der Kinoplakate bekannten Klaus Dill. Ebenso langlebig erwies sich die Serie *Silberpfeil*, wie *Bessy* nach Willy Vandersteen von François »Frank« Sels gestaltet, der den blonden Falk, den jungen Kiowa-Häuptling Silberpfeil und seine Schwester Mondkind in Begleitung eines zahmen Puma namens Tina in ähnlich naive Abenteuer schickte. Die Serie, die 1970 begonnen worden war, endete erst in den achtziger Jahren nach beachtlichen 768 32-seitigen Heften. Aus deutscher und spanischer Serienproduktion stammte schließlich die Serie *Tom Berry* (1968–1972), die in vielem einer biederen und kindlicheren Version von *Lucky Luke* glich; einige der Hefte sind an der Grenze zwischen »Anlehnung« und Plagiat zu verorten. Doch nicht nur in seinen Abenteuern, sondern auch in seiner Eignung als Merchandising-Testimonial versuchte es *Tom Berry* unserem Cowboy gleichzutun, was unter anderem dazu führte, dass zu Beginn der siebziger Jahre in europäischen Schwimmbädern *Tom Berry*-Wasserbälle auf dem Gebiet schwimmenden Plastiks dominierend waren.

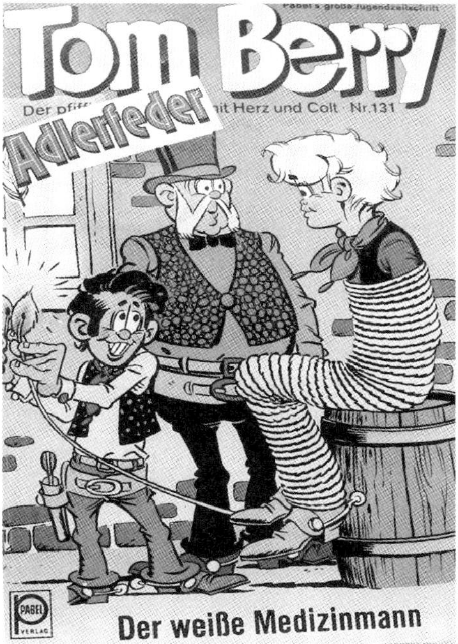

An der Grenze zwischen »Anlehnung« und Plagiat: *Tom Berry: Der weiße Medizinmann* (© Pabel Verlag)

In den 70er Jahren hatten *Tom und Biber* eine kurzzeitige eigene Heftserie, die (nach dem Vorbild des *Lucky Luke*-Magazins) auch mit anderen Western-Comics aufwartete, darunter *Der Sheriff* von Arturo Del Castillo, ein Klassiker der expressiven Schwarz-Weiß-Western, der als John Kendall auch in anderen Publikationen (*Sheriff Klassiker, Primo, Lasso Western*) schon Genre-Spuren hinterlassen hatte. Ansonsten versuchte man es hierzulande immer wieder gern mit den eigenen Traditionen, vor allem Winnetou und Old Shatterhand (nur zum Beispiel in einer von Helmut Nickel

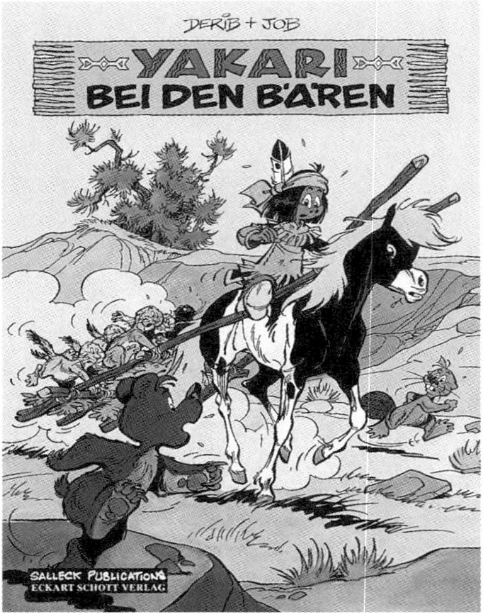

Respekt für die Natur und die Tiere: *Yakari: Bei den Bären* (© Eckart Schott Verlag)

gezeichneten Serie) oder Lederstrumpf. Größere Popularität erreichten auch Foto-Bildgeschichten nach den Karl-May-Filmen der sechziger Jahre, die zum Beispiel in *Mickyvision* veröffentlich wurden.

Eine größere Ähnlichkeit mit *Lucky Luke* hat *Cotton Kid*, entwickelt von Jean Léturgie (der auch für *Lucky Luke* arbeitete) zusammen mit Pearce (das ist das gemeinsame Pseudonym von Yann le Pennetier und Didier Conrad). Auch hier wird Gewicht auf die genretypischen Details gelegt; den durchaus ernsten Hintergrund der Geschichten (die zwischen 1999 und 2003 erschienen) bildete der amerikanische Bürgerkrieg. Ein sehr viel längeres Leben war dem freundlichen und pädagogisch wertvollen Indianerjungen *Yakari* beschieden, den der Schweizer Comic-Künstler Derib, das ist Claude de Ribaupierre, schuf, der auch an *Go West* und *Buddy Longway* mitarbeitete. Deribs *Go West*, zu Beginn der 70er Jahre in *Tintin* veröffentlicht, erzählt die Abenteuer von *Barnaby Bumper*, der im Jahr 1866 mit einigen Familienangehörigen sich von New York aus auf die lange beschwerliche Reise in den Westen macht, um dort eine neue Heimat zu finden. Auch dies ein typischer Semi-Funny, der einen karikaturhaften Zeichenstil mit dramatischen Geschehnissen verbindet. Aber der große Überlebende all dieser kindlichen Westernhelden ist *Yakari*, dessen Abenteuer noch heute mit großem Erfolg publiziert werden und der es neben einer Animationsserie auch auf die große Leinwand geschafft hat. Im Gegensatz zum coolen *Lucky Luke* ist *Yakari* durch und durch idealistisch und politisch korrekt: »Yakari ist voller grenzenloser Neugier für die Welt und großem Respekt für die Natur und alle Tiere. Der kleine Sioux besitzt eine besondere Gabe. Er versteht die Sprache der Tiere und kann mit ihnen sprechen. Yakaris bester Freund ist das Pony Kleiner Donner. Gemeinsam streifen sie durch die Natur und erleben allerlei aufregende Abenteuer.« So heißt es in der Ankündigung des *Kinderkanal*. Kein Wunder, dass *Yakari* dann 2013 auch noch zum Star einer Musical-Version werden musste. Ein Schicksal, das unserem einsamen Cowboy erspart bleiben möge.

Von beinahe allen Helden der komischen Westernserien unterscheidet sich *Lucky Luke* dadurch, dass er nicht einfach dem Prinzip von Verkindlichung (und »Verharmlosung«) gehorcht. Seine Serie ist zumindest in der Hauptreihe so *sophisticated*, dass sie immer auch von erwachsenen Leserinnen und Lesern genossen werden kann. Es ist diese mehrfache Lesbarkeit, die den Helden erst zum »Klassiker« prädestiniert. Man hat sie leider nie richtig zurück ins Medium Film übertragen können. Und bis heute hat *Lucky Luke* als Serie eine Eigenschaft, die auch das Genre als Ganzes auszeichnet. Während es sich in seinen Erzählmitteln grundsätzlich treu bleibt, und während es weitgehend in seiner Erzählzeit bleibt, der zweiten Hälfte des 19. Jahrhunderts, nimmt es beständig Anregungen und Provokationen von außen auf, verändert und kritisiert sich selbst, lädt sich mit aktuellen Bezügen auf und erstaunt mit einer grandiosen Flexibilität. *Lucky Luke* ist immer beides zugleich: eine ironische Figur aus mythischer Vergangenheit und ein Zeitgenosse.

Vom Comic zum Film, zum Cartoon – und zurück

Es gibt Eigenschaften von Männern, Pferden und Horizonten, die für die breite Leinwand einfach außerordentlich geeignet sind.

Roger Ebert

Die Abfolge zuerst Film dann Comic scheint in der Geschichte des Western-Genres stets gut funktioniert zu haben: Im Comic konnte man seine Filmerfahrungen »festhalten«, und hier bekamen die Helden einen weiteren Kultstatus durch ihre eingefrorenen, ikonischen Bilder. Der umgekehrte Weg, die Übertragung (oder auch Rückübertragung) einer erfolgreichen Western-Comic-Serie in Film, hat eher weniger gut funktioniert. In den achtziger Jahren gab es zwar eine regelrechte Welle, sich den Comic-Helden auch in diesem Genre gleichsam »dekonstruktiv« oder auch einfach nostalgisch zu widmen. Der Film LONE RANGER von Gore Verbinski war ein durchaus postmoderner Versuch, mit Erinnerung und Popkultur umzugehen (aber nicht einmal Johnny Depp in der Tonto-Rolle vermochte den Film zum Publikumserfolg zu machen), während Giuliano Gemma als Tex in TEX E IL SIGNORE DEGLI ABISSI (Tex und das Geheimnis der Todesgrotten; 1985; R: Duccio Tessari) eher eine Figur der naiven Abenteuerfilme der sechziger Jahre abgab (und etwas bemüht in Richtung INDIANA JONES gedreht wurde). BLUEBERRY (2004; R: Jan Kounen) war dann mehr ein Psycho-Trip, nicht wirklich uninteressant, aber kaum geeignet, dem Geist der Giraud'schen Comicvorlage gerecht zu werden. JONAH HEX (2010; R: Jimmy Hayward) schließlich wollte nichts anderes sein als ein B-Horror-Movie mit Westernsetting. Wirklich nachhaltigen Erfolg hatte keine der Verfilmungen von Western-Comics in diesen Jahren. Und auch der filmische *Lucky Luke* dieser Zeit, verzeihen Sie die Offenheit, taugte nicht viel.

Die Filmgeschichte des einsamen Cowboys beginnt allerdings eine Dekade früher. Wie *Asterix* so war auch *Lucky Luke* in die Form einer Zeichentrickarbeit gebracht worden. Mit LUCKY LUKE – DAISY TOWN (1971; R: René Goscinny), aufwendiger animiert als es bei der Serienware der Fall sein konnte, versprach man sich einen ähnlichen Erfolg wie bei den spielfilmlangen *Asterix*-Adaptionen. Allerdings wurde hier nicht direkt auf ein spezielles Album Bezug genommen, stattdessen entstand wiederum ein Album nach dem Film. Der Film erzählt eine klassische »Town Tamer«-Geschichte, doch mit einem anderen Kniff: Lucky Luke wird zwar von den Bewohnern zum Sheriff ernannt, doch als die Daltons in die Stadt kommen, gelingt es ihnen, sich so beliebt zu machen, dass sie sich rasch wieder von Gesetz und Ordnung verabschieden. Dann allerdings dreht Lucky Luke den Spieß um und sät nun seinerseits bei der anstehenden Bürgermeisterwahl Zwietracht zwischen den Brüdern. Die wiederum hetzen die Indianer zum Krieg gegen Daisy Town; und in der letzten Umkehrung der gewohnten Elemente umkreisen Siedler-Planwägen die Indianer. Friede könnte nun einkehren, doch als in der Nähe ein Goldfund gemeldet wird, verwandelt sich Daisy Town in eine Geisterstadt. Und der einsame Cowboy reitet wieder seiner Wege.

Was bei dieser und den weiteren Übertragungen ins Animationsmedium auffällt, ist der Umstand, dass etliche der »literarischen«, aber auch der ikonografischen Elemente der Comic-Serie im Film weniger gut funktionieren. Natürlich ist auch *Asterix* von einer solchen Ent-Sophistication bei der Verfilmung betroffen, doch gibt es hier genügend derbere Slapstickelemente, die den Mangel bis zu einem gewissen Grad wettmachen. Zu Recht notierte Joe Hembus in seinem Western-Lexikon, dass der Comicstrip »überraschenderweise viel filmischer wirkt als seine Verfilmung«.[18] 1978 folgte LA BALLADE DES DALTON (Lucky Luke – Sein größter Trick; R: René Goscinny / Henri Gruel / Morris / Pierre Watrin), der unter Comic- wie unter Western-Aficionados noch weniger Anklang fand als sein Vorgänger (kleiner Inside Joke im Original: Jolly Jumper wird von René Goscinny selbst gesprochen), und 1983 LES DALTONS EN CAVALE (Lucky Luke – Das große Abenteuer; R: Morris), mit einigen (vielleicht zu vielen) Variationen der Ausbruchsgeschichte, im Zentrum die Erzählung von der »Reform« und der Bewährungszeit von einem Monat. Übrigens war bei dieser Produktion die amerikanische Firma Hanna-Barbera beteiligt, der wir die FLINTSTONES und DIE JETSONS, aber auch HUCKLEBERRY HOUND und YOGI BEAR verdanken, und es handelte sich schlicht um einen Zusammenschnitt von drei Folgen der ebenfalls von dieser Produktionsfirma hergestellten Fernsehserie (genauer gesagt DIE DALTONS IM BLIZZARD, MA DALTON und DIE DALTONS BEWÄHREN SICH). Das alles sah genauso aus, wie man es sich von Hanna-Barbera-Produktionen vorstellt: nicht wirklich lieblos, aber schnell und einfach, das Zeug, was sich nicht nur amerikanische Kids am Samstagmorgen gern reinziehen, wenn die Eltern noch ausschlafen oder beim Joggen sind.

Die erwähnte erste Animationsserie lief mit 26 Folgen zwischen 1983 und 1984 unter der Leitung von Hanna-Barbera, danach übernahm IDDH noch einmal für 26 Folgen in den Jahren 1991 und 1992. Diese Serie bezog sich noch locker auf die Albenvorlage; die *Neuen Abenteuer*, die von 2001 bis 2003 entstanden, wurden mit Originalstoffen bestückt (denen es allerdings entschieden an Originalität mangelte). Diese *Neuen Abenteuer* brachten es auf 52 Episoden; die Produzenten des Xilam-Studios legten 2007 mit dem langen Film GO WEST! nach und versuchten sich an zwei Spin-offs, eine Serie über Rantanplan, den man hier Rintindumb nannte, und eine über die Daltons. (In den 78 nur sieben Minuten langen Episoden, die 2010 im französischen Fernsehen ausgestrahlt wurden, kommt Lucky Luke so gut wie nicht vor.) Neben den etwas schrägen Animationscharakteren bleibt die Serie wegen ihrer eher rüden Vorstellung von Humor (ungut) im Gedächtnis. So heißt etwa eine Nebenfigur in der Episode WAR OF THE MEDICS Big Dick Narrowmind, und Lucky Luke selbst wird von einer Ärztin namens Titfeather untersucht, die feststellt, dass er ein ehemaliger Raucher ist. General Custers Hass auf die Natives wird mit seiner minderen Körpergröße erklärt – ähnliche Perlen eher bescheidenen Humorgeschmacks ziehen sich durch. 2020 schließlich entstand noch eine Serie um KID LUCKY, und auch sie ändert nichts an unserem Urteil: Der arme einsame Cowboy hat mit dem Animationsfilm kein Glück.

Der Erfolg der komischen Western mit Terence Hill und Bud Spencer und Hills eigener Figur des Nobody führten zu einem Film und einer Serie, in der Hill einen Lucky Luke spielte, der allerdings schon äußerlich mehr Ähnlichkeit mit seiner Trinità- oder der Nobody-Figur hatte (Staubmantel statt Lucky Lukes charakteristischem Hemd und Halstuch), auch wenn er hier mit seinem Jolly Jumper launische Dialoge führte – genauer gesagt, Jolly Jumper »blödelt aus dem Off, dass man schon nach ein paar Minuten nicht mehr hinhören mag« (Rolf-Rüdiger Hamacher).[19]

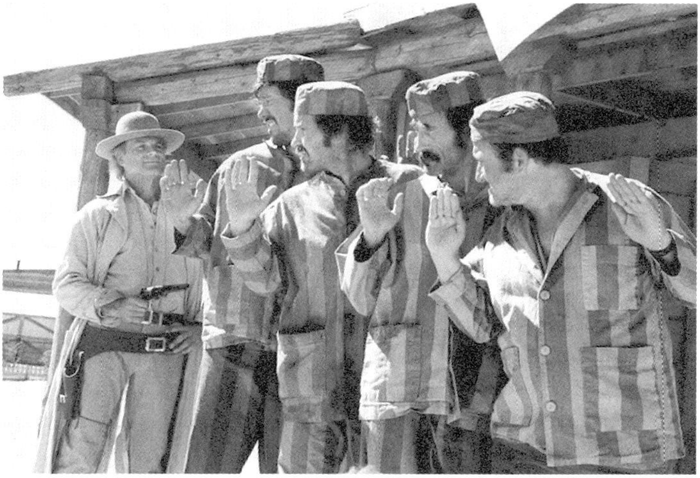

Lucky Luke im Staubmantel: Terence Hill, der auch Regie führte, mit den Daltons in LUCKY LUKE (1991)

Die Vorlage war die Geschichte von *Daisy Town*, und Hill selbst führte Regie. Die anschließende Serie umfasste acht Episoden, die zwischen 1990 und 1992 gedreht wurden; ein weiterer Zusammenschnitt kam als LUCKY LUKE – DER NEUE FILM wiederum ins Kino.

Der nächste Realfilm war eher den Daltons als dem Helden – dargestellt von dem deutschen Schauspieler Til Schweiger – gewidmet. DIE DALTONS GEGEN LUCKY LUKE (2004; R: Philippe Haïm), im Französischen einfach LES DALTON, erfindet gar einen »Zauber-Sombrero«. In der Geschichte der *Lucky Luke*-Filme ist dies vielleicht das größte Desaster (und das will etwas heißen). Um es mit den Worten von *Filmstarts* zu sagen: »›Die Daltons gegen Lucky Luke‹ ist ein aussichtsreicher Kandidat auf den begehrten Titel ›Schlechtester Film des Jahres‹. Der Film ist die Zeit und das Geld einfach nicht wert« (Ulf Lepelmeier).[20]

Schließlich stellte Jean Dujardin im LUCKY LUKE (2009) von James Huth einen einsamen Cowboy dar, der eher den Hommage-Bänden als der Hauptserie zu entspringen schien. Er bekam eine dramatische Backstory, und am Ende findet der Showdown mit dem Erzfeind seines Lebens in einem Steampunk-Setting statt.

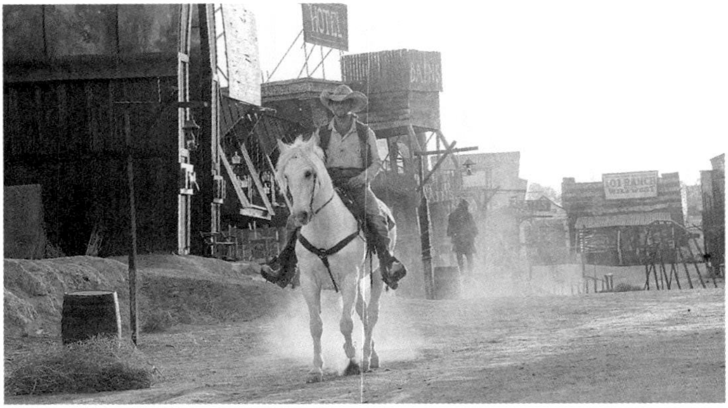

Einsamer Cowboy: Jean Dujardin im LUCKY LUKE (2009)

Bei allen Abweichungen und Kanonverletzungen war dies doch das exakte Gegenbild zu LES DALTON: Man spürt jederzeit die Liebe und die Kompetenz der Beteiligten, mochte man die Freiheiten, die sie sich mit der Figur nehmen, nun gutheißen oder nicht. *Lucky Luke* als »gebrochener Held«, sein Westen als Modell poptheoretischer Dekonstruktion, fliegende Wechsel nicht nur zwischen Genres und Stilen, sondern überhaupt in der Haltung zum Stoff selbst – Fans der Comic-Serie fühlen sich hier gewiss nicht zu Hause.

Lucky Luke ist und bleibt ein Held der neunten, der grafischen Kunst. Und deshalb werden mir Leserin und Leser verzeihen, wenn ich diese Seitenlinie der Heldengeschichte pflichtschuldig, aber ohne rechten Enthusiasmus behandelt habe. Nun aber dürfen wir uns wieder in die vertraute und geliebte gezeichnete Welt des Westens begegnen.

Wer ist Lucky Luke?

Lucky Luke ist natürlich, wie alle Helden, eine zusammengesetzte Figur. Die Frage ist also eher: Wer und was steckt (und versteckt sich) in Lucky Luke? Natürlich zuerst die großen Westernstars des amerikanischen Kinos: »In Lucky Luke gibt es einiges von Tom Mix aus der Stummfilmzeit, von John Wayne, etwas von James Stewart und von all diesen eher wortkargen Cowboys. Aber der Schauspieler, der mich am meisten beeinflusste, war sicherlich Gary Cooper, vor allem dadurch, dass er sehr wenig sprach und im Wesentlichen mit ›Yep‹ antwortete« (Morris).[21] Den Charme des »Yep«-Antwortens übernimmt übrigens in *O.K. Corral* Jolly Jumper im Dialog mit einer verliebten Stute (komplett mit rosa Blümchen hinterm Ohr). Noch breiter stellen Cuno Affolter und Urs Hangarter die Galerie der Vor-Bilder auf: »Lucky Luke vereinigt in sich Qualitäten einer ganzen Reihe von Leinwand-Prominenz. Namentlich zu nennen sind Audie Murphys Jugendlichkeit, das Phlegma eines Randolph Scott, die Schlauheit von Douglas Fairbanks, Glenn Fords Humor, die Stärke von John Wayne oder die Nonchalance von Gary Cooper. Auch ein William Hart hat einen Qualitätsanteil am synthetischen Charakter von Lucky Luke, während schon festgehalten wurde, dass unser Held das Pferd von Tom Mix besitzt. Letztlich, in der stets wiederkehrenden, gleichen Schlusseinstellung, reitet Lucky Luke als ›poor lonesome cowboy‹ akkurat nach dem Vorbild der beiden singenden Westerndarsteller Gene Autry und Roy Rogers der Sonne entgegen.«[22] Was das Auftreten und Verschwinden des Helden anbelangt, darf man vermutlich noch an Alan Ladd in SHANE (1953; R: George Stevens) denken.

Lucky Luke ist jedenfalls einer dieser Kerle, deren Aufgabe es ist, eine Welt gegen ihre äußeren und inneren Feinde zu verteidigen. Er muss die Balance einer mehr oder weniger paradiesischen Ordnung bewahren und wie einst der *Lone Ranger* immer und immer wieder unter Beweis stellen, dass die Moral sich sowohl gegen die wilde Vergangenheit (die »barbarische« Natur und die »Indianer«, die Gesetzlosigkeit und das Land ohne Besitz) als auch gegen die »perverse« Zukunft (der Technologie, des Kapitalismus, der Mo-

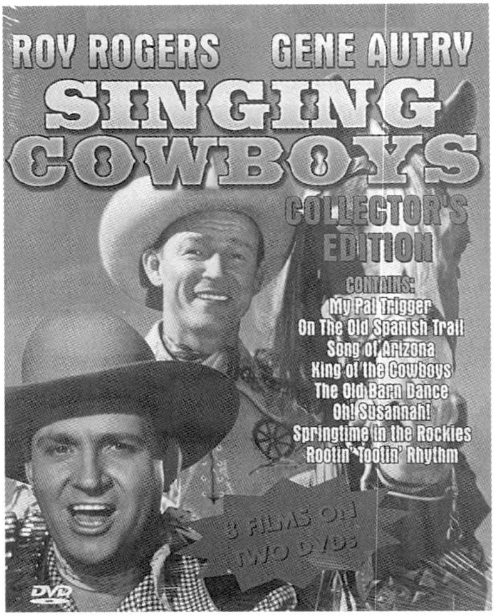

Vorbilder: Die Singing Cowboys Gene Autry und Roy Rogers

derne, der Besitzansprüche) durchsetzen lässt. Jedenfalls immer wieder für eine Episode lang. Lucky Luke sorgt dafür, dass unser Traumreich vom Wilden Westen, wie es ihn nie gegeben hat, bestehen bleibt. Er kehrt, wie jeder Held, stets an den Anfang der Geschichte zurück. Und er ist, yep, einer der Helden, die sich selber nicht erklären müssen und natürlich auch nicht die geringste Lust darauf haben, es zu tun.

Sein Westen ist das Paradies der verlorenen Kindheit, und es ist zugleich ein Land der grotesken Kleinbürger und der wahnsinnigen Großkotze; seine wesentliche Aufgabe besteht nicht darin, dieses Land zu verändern, sondern vielmehr darin, es zu bewahren. Doch wie die meisten Westerner ist er auch immer wieder an durchaus fragwürdigen Sprüngen von Landnahme und Modernisierung beteiligt – vom *Land Run* in Oklahoma über die Telegrafen- und Eisenbahnlinien bis zur wissenschaftlichen Erforschung der Wildnis – und muss daher in einer permanenten Fluchtbewegung stecken, die für den Leser und die Leserin einen dreifachen Aspekt ironischer Melancholie birgt: Wir wissen, dass alles das, was Lucky Luke in seiner ewigen Wiederkehr als Held zu bewahren scheint, verloren gegangen ist. Verloren das Paradies der Natur und der Ursprünglichkeit des Landes, verloren das Paradies der Kindheit, in dem man sich immer wieder abenteuerlich selbst erschuf, verloren das Paradies eines Genres, das den Glauben an sich selbst so gründlich verloren hat, dass es sich einzig und allein in der Parodie noch bewahren kann.

Lucky Luke ist, wie es scheint, ein Mann irgendwas zwischen zwanzig und dreißig, also durchaus erwachsen. Offensichtlich hat er schon etliches erlebt, wofür unter anderem spricht, dass er sehr häufig alten Freunden (und Feinden) begegnet, mit denen ihn in der Vergangenheit das eine oder andere Abenteuer verbunden hat. Aber zugleich ist Lucky Luke doch auch ein sehr jugendlicher Charakter, vor allem verglichen mit den Kerlen, die auch in der Grenzregion des Westens so langsam das Sagen haben, den Ranchern, Bankern, »Leichenheinis«, Saloonbesitzern oder Politikern. (Die Generation der Väter, wenn man so will, die Generation der Kriege, wenn man es auf Europa bezieht.) Was seine Kunst der Intrige und der Maskerade unter Beweis stellt, ist, dass Lucky Luke keineswegs »naiv« ist. Er verfügt über das, was die Protagonisten von *Das gelobte Land* wohl Chuzpe nennen würden: Es ist ja gerade diese Chuzpe, die es ihm ermöglicht, (meistens) auf den Einsatz von roher Gewalt zu verzichten. Und es ist die Chuzpe, die ihn mit dem James Stewart von DESTRY RIDES AGAIN verbindet. Wie Destry weiß auch Lucky Luke, dass der Westen vor allen Dingen aus Bildern und Vorstellungen besteht. Es geht immer auch um Legenden, und der einsame Cowboy nutzt sowohl die eigene Legende wie die Legenden der Outlaws. Dass Lucky Luke ein lakonischer Held ist, heißt nicht, dass er etwa keine Gemütsregungen zeigen würde. Er kann sich ausschütten vor Lachen, und er kann vor Zorn kochen. (Und wie es bei Pards im Western so üblich ist: Lucky Luke und Jolly Jumper lieben es, sich vor Lachen auszuschütten, wenn der andere sich gerade so oder so zum Narren macht.) Wesentlich ist, dass *Lucky Luke* sich nicht über den Westen und den Western lustig macht, sondern dass er in beidem, der historischen Situation und dem Genre, den komischen Kern entdeckt.

Wir müssen uns Lucky Luke als glücklichen Menschen vorstellen. Und das nicht obwohl, sondern weil sein Job die reine Sisyphosarbeit ist, nicht nur, was das ewige Wiedereinfangen der Daltons anbelangt. Er ist glücklich, weil er ganz und gar identisch ist mit dem was er tut, ganz im Gegensatz zu den späten Helden des Genres, die spüren müssen, dass sie die Fremdheit in diesem Land nie ganz überwinden werden und die einen Sack voll Schuld und verlorenen Illusionen mit sich herumtragen. Das nomadische Leben macht es ihm leicht, die charakterlichen Schwächen und den Opportunismus seiner Zeitgenossen (die in der Serie nie ver-

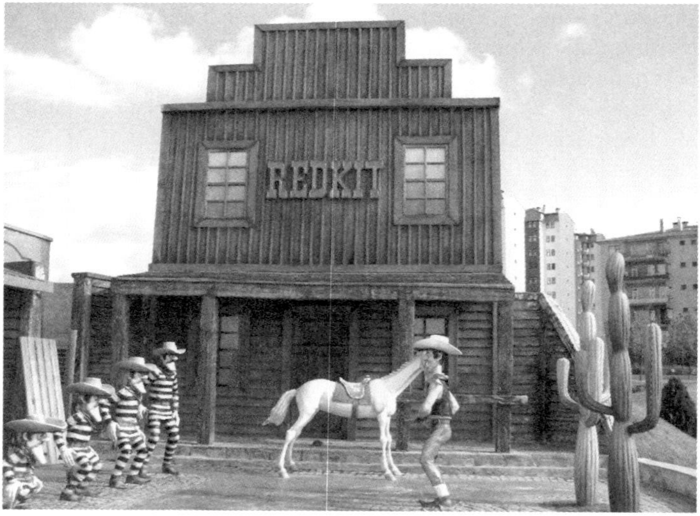

Sisyphosarbeit: Das ewige Wiedereinfangen der Daltons (in einem Freizeitpark in Ankara)

schwiegen werden) zu akzeptieren. Es gibt nur eine einzige Sache, die unser Held unter keinen Umständen hinkriegen würde, nämlich das Seßhaftwerden. Deshalb ist das Schlussbild, sein Ritt in die Abendsonne, immer auch ein Glücksbild. Es verweist auf die ewige Wiederkehr und die unbegrenzte Freiheit, und zugleich ist es ein Trost. Wer könnte vor einer Nacht Angst haben, in die einer wie Lucky Luke geritten ist?

Auch das Alter ist in der Welt von Lucky Luke archetypisch. Ein »Billy the Kid« ist eben wirklich ein verzogenes Kind, das die Stadt terrorisiert, aber auch Bonbons klaut, heißen Kakao als ausschließliches Getränk in »seiner« Stadt verordnet und Märchen vorgelesen haben will. Und in einer Vielzahl von Geschichten kommt ein »Oldtimer« vor, meistens im Rollstuhl, dessen Temperament und Streitlust in umgekehrtem Verhältnis zu seinem mutmaßlichen Alter steht. Lucky Luke selber altert nicht (im Gegensatz zu Blueberry, im Gegensatz zu den Westernhelden Hollywoods), das heißt aber nicht, dass er sich nicht verändert. Alter ist in *Lucky Luke* kein Prozess, sondern ein Zustand.

Die zweite Frage ist also die nach seiner Entwicklung. Denn selbst so klassische und verlässliche Helden können nicht stets ganz und gar sie selber bleiben. Sie sind nicht nur Kinder ihrer Erzählzeit, sondern auch Kinder der Zeit ihrer Leserinnen und Leser. Zeichnerisch hat sich der Held von einer recht kindlichen Darstellung über mehrere Zwischenstationen zu dem mehr oder weniger alterslosen Kerl entwickelt, der er nun ist. Diese Entwicklung vollzog sich übrigens nicht vollständig linear, bei manchen Alben zeichnete Morris »kindlicher« als bei anderen. Obwohl er immer wieder beweist, dass er schneller schießt als sein Schatten, nimmt Lucky Luke – gelegentliche Rückfälle akzeptiert – immer mehr von direkter körperlicher Gewalt Abstand. Sein Verhalten gegenüber anderen Menschen ändert sich, er zeigt immer mehr Respekt und Anteilnahme, schon lange vor den späten Alben, die ganz bewusst auf seine Offenheit für Diversität hinweisen und sogar die Rolle des »white savior« zurückfahren. Im Prinzip ist Lucky Luke ein friedliebender, fast schon gemütlicher Kerl, der es, ganz im Sinne des Genres, eigentlich auf Empfindungen schöner Harmonie und epischer Stille abgesehen hat. Ihn einen Romantiker zu nennen, hieße seine Gelassenheit zu ignorieren, und doch ahnen wir, dass er Momente der Erhabenheit erlebt, am Lagerfeuer oder beim Angeln mit Jolly Jumper am Fluss.

Jolly Jumper nun ist natürlich eine wundervolle Parodie auf all die Wunderpferde der Seriencowboys, aber er ist noch etwas ganz anderes, ein *imaginary friend*, oder, wenn wir uns die psychologische Abschweifung erlauben dürfen: ein Produkt der Übertragung. Ein bisschen so wie der Tiger Hobbes für den kleinen Calvin in Bill Wattersons Comics, der nur lebendig und sprachbegabt ist, wenn kein Erwachsener zusieht. Auch in der Kommunikation zwischen dem Pferd und seinem Cowboy gibt es keinen Platz für eine dritte Stimme oder ein drittes Paar Ohren. Jolly Jumper ist Lucky Lukes Anima. Dass sie sich blind verstehen, heißt indes nicht, dass sie sich nicht gegenseitig auch immer mal wieder infrage stellen könnten. Wenn Jolly Jumper ab und an ein Auge auf eine hübsche Stute wirft, oder Lucky Luke sich allzu sehr um den »Irrtum der Natur«, den dummen Hund Rantanplan kümmert, kommt durchaus so etwas wie Eifersucht ins Spiel. Sie »foppen« sich auch gegenseitig, etwa wenn (in *Sarah Bernhardt*) Jolly Jumper ohne Sattel zur obligatorischen Tat galoppieren muss und Lucky Luke bemerkt, er habe sich doch vorher auch etwas anziehen können. Dass man sich ständig übereinander beklagt, hat

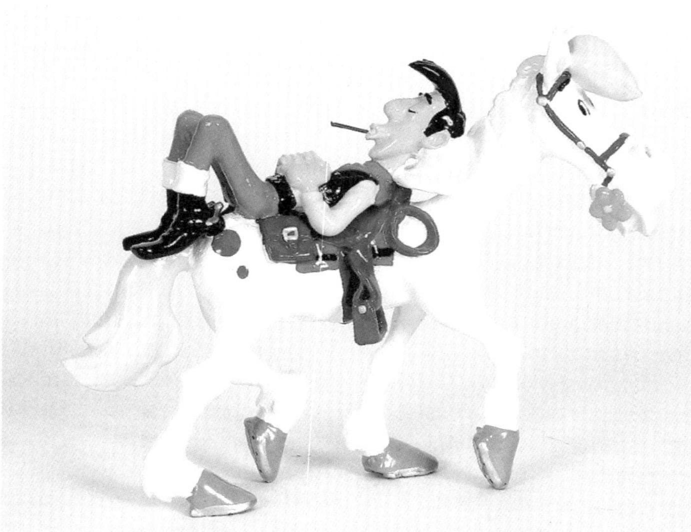

Kein Platz für Dritte: Der Cowboy und sein Pferd, das Pferd und sein Cowboy – als Sammelfigur

überdies Tradition in Western-Partnerschaften, von *Tex* und *Kit Carson* bis *Butch Cassidy and Sundance Kid* gehört liebevolles Nörgeln einfach dazu, vom ewigen Zoff der ungleichen Brüder in den Hill/Spencer-Filmen ganz zu schweigen. Aber Jolly Jumper und Lucky Luke sind sich darin einig, dass das wahre Glück nur in der Bewegung bestehen kann. In der gemeinsamen Bewegung. Nur gut, dass auch Jolly Jumper nicht altert. Aber auch er verändert sich. Wenn mich nicht alles täuscht, so ist Jolly Jumper über die Bände hinweg selbstbewusster und kritischer geworden. In *Lucky Luke* geht es nicht nur um einen Cowboy und sein Pferd, sondern auch um ein Pferd und seinen Cowboy.

Lucky Luke ist ein lakonischer Held. Er hat zwar etliches von seiner kindlichen Naivität verloren, aber er ist auch nicht der typische Kerl mit dunkler Vergangenheit (wie es in dem Realfilm mit Jean Dujardin suggeriert wird). Auch die Idee, ihm mit *Lucky Kid* eine Vergangenheit als echter »Lausbub« im Westen anzuhängen, hat auf die Figur in der Hauptserie eher wenig Einfluss. Lucky Luke ist einer von denen, die sind, was sie sind. Und damit hat sich's.

Lucky Luke in Deutschland und anderswo

In den fünfziger Jahren hatte der Alfons Semrau Verlag in seiner Zeitschrift *Der heitere Fridolin* einige der klassischen *Lucky Luke*-Geschichten veröffentlicht. Die erste Nummer erschien im Dezember 1958, mit dem Titel wurde übrigens auf die Serie *Spirou* Bezug genommen, der hier *Fridolin* genannt wurde, während *Fantasio* als *Ferdinand* auftrat. Hier erschienen bis zur Einstellung des Magazins im Jahr 1961 die ersten noch von Morris (nicht ganz[23]) allein geschriebenen Abenteuer. Abgedruckt wurden zuerst *Des rails sur la prairie* als *Die Eisenbahn durch die Prärie*, danach gab es einige Kurzgeschichten und *Lucky Luke et Phil Defer ›Le Faucheux‹* als *Spinnenbein schießt nicht allein*.

Nachdem der Verleger Rolf Kauka, der sich gern als deutscher Walt Disney inszenierte (und dessen Denken und Handeln noch ein wenig finsterer waren als die von Onkel Walt) in den Jahren nach 1965 dazu übergegangen war, neben seinen *Fix und Foxi*-Gestalten auch frankobelgisches Lizenzmaterial zu veröffentlichen, kam nach *Spirou & Fantasio*, nun als *Pit und Pikkolo*, *Gaston* als *Jojo*, *Hultrasson le Viking* als *Winni, der Wikinger* oder *Benoît Brisefer*, auf Deutsch dann als *Benny Bärenstark*, auch *Lucky Luke* zunächst in dem Magazin *Lupo modern* und dann in Albenform und in Taschenbüchern auf den Markt. *Lucky Luke* blieb immerhin das Schicksal von *Asterix und Obelix* erspart, die als *Siggi und Barrabas* in einer revanchistisch-reaktionären Weise umgedeutet wurden, was Goscinny zu dem nicht unberechtigten Statement veranlasste, bei Kauka handele es sich um einen »Neonazi« (!), dem er schließlich die Lizenz entzog. Doch auch bei *Lucky Luke* sind in der Übersetzung schwere Fälle von Deutschtümelei zu diagnostizieren; schon bei der Namensgebung verlor sich der Witz: Rantanplan heißt hier »Sheriff«, Jolly Jumper »Rosa« und Calamity Jane allen Ernstes »Wilde Hilde«.

Nach dem Verkauf der Agentur an Dargaud Media verlor der Kauka Verlag auch die *Lucky Luke*-Lizenz. Der Koralle Verlag, Tochterunternehmen von Axel Springer, sonst eher für romantische Hausfrauenliteratur bekannt, brachte seit 1972 die an *Spirou* und *Tintin* angelehnte Zeitschrift *Zack* heraus, zu deren Hauptserien *Lucky Luke* avancierte. Koralle war gewissermaßen das Pulp-Fiction-Imprint des Bildzeitungsverlages. Hier konnte man ebenfalls mit den europäischen Western-Comics Bekanntschaft machen, und hier kam neben *Blueberry* und *Comanche* von Hermann (=Hermann Huppen) auch wieder *Lucky Luke* zum Einsatz, allerdings nicht bis zum (vorläufigen) Ende des Magazins im Jahr 1980. Insgesamt war der einsame Cowboy 29 Mal auf dem Titelbild, Alben und Taschenbücher folgten. 1978 bereits hatte man allerdings das Recht an den Alben an Ehapa abtreten müssen – später gab es auch in der Neuauflage der Comic-Zeitschrift noch Vorabdrucke. *Lucky Luke* hatte in allen Comic-Jugendmagazinen seine Auftritte in Fortsetzungen oder Kurzgeschichten: Nach *Primo* und *Zack* schließlich auch in der »Gadget«-Zeitschrift *Yps*. Es gab, mit anderen Worten, so gut wie keine Zeit seit den sechziger Jahren, in der *Lucky Luke* nicht irgendwo und irgendwie auch außerhalb der großen Gesamtausgabe präsent gewesen wäre. *Lucky Luke* war ein echt treuer Begleiter in unseren Medien.

Mitte der 70er Jahre erschien im Ehapa Verlag, der durch den *Asterix*-Erfolg die Tür zu den frankobelgischen Comics öffnete, endlich eine ansprechende Veröffentlichung im geeigneten Umfeld: Neben den *Lucky Luke*-Bänden stand hier die Serie der »Edelwestern« mit *Blueberry*, *Alexis Mac Coy*, *Jonathan Cartland* und *Comanche*. (Von den italienischen Western hatte es nur *Tex* – unter seinem vollen Namen *Tex Willer* – zu kurzlebiger Präsenz auf dem deutschen Markt gebracht: Die beste aller Westernserien, *Ken Parker* von Giancarlo Berardi und Ivo Milazzo schaffte es aber nicht.) Die geplante deutsche Ausgabe des *Lucky Luke*-Magazins kam über eine Nullnummer nicht hinaus (die heute von Sammlern heiß begehrt ist).

Seitdem ist in mehreren Varianten und mit diversen feinen Unterschieden eine Gesamtausgabe entstanden, die kaum noch Lücken der Produktionsgeschichte von *Lucky Luke* lässt. Ein publizistisches Kuriosum sind die 1993 parallel zu den Ausgaben von Ehapa bzw. Egmont erschienenen *Lucky Luke*-Hefte des Bastei Verlags, entstanden nach den Zeichentrickfilmen in entsprechend vereinfachter Manier, die in Deutschland zu dieser Zeit bei RTL ausgestrahlt wurden. Die Zeichnungen stammten – nach Morris' Genehmigung – vom spanischen Studio Ortega, die Texte vom

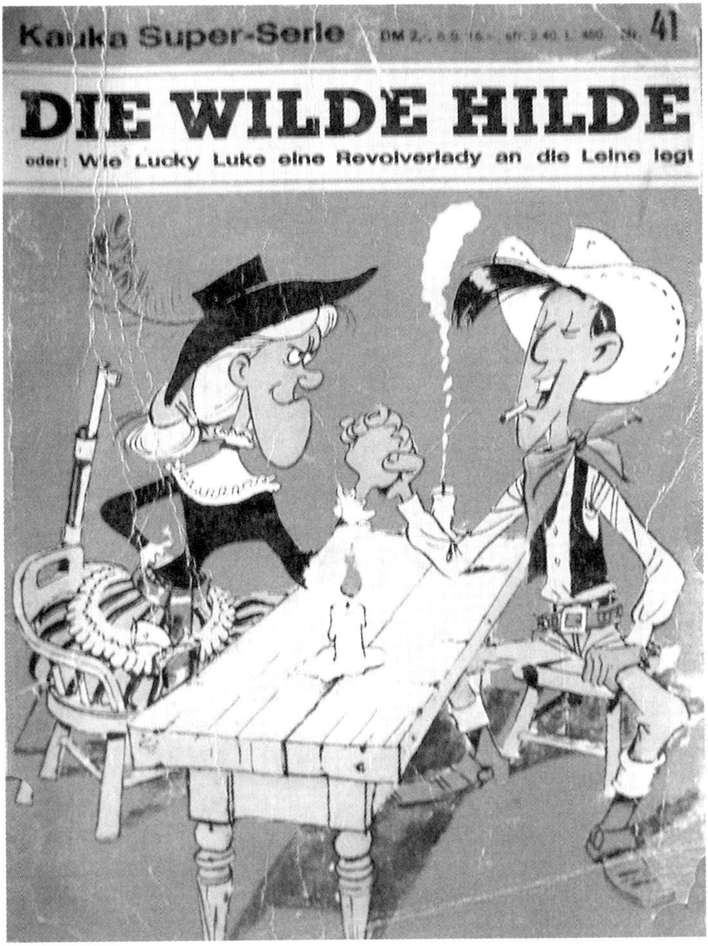

Deutschtümelei: Calamity Jane als »Wilde Hilde« im Kauka Verlag (© Morris)

deutschen Autor Peter Mennigen. Das freilich war ein *Lucky Luke*, wie er dem deutschen Mainstream-Geschmack und einem vorwiegend kindlichen Publikum entsprach, das eher durch das Fernsehen als durch die Comic-Klassiker zur Lektüre gebracht wurde. Wie Christian Blees mitteilt[24], kam das unerwartet plötzliche Aus des Magazins nach 15 Nummern weniger wegen ausbleibenden

Erfolgs als auf Betreiben der neuen Verlagsleitung, die damit die Auflösung der gesamten Jugendreaktion beschleunigen wollte. Nach *Asterix* ist *Lucky Luke* der größte Exportschlager der französischen Comic-Industrie: Die Zahl der bis heute in Deutschland verkauften Alben liegt bei rund 30 Millionen, weltweit sind es etwa zehnmal so viel.[25]

Lucky Luke profitierte in der einen oder anderen Weise auch von der Entwicklung der europäischen, das heißt vor allem franko-belgischen Western-Comics, die auf eine dramatischere Weise aktuelle Stimmungen in die Welt der Grenzgeschichten übertrugen. Neben den komischen und den seriellen Helden war hier auch ein Faible für »gebrochene Helden« ausgeprägt. Auch *Red Dust* aus *Comanche* von Hermann und Greg zum Beispiel ist ein Wanderer zwischen den Welten und entschiedener Gegner der brutalen Landnahme. Dieser Held unterläuft gelegentlich (und damit ist er durchaus ein Verwandter von *Lucky Luke*) die Codes und Spielregeln des traditionellen Western. Und wie *Blueberry* ist auch er immer wieder einer, dem vom Schicksal und der Bosheit seiner Mitmenschen übel mitgespielt wird: Die Westernhelden im europäischen Comic dieser Zeit verlieren ihre Souveränität und allerdings auch einen Teil der Lakonie (Ken Parkers Leben ist eine einzige Tragödie um den Mann, der voller heroischer Absurdität versucht, seinen selbst gewählten Idealen treu zu bleiben). Es gibt einen Hauch von Verzweiflung und mindestens Wehmut. Wie im Italowestern der mittleren sechziger Jahre ist der Impetus der Handlung viel weniger Aufbruch als Endzeit. Der Westen ist schon verloren, von der Hoffnung auf ein republikanisches, tugendhaftes Gemeinschaftsleben ist nichts geblieben. Die Helden kämpfen weiter, was bleibt ihnen übrig? Kurzum: der europäische Comic-Western im Allgemeinen und *Lucky Luke* im Besonderen, kann auch von Leserinnen und Lesern goutiert werden, die den USA und ihrer Geschichte skeptisch gegenüberstehen. Sie haben sozusagen von Natur aus eine gewisse Distanz zum Western als Nationalepos und stecken nicht – wie die amerikanischen Filme der siebziger Jahre – in einer ideologischen Klemme zwischen Affirmation und Destruktion. Der europäische Western kann mit dem historischen Erbe ein wenig entspannter umgehen, und *Lucky Luke* findet exakt die Balance zwischen Liebeserklärung und Distanzierung. Wie es auch mit *Asterix* gelang, so spricht

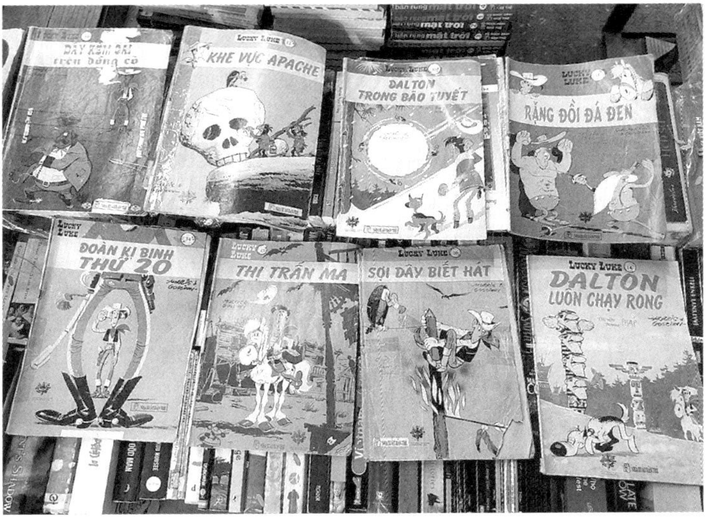

Der größte Exportschlager der französischen Comic-Industrie: *Lucky Luke*-Hefte in einem Antiquariat in Ho-Chi-Minh-Stadt (© Morris / D. F. Bertz)

auch *Lucky Luke* die konservativen wie die liberalen Geister an und konnte zum Kult auch in den jeweiligen »rebellischen« Jugendszenen werden.

Jedenfalls hatte *Lucky Luke* auch hierzulande ein passables Genre-Umfeld im eigenen Medium. In den neunziger Jahren waren die desillusionierten Western in pastell-dunklen Farben en vogue, die die expressionistischen Schwarz-Weiß-Western, häufig aus argentinischer und chilenischer Produktion, ablösten. *Mac Coy* von Jean-Pierre Gourmelen und Antonio Hernández Palacios erzählt von einem Westen, in dem es nur eine Bestie gibt, den weißen Mann: Soldaten und Banditen, die bedenkenlos und für wenig Geld töten und an nichts so viel Gefallen haben wie an Folter und sadistischer Gewalt. Palacios hatte schon mit *Manos Kelly* einen Anti-Western entworfen, aber in *Mac Coy* war die Zeichnung einsamer und verlorener Charaktere, die nichts gelernt haben, als zu kämpfen, noch einmal genauer. Die Geschichten spielen meistens im Süden und an der mexikanischen Grenze an hitzig-staubigen Tagen und in dunklen, kalten Nächten. Palacios zeichnet auch weniger Westerndörfer als Häusergemeinden in der Ödnis Spaniens. Es ist ein Trip in die Hölle, nicht mehr und nicht weniger.

Natürlich wird eine Figur wie *Lucky Luke* schließlich auch Teil des »Kulturerbes«: *Lucky Luke* kann von Generation zu Generation weitergegeben werden, die Liebe zum einsamen Cowboy lässt sich teilen, und wie viele Menschen erinnern sich nicht an die Magie ihres ersten *Lucky Luke*-Bandes und die Eltern, Geschwister oder Freunde, die ihnen das Vergnügen ermöglichten! *Lucky Luke* gehört zu den Bildern, die bleiben, und die in einer gewissen Stabilität bleiben (im Gegensatz etwa zu so instabilen Franchises wie den STAR WARS- und STAR TREK-Verzweigungen oder der ständig untergehenden und neu entstehenden Welt der Superhelden). Solange es *Lucky Luke* gibt, ist die Welt noch nicht verloren.

Durch den Westen und so weiter:

Die *Lucky Luke*-Alben und etwas über ihren historischen und filmischen Hintergrund[26]

I. Die Pre-Klassik

Bevor wir uns mit jenen Alben beschäftigen, die Morris angeblich nicht nur gezeichnet, sondern auch selbst geschrieben hat, müssen wir einem Mann Referenz erweisen, der selbst in der comicologischen Fachliteratur so gut wie keine Erwähnung findet, und zwar Louis de Bévère, den Bruder des berühmten Zeichners, der an den Plots und Dialogen zumindest einen nicht unerheblichen Anteil hatte. Aus einigen Indizien und Erinnerungen geht sogar hervor, dass der Name unseres Helden, Lucky Luke, nicht von Maurice, sondern von Louis de Bévère erfunden wurde. Über die Gründe, warum man diese Mitarbeit verschwieg, gibt es nur ein paar Hypothesen. Zu dieser Zeit war es auch gar nicht üblich, die Namen der Autoren zu publizieren – sogar Goscinnys Anteil wurde in den ersten Veröffentlichungen der Zusammenarbeit mit Morris nicht genannt. Louis de Bévère war als Pädagoge womöglich auch gar nicht so erpicht darauf, seinen Namen als Comic-Autor zu lesen, als Zauberkünstler nach seiner Pensionierung indes bekannte er sich zu dieser Arbeit, ohne dass freilich allzu viel Notiz davon genommen wurde. Maurice selbst nannte seinen älteren Bruder »den Intellektuellen in der Familie«, er war zumindest sprachlich und literarisch außergewöhnlich bewandert, und sein Faible für Tricks und Effekte war ausgeprägt. So kann man sich fragen, ob nicht gelegentlich in den *Lucky Luke*-Abenteuern späterer Zeit eine klammheimliche Hommage an den Bruder versteckt ist. Die genauen Umstände der brüderlichen Beziehung müssen wohl im Dunkel bleiben, aber ganz einfach vergessen wollen wir sie auch nicht.

Die Abenteuergeschichten um *Lucky Luke* werden zunächst in *Spirou* veröffentlicht und haben am Anfang noch sehr unterschiedliche Längen, zwischen 2 und 23 Seiten. Im Alben- und Gesamtausgaben-Format erscheinen sie deshalb gesammelt. Morris ist dabei nun als Zeichner und Texter genannt.[27]

Arizona 1880 (1946)
Lucky Lukes erster Auftritt noch ganz im vor-klassischen Design der rundlichen Animationsfiguren. Nach dem Überfall auf eine Kutsche mit einer Goldladung heftet sich Lucky Luke an die Fersen der Banditen Big Belly und Pablo mit ihrem Boss Big Cheat im Hintergrund. Nach Saloon-Kämpfen und Verfolgungsjagden von Pferd und Zug kann er die Schurken dem Sheriff von Nugget City übergeben. Statt mit einem Lied auf den Lippen reitet Lucky Luke Mundharmonika spielend auf seinem Pferd Jolly in den Sonnenuntergang.
Mein Lieblingsbild: Eben dieses.

La Mine d'or de Dick Digger (Die Goldmine von Dick Digger; 1947)
Lucky Lukes alter Freund Dick Digger hat Gold gefunden und will seinen Claim in Nugget City anmelden. Fatalerweise feiert er sein Glück im Saloon etwas zu lautstark, und so ruft er zwei Banditen auf den Plan, die ihm seine Karte und sein Gold stehlen. Lucky Luke setzt sich auf ihre Fährte.

Morris selbst war mit den Arbeiten dieser Zeit nicht sehr gnädig: »Ich hatte damals keinen Stil. Das war eine Art Mischung aus Hergé mit viel Walt Disney und einem Schuss Max Fleischer, denn *Popeye* hatte mich stark beeinflusst. Erst dank Joseph[28] konnte ich tatsächlich einen mehr oder weniger erkennbaren Stil entwickeln.«[29] Tatsächlich kann man die Suchbewegung nach dem eigenen Stil nun fast von Panel zu Panel, jedenfalls von Episode zu Episode, mitverfolgen.

Le Sosie de Lucky Luke (Der Doppelgänger; 1947)
Lucky Luke kommt in eine Stadt, in der sich die Menschen sehr zu seiner Verwunderung vor ihm zu fürchten scheinen. Die Ursache dafür ist seine fatale Ähnlichkeit mit dem Schurken Mad Jim, der gerade im Gefängnis sitzt und auf seine Hinrichtung wartet. Dessen Komplizen überfallen Lucky Luke und stecken ihn statt ihres Bosses ins Gefängnis. Lucky Luke kann aus dem Gefängnis ausbrechen und verfolgt die Bande. Tatsächlich erschießt er hier

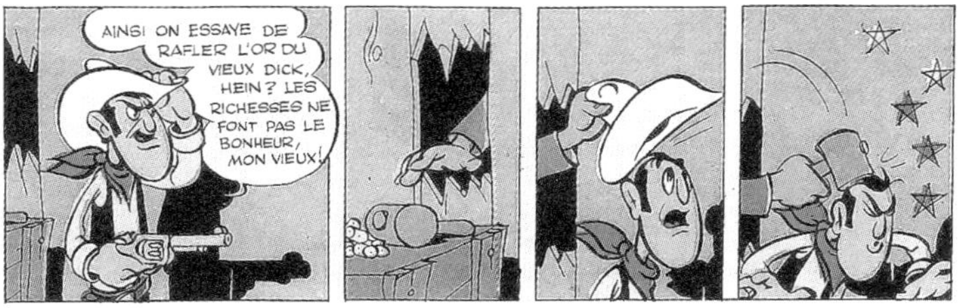

Vor-klassisches Design der rundlichen Animationsfiguren: Lucky Luke hat in *Die Goldmine von Dick Digger* noch wenig Ähnlichkeit mit der späteren Gestalt (© Morris / Dupuis)

seinen Doppelgänger, eine Grausamkeit, die weder in der deutschen Übertragung noch in späteren Abenteuern wiederholt wird. Überhaupt hat er in dieser Geschichte noch sehr wenig Ähnlichkeit mit der späteren Gestalt; Lucky selbst ist hier knollennasig, aggressiv und ein bisschen gefühllos gezeichnet, und auch seine Widersacher erscheinen eher wie Animationsfiguren als wie Karikaturen von wirklichen Menschen.

Freilich: Das Motiv des Doppelgängers hat im Genre seine eigene Bedeutung. Den meisten großen Westernhelden, Randolph Scott, Audie Murphy, John Wayne, geschieht es im Lauf ihrer Genre-Karriere, dass sie mit einem Banditen verwechselt werden. Natürlich lässt sich so etwas mit Faust und Colt irgendwie aufklären, aber es weist, eine Ebene tiefer, auf den doppelten Charakter des Westerners selbst hin. In ihm nämlich steckt immer zugleich der Zivilisationsheld und der Outlaw; selbst mythische Heldengestalten wie der erwähnte Tex Willer blicken auf eine Vergangenheit außerhalb des Gesetzes zurück, von Leuten, die beständig die Seiten wechseln, ganz abgesehen. Das »Living outside the law« (von dem auch Bob Dylan singt) als Möglichkeit gehört zur Authentizität des Westerners. Lucky Luke war niemals (außer natürlich in geheimer Mission) Bandit.

Die drei Geschichten *La Mine d'or de Dick Digger*, *Lucky Luke et son cheval Jolly Jumper* (ein 1-Seiter) und *Le Sosie de Lucky Luke* wurden 1949 zum allerersten *Lucky Luke*-Album beim Verlag Dupuis zusammengefasst.

Grand Rodéo (Rodeo; 1949)

Drei kürzere Geschichten, die vorher im Magazin *Spirou* veröffentlicht waren, wurden zum zweiten Album: *Grand Rodéo*,

Lucky Luke à Desperado City und *La Ruée vers l'or de Buffalo Creek*. Allmählich findet Morris zum Wesen seiner Figur; seinen Stil könnte man nun beschreiben als Mischung von amerikanischen Cartoons mit dem Realismus à la Jijé.

Die Rodeos, bei denen die »üblichen« Arbeiten der Cowboys, das Einfangen von Kälbern, der Umgang mit Pferden und mit Colt und Lasso zum Wettbewerb werden, begannen, in den Jahren nach 1840, von Mexiko her kommend, in den Staaten des Westens populär zu werden. Aus ihnen und den »Medecine Shows« entwickelten sich dann auch die »Western Shows«, wie sie vor allem durch Buffalo Bill und Wild Bill Hickok populär wurden.

Der Widersacher in der Rodeo-Geschichte ist ein gewisser Cactus Kid, der all die faulen Tricks bei der Sabotage des Gegners anwendet, die uns in späteren Abenteuern wiederbegegnen werden. Nach seiner Niederlage versucht er mit dem Preisgeld zu verschwinden, und Lucky Luke ist hinter ihm her. In *Desperado City* hat Bill Boney als ebenso angeberischer wie feiger Sheriff seinen ersten Auftritt. Er taucht noch einmal in *Die Rückkehr der Brüder Dalton* auf. *La Ruée vers l'or de Buffalo Creek* ist die erste Goldrauschgeschichte in der *Lucky Luke*-Welt.

Es gibt in der Geschichte von Amerika im Allgemeinen und der des Westens im Besonderen mehrere Wellen von Goldrausch. Am wichtigsten für die Mythologie des Genres ist wohl der Goldrausch von Kalifornien aus den Jahren nach 1849 (seine Protagonisten wurden entsprechend »Fortyniners« genannt), in dem besonders ausgeprägt der »gesetzlose« Zustand in den vom Goldfieber be-

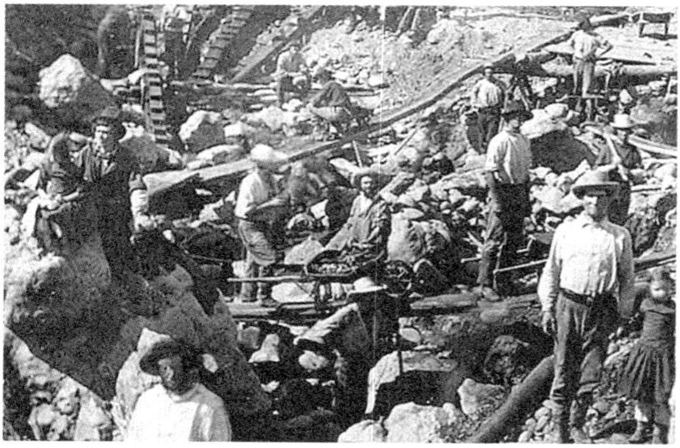

Der *California Gold Rush* von 1849

troffenen Gegenden zu beobachten war. Dieses Goldfieber befiel nicht nur die ohnehin »hungrigen« Menschen des Westens und etliche abenteuerliche Charaktere aus dem Osten, sondern breitete sich bis nach Europa aus, wo eine weitere der vielen Wellen von Auswanderung in Gang gesetzt und, nebenbei, abenteuerliche Formen der Überfahrt entwickelt wurden. Der Goldrausch funktioniert stets als Brandbeschleuniger der kapitalistischen Entwicklung wie der kolonialistischen Landnahme. (Schließlich führte nicht nur das gesetzlose Leben dazu, das Gold zu einem unsteten Gut zu machen: Größere Funde drückten auf den Goldpreis, was bis in das internationale Währungssystem der Zeit vor dem ersten großen Krieg in Europa spürbar wurde.)

Lucky Luke contre Cigarette Cæsar (Lucky Luke gegen Cigarette Pete; 1949)
Lucky Luke verfolgt den Ausbrecher über die Grenze nach Mexiko (während der selbst im gestreckten Galopp eine Zigarette anzündet, hinterlässt er an der Grenze seinen Verfolgern einen Grußzettel mit dem Versprechen, eine Postkarte zu schicken) und muss sich gar in der Stierkampfarena bewähren. Besonders bemerkenswert ist dieses Abenteuer, weil sich der Cowboy offenkundig hier erst das Rauchen angewöhnt. In seiner ursprünglichen Version ist für solche Charakter-Details noch kein Platz. Lucky Luke selbst ist immer noch recht rundköpfig und schreckt weder vor Tequila noch vor dem Einsatz von Zitronensaft als Nahkampfwaffe zurück.
Mein Lieblingsbild: Lucky kommt in eine Cantina, wo ein Mariachi-Trio von der »historia triste de un ranchero en amor« singt, was daran erinnert, dass dies auch die goldene Zeit der mexikanischen Ranchero-Melodramen war und nebenbei Morris' beginnende Faszination für Tiefeneffekte zeigt.

Sous le ciel de l'ouest (Texas und kein Ende; 1950)
Das Album enthält drei Kurzgeschichten, bei denen es sich im Wesentlichen um Funny-Versionen konventioneller Plots handelt: In *Le Retour de Joe la Gachette* (Die Rückkehr von Revolver Joe; 1949–50) wird Jolly Jumper von dem Banditen Revolver Joe, der sich zunächst besonders freundlich gab, gestohlen und schwarz angemalt, um ein Pferderennen zu gewinnen. Als das schiefgegangen ist, überfällt er das Wettbüro. Am Ende aber ist bei ihm sehr buchstäblich der Bart ab. In *Jours de round-up* (Round Up;

1950) kommen bei einem Round-up, an dem der Herdenbestand gezählt werden soll, trotz Lucky Lukes umsichtiger Cowboyarbeit viele Tiere abhanden; sie wurden Beute von Viehdieben, die das Brandzeichen gefälscht haben. Und in *Le Grand Combat* (Der große Kampf; 1950) unterstützt Lucky Luke den bärenstarken Percival Belden bei der Vorbereitung eines Preiskampfes gegen Killer Kelly. Der betrügerische Veranstalter entführt Percivals Braut. Lucky Luke kann sie befreien, und dem Sieg steht nichts mehr im Weg.

Hors-la-loi (Die Gesetzlosen; 1951)
Lucky Luke gegen die Daltons. Die *richtigen* Daltons, Bob, Grat, Bill und Emmett, die er hier noch dramatisch ins Jenseits befördern darf. Aber auch sie gleichen sich physiognomisch wie ein Ei dem anderen und unterscheiden sich nur durch die Körpergröße voneinander.

Neben dem Film WHEN THE DALTONS RODE (1940; R: George Mashall) ist wohl THE LAST RIDE OF THE DALTON GANG (1979) der berühmteste Versuch, den Gebrüdern ein cineastisches Denkmal zu setzen. Der Regisseur Dan Curtis spielte mit einer besonders »dokumentarischen« Erzählweise und ließ das Publikum gleich zu Beginn wissen, der Film verfolge keinerlei historische Akkuratesse. Die Geschichte wird in Form einer Rückblende aus dem alten Hollywood vom Überlebenden Emmett Dalton erzählt, der sich am Anfang der Western-Filmgeschichte in BEYOND THE LAW (1918; R: Theodore Marston) selbst darstellen durfte.

Das Album spielt für die Geschichte der Figur eine sehr spezielle Rolle. Einerseits, weil es wegen der Gewalt des Helden Objekt der Zensur wurde, zum anderen weil es sich auch ansonsten als Fehler erwies, die vier Gauner einfach sterben zu lassen. Daher:

Le Retour des frères Dalton (Die Rückkehr der Brüder Dalton; 1952)
Die Daltons hatten zu viele Fans gefunden, um es mit dem Schlussbild von *Hors-la-loi* (die Kreuze auf dem Friedhof) bewenden zu lassen. Hier wird das Quartett aufgespalten: Auf der einen Seite gibt es Rückblenden auf ihr miserables Leben, auf der anderen Seite geht es um miserable Nachahmer. Die Daltons, wie wir sie lieben, kehren dann freilich erst in der Hochklassik von *Lucky Luke* zurück.

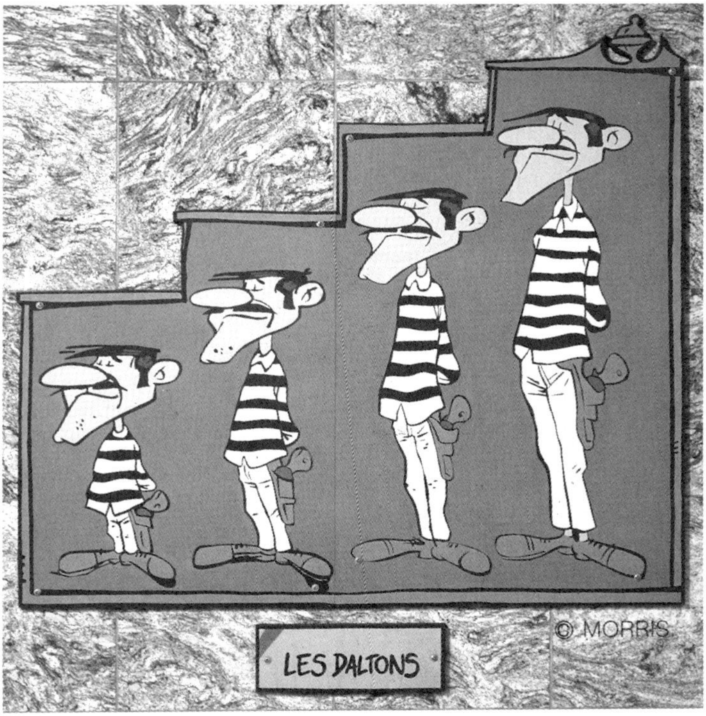

Die Dalton-Gang in der U-Bahnstation Jason in Charleroi, Belgien (© Morris)

Lucky Luke et le Docteur Doxey (Lucky Luke und Doktor Doxey; 1952)
»Doktor« Doxey, einer der fahrenden Verkäufer von Wunderheilmitteln, haut seine Kunden mit einem einfachen Trick übers Ohr. Sein Gehilfe spielt den jeweils wundersam von seinen Gebrechen oder einfach von Altersschwäche Geheilten. Aber Doxey schreckt auch nicht davor zurück, das Wasser zu vergiften, um sein Wundermittel zur Heilung anzupreisen. Und schließlich entführt er gar den Sheriff, der ihm das Handwerk legen will. Ihre Geldgier wird den Gaunern allerdings zum Verhängnis, denn wegen ihr gelingt es Lucky Luke, die beiden in eine Falle zu locken.

Der klassische »Quacksalber« und Betrüger hat hier seinen ersten, aber nicht den letzten Auftritt – er taucht dann noch

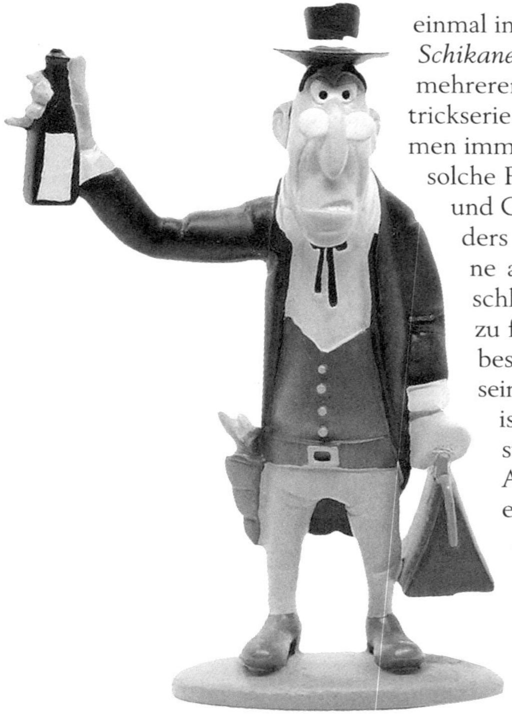

einmal in *Menschenjagd* und in *Schikane in Québec* sowie in mehreren Folgen der Zeichentrickserie auf. Übrigens kommen immer wieder in der Serie solche Paarungen von Gauner und Gehilfe vor: Ein besonders Schlauer, dessen Pläne allerdings meistens zu schlau sind, um wirklich zu funktionieren, und ein besonders Dummer, der seinem Chef zwar ergeben ist, ihm aber trotzdem stets alles vermasselt. Auch diese Geschichte erschien zunächst in *Spirou* und wurde später mit *Chasse à l'homme* (1953) zu dem Album *L'Élixir du Docteur Doxey* zusammengefasst.

Der klassische »Quacksalber« Docteur Doxey als Sammelfigur

Lucky Luke contre Pat Poker (Lucky Luke gegen Pat Poker; 1953)
Und nochmal zwei Geschichten in einem Band: Ein klassisches Motiv finden wir in *Nettoyage à Red City* (Großputz in Red City; 1951). Lucky Luke spielt den Narren, um seine Gegner in Sicherheit zu wiegen, vor allem den gerissenen Falschspieler Pat Poker. Danach geht es um den berüchtigten »Angelface«, der Hunde, Schafe und Fremde hasst, nicht unbedingt in dieser Reihenfolge.

Und in *Tumulte à Tumbleweed* (Tumult bei Tumbleweed; 1952) wird der Konflikt zwischen Rinderzüchtern und Schafhirten aufgegriffen. Beinahe noch mehr als die Farmer waren die *sheepherder* den Ranchern und Cowboys ein Dorn im Auge, tendierten deren Tiere doch dazu, die Weiden einigermaßen konsequent leerzufressen. Außerdem widersprach der eher sanfte Schafhirte dem heroischen Männerbild des Westens, was wieder diese Männer dazu brachte, besonderen Wert auf Respekt zu legen. Nach und nach entwickelte sich der Konflikt zwischen den Cattle Men und den Sheep Men, den Ranchern samt ihren Angestellten und den Schafzüchtern, zu veritablen Kriegen um Weiderechte und Wasserstellen, bei denen die Konkurrenten zu immer mehr Gewalt angestachelt wurden. Die klassische Westerngeschichte dazu erzählt der Film THE SHEEPMAN (In Colorado ist der Teufel los; 1958; R: George Marshall), in dem Glenn Ford als Jason Sweet beim Pokern ausgerechnet eine Schafherde gewinnt und dann mit einem örtlichen Viehbaron nicht nur um die Weiden, sondern auch um die Liebe von Dell Payton (Shirley MacLaine) kämpfen muss. Wie bei diesem Regisseur nicht anders zu erwarten, wird die Geschichte eher als großer Spaß denn als Drama erzählt, auch wenn die historischen Hintergründe durchaus respektiert sind.

Lucky Luke et Phil Defer ›Le Faucheux‹ (Lucky Luke und Phil Steel ›Spinnenbein‹; 1954)
Das berühmte Duell mit dem Kerl, der aussieht wie Jack Palance in MEIN GROSSER FREUND SHANE und in dem ein siebenschüssiger Revolver zum Einsatz kommt. Hier wird noch einmal echt gestorben (was in späteren Ausgaben verleugnet wird).

Lucky Luke et Pilule (Lucky Luke und Pille; 1954)
Eine Lagerfeuergeschichte: Die Geschichte von »Pille«, der auf einem Hochrad in die Stadt Smokey Town gefahren kommt, wo er zum Gespött der Leute wird, bis er eher aus Versehen einen Banditen bezwingt. Daraufhin macht man ihn zum Sheriff, und Pille, der noch ein paarmal das Glück des vollkommen Untüchtigen hat und aus lauter Tolpatschigkeit zwei Ganoven dazu bringt, sich gegenseitig zu erschießen, hat am Ende Gesetz und Ordnung in die Stadt gebracht, ohne eigentlich genau zu wissen, wie ihm das gelungen ist.

Meines Wissens der einzige *Lucky Luke* ganz ohne Jolly Jumper.
Mein Lieblingsbild: Der Blick auf Lucky durch die Beine von Phil Steel, und der Candid'sche Unschuldsblick von Pilule.

II. Die Klassik

Die gemeinsame Arbeit von René Goscinny und Morris ab 1955 führte zu einer Serie, die von Kindern wie von Erwachsenen, von Aficionados des Genres wie von Liebhabern sozialer Satire, von Comic-Fans wie von Leserinnen und Lesern satirischer Zeitschriften geschätzt wurde. In der allgemeinen Beliebtheit wurde *Lucky Luke* nur durch *Asterix* übertroffen, der ein womöglich noch breiteres Publikum zwischen alt und jung, rechts und links anzusprechen vermochte. Zweifellos wurde jeder neue Band sehnsüchtig erwartet, auch wenn am Anfang alle Abenteuer vorher schon in Magazinfortsetzungen veröffentlicht wurden.

Im Gegensatz zu den frühen, »wilden« Jahren wurden die Goscinny-Morris-Bände sehr sorgfältig vorbereitet und bis in alle Einzelheiten geplant: »Aller Anfang ist das Drehbuch, das heute bis ins kleinste Detail ausgearbeitet wird, bevor man mit den Zeichnungen anfängt. Früher waren wir da sehr viel lässiger. Manchmal habe ich ganz ohne Drehbuch gearbeitet, von einer Woche zur anderen. Und dabei musste ich natürlich manchmal ganz schön improvisieren, und das geht nicht immer gut. Da passierte es schon ab und zu, dass wir unseren Helden in eine derart schwierige Situation manövrierten, dass wir ihn da beinahe nicht mehr rausgekriegt hätten. Doch das sind längst vergangene Zeiten. Heute bereiten wir uns ganz akribisch auf ein Album vor, wie gesagt, mittels eines detaillierten Drehbuchs, bei dem links die Handlung für jede Seite beschrieben wird und rechts davon die Dialoge stehen. Denn schließlich sollte ja alles stimmen: Die Einleitung, der Bogen der Handlung – ohne dass es zu Längen kommt – bis hin zum großen Finale, das auch nicht über Gebühr in die Länge gezogen werden darf.«[30]

Des rails sur la prairie (Die Eisenbahn durch die Prärie; 1955)

Die Transcontinental Railway soll nach dem Willen der Politik Chicago und San Francisco miteinander verbinden, was ein gewisser Black Wilson, Besitzer einer Postkutschenverbindung, mit aller Gewalt verhindern will. Und so reiht sich ein Sabotageakt an den anderen, bis es Black Wilson, nachdem alle seine Leute versagt haben, zu dumm wird und er die Sache selber in die Hand nimmt. Das bringt ihn schließlich zur direkten Konfrontation mit Lucky Luke, der in der Not zum Oberaufseher der Bauarbeiter ernannt wurde. Als der Präsident der Transcontinental den berühmten letzten Nagel aus Gold in die Schwellen schlägt, ist Lucky Luke schon wieder in der Dämmerung verschwunden.

Die Eisenbahn, der »schnaufende Billy« oder das »eiserne Pferd«, das war beides zugleich, ein enormes Pioniervorhaben, das Menschen begeistern und mitreißen konnte, und eine kapitalistische Investitionsmaschine, die ihre Nutznießer alle Skrupel verlieren ließ. Die Verbindung der beiden Eisenbahnlinien – der Union Pacific von Osten und der Central Pacific Railroad von Westen kommend – wurde zum nationalen Mythos aber zugleich auch zu einem narrativen Grundmodell: Der Wettlauf der Gleisbauer auf der einen Seite, die Spekulation mit Land und mit Städten an der geplanten Strecke andrerseits, das gibt Stoff für viele Geschichten. Und für ein Wesensmerkmal des Western: die Ambivalenz.

Man muss sich die Gewalt und den Umfang des Projektes vorstellen: »Zunächst einmal schickte die Eastern Company Erkundungstrupps aus; sie legten die Trasse fest und verscheuchten die Sioux und die Büffel und alles, was sonst noch im Weg war. Dann kamen die Arbeitstrupps; sie arbeiteten in Schichten und ebneten die Strecke. Nach ihnen kamen die Gleisbauer; jede Gruppe zählte zehntausend Mann und ebenso viele Lasttiere. Für eine einzige Meile des Schienenwegs wurden durchschnittlich vierhundert Tonnen an Schwellenholz und Schienen gebraucht. Diese Materialien, auch sonstiges Zubehör sowie Nahrungsmittel und Brennstoff, wurden in einem Depot am Missouri untergebracht« (Alistair Cooke).[31] Zur bitteren Wahrheit gehört auch, dass die Landspekulation durch die Eisenbahnlinien so viele Menschen um ihre Heimat und ihren Lebensstil brachte, dass in der Öffentlichkeit des Westens eine klammheimliche Sympathie mit den Banditen entstand, die sich auf das Ausrauben von Zügen verlegten.

Darüber hinaus ging das soziale Gefüge an der Grenze weiter aus den Fugen. Die Arbeitstruppen der Union Pacific bestanden vorwiegend aus frisch eingewanderten Iren, aus Ex-Sklaven oder den Verlierern des Bürgerkrieges im Süden, die des Central Pacific hauptsächlich aus Einwanderern aus China. Es dauerte sehr lange, bis die chinesischen Eisenbahnarbeiter und ihre Gepflogenheiten die entsprechende Anerkennung auch in der populären Kultur im Allgemeinen und im Western ganz besonders fanden.

Tatsächlich war es durchaus realistisch, sich einfach eine »Stadt« zu kaufen, die durch die Ankunft der Eisenbahn eine Goldgrube wird, wie es in SPIEL MIR DAS LIED VOM TOD durchgespielt wird. Das beste historische Beispiel ist die Stadt Abilene, die den Endpunkt der großen Viehtrails bildete (der eigentliche Beginn der großen Cowboy-Legenden). Zu Hochzeiten waren dann 5000 Cowboys in einer Stadt, die fast ausschließlich aus Viehpferchen und Saloons bestand, und an deren Zahltagen war entsprechend etwas los in dieser Stadt, die zahllose Gesetzeshüter verbrauchte, bis der ehemalige Desperado James Butler Hickok genannt »Wild Bill« die Sache in die Hand nahm und mit seinem sechsschüssigen Revolver für Ordnung und eine Reihe von Begräbnissen sorgte. Jedenfalls will es so die Legende.

Mein Lieblingsbild: Die prunkvollen Eisenbahnen des Western, komplett mit Kuhfängern und Aussichtsplattformen, sind mehr oder weniger unwiderstehlich.

Alerte aux Pieds-Bleus (Der falsche Mexikaner; 1956)

Zuerst einmal muss Lucky Luke dem mexikanischen Falschspieler Pedro Cucaracha (= Kakerlake – durch das mexikanische Volkslied aber auch zum Inbegriff des lateinamerikanischen Temperaments geworden) das Handwerk legen, doch nachdem der mit dem Geld des Sheriffs entkommen ist, gerät er auf seiner Fährte in einen Indianerkrieg. Der wird mit allerlei Listen abgewendet, und der Falschspieler wird auch als falscher Mexikaner entlarvt. Hinter der Maskerade verbirgt sich der Ganove Horseshoe Harry – jedenfalls in der deutschen Version (warum auch immer – möglicherweise war es den Übersetzern ein wenig zu viel mit der Mexikaner-Karikatur).

Eines der Alben, für die sich die Fans der Serie immer ein bisschen schämen, denn es strotzt nur so vor Klischees über Mexikaner und »Indianer«. Der Häuptling ist ein stets betrunkener fetter Kerl, der auf den Gruß seiner Krieger, »Hough«, mit »Hic« antwortet und für ein Feuerwasserversprechen einen Krieg beginnt, und der Junge (komplett mit Charlie-Brown-Anmutung)

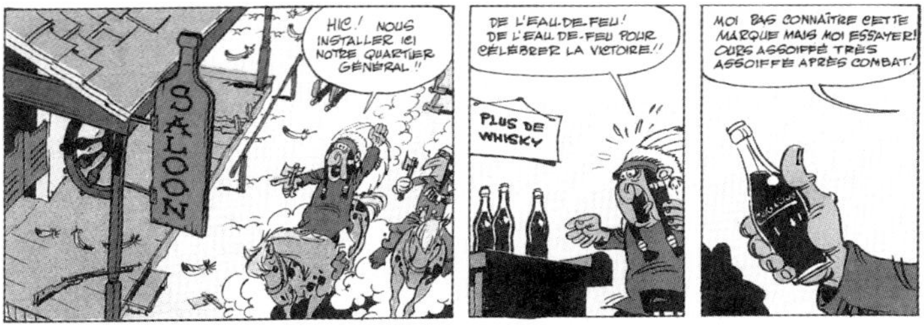

Parodie von Filmgestalten? Der Häuptling ist ein stets betrunkener fetter Kerl: *Der falsche Mexikaner* (© Morris / Dupuis)

heult, weil er sich einmal im Jahr das Gesicht waschen soll. René Goscinny verteidigte sich später (die Blaufuß-Geschichte verantwortete Morris noch allein) gegen solche Vorwürfe stets mit dem Hinweis, dass ja nicht »wirkliche Indianer« und »wirkliche Mexikaner« parodiert werden, sondern eben Filmgestalten. Goscinny, der Morris davon überzeugte, den »Indianern« mehr Raum in der Serie zuzubilligen, schwärmte von der Zeit, da sie in den Filmen »noch richtig wild« waren. An eine rassistische Wirkung glaubte er nicht: »Ich habe den Film ›Stagecoach‹ fünfzehn- oder sechzehnmal gesehen, und trotzdem hat mich das nicht zu einem erbitterten Gegner der Rothäute gemacht«.

Und wie gesagt, war der Beitrag von Goscinny zu diesem Band – aus »Termingründen«, wie es hieß – geringer als gewohnt: Goscinny-Gags erscheinen deshalb ein wenig verloren in einer eher konventionellen Dramaturgie.

Mein Lieblingsbild: Trotz allem: Wenn Pedro Cucaracha durch die Kakteenwüste stiefelt, mit dem gewaltigen Sombrero, den Sporen und dem beachtlichen Bauchband, dann sind, so oder so, Hitze und Spannung zu spüren. Er ist zwar ein listiger Bösewicht, aber er hat Stil.

Lucky Luke et la bande de Joss Jamon / Lucky Luke contre Joss Jamon

(Lucky Luke gegen Joss Jamon; 1956)

Joss Jamon und seine Bande sind ein typisches Syndrom des Bürgerkriegs; Lucky Luke wird in Los Palitos zunächst als einer von ihnen angesehen und schwört, die Bande innerhalb von sechs Monaten unschädlich zu machen. Wenn nicht, ließe er sich dann immer noch hängen. Ort der Auseinandersetzung ist dann Frontier City, eine Stadt, die Joss Jamon beherrscht, deren Bürgermeister er sogar wird und in der er alle Ganoven der Umgebung versammelt. Lucky Luke kommt in verschiedenen Verkleidungen in die Stadt und stiftet Unruhe, bis er gefangen und zum Tod verurteilt wird. Doch die Einwohner kommen zur Raison, befreien Lucky Luke und stehen gegen die Schreckensherrschaft der Banditen auf. Lucky kann schließlich Jamon fangen und nach Los Palitos bringen

Der Band bietet eine Anthologie der Schurkenrollen. Es treten neben Billy the Kid, Jesse James, Calamity Jane, die hier noch eine Heavy-Rolle innehat, auch die Daltons auf – charakterisiert als die Cousins der realen Banditen. Die Daltons haben hier bereits ihre kanonische Form gefunden, während die anderen noch ihre Gestalt ändern werden. Ein Mitglied der Bande Joss Jamons, Wechsel-Pete, ist eine Karikatur Goscinnys, der bis zu seinem Tod an allen folgenden *Lucky Luke*-Bänden beteiligt ist.

Auf Seite 19 werden die Comic-Figur Red Ryder und dessen befreundeter Indianer Little Beaver (Petit Castor) gezeigt. Auf Seite 28 hat der französische Schauspieler und Chansonnier Jean Gabin einen Gastauftritt.

Mein Lieblingsbild: Lucky Luke und Jolly Jumper als Schatten unterm *hanging tree*.

Les Cousins Dalton (Vetternwirtschaft; 1957)

Dies ist die Geschichte der Brüder, die im vorigen Band angedeutet wurde und die die eigentliche *origin story* ist: Joe, William, Jack und Averell wollen sich an Lucky Luke rächen, weil der ihre berühmten Cousins getötet hat. Aber alle Versuche gehen – sei's durch die eigene Dummheit, sei's durch die Listen von Lucky Luke – fehl.

Dies Album gehört zu jenen, die noch deutlich die Ursprünge der Fortsetzungsveröffentlichung zeigen und eher in einzelne Episoden mit unterschiedlicher Gag-Dichte zerfallen. Aber gerade in diesem Band zeigt sich, wie auch im Comic-Medium Charaktere, Stile und dramatische Konstellationen wachsen.

Mein Lieblingsbild: Joe horcht an einem toten Gleis. »Ich höre Schritte« – »Dann ist es bestimmt kein Schnellzug«.

Le Juge (Der Richter; 1957)

Bei einem Viehtrieb gerät Lucky Luke in der Stadt Langtry an den gefürchteten Richter Roy Bean, der ihn, natürlich fälschlich, des Viehdiebstahls anklagt. Wie so oft in der Welt von Lucky Luke erwächst

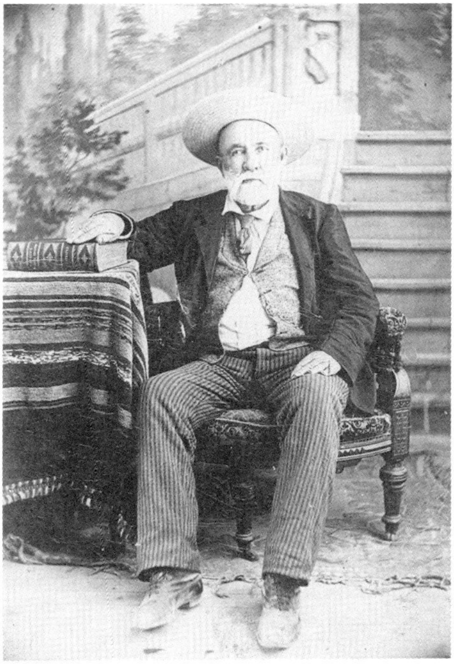

Terrorherrschaft: Der historische Judge Roy Bean

dem bislang ungestörten Herrscher (mit seinem Bären Bruno als Terror-Gehifen) in Gestalt von Bad Ticket ein Konkurrent. Der erweist sich gar als noch schlimmerer Schurke, und Lucky Luke und Richter Bean müssen sich nun zusammentun, wobei es ihnen zupass kommt, dass sie für tot gehalten und ihr Erscheinen dem Gespensterreich zugeschrieben wird. Am Ende sorgt wieder einmal die Kavallerie für Ruhe, und Bean wird gezwungen, über sich selbst zu richten, was dazu führt, dass er sich fürderhin nur noch auf den Beruf des Saloonbesitzers konzentriert. Und Lucky Luke kann die Herde ihrem Bestimmungsort zutreiben.

Roy Bean war einer der Männer, die halb verrückt und vollkommen kriminell aus dem Bürgerkrieg hervorgingen; er begründete die Guerillatruppe der »Forty Thieves«, die in der Tat mehr als Diebe denn als Kämpfer für die Sache des Südens wirkten. Als furchtbarer Richter, der ebenso gern Todesurteile vollstrecken ließ, wie er sich persönlich an seinen Opfern bereicherte, machte er den Saloon zum Gerichtssaal und befeuerte die Legendenbildung mit seinem Kult um die Schauspielerin Lillie Langtry. 14 Jahre dauerte seine Terrorherrschaft in den Stationen an der Strecke der Southern Pacific (allerdings wird er auch oft mit einem noch furchtbareren Charakter, dem »Hanging Judge« Isaac Charles Parker in einen Topf geworfen, dessen Herrschaft erheblich mehr Menschen das Leben kostete).

Die bedeutendsten Filme mit dieser Gestalt: William Wylers THE WESTERNER mit Walter Brennan als Roy Bean, A TIME FOR DYING von Budd Boetticher mit Victor Jory und THE LIFE AND TIMES OF JUDGE ROY BEAN von John Huston mit Paul Newman. In der 39-teiligen TV-Serie JUDGE ROY BEAN spielte Edgar Buchanan einen zum positiven Helden gewendeten Richter, der allenfalls hinsichtlich seiner Schwärmerei für die britische Schauspielerin etwas mit der historischen Figur zu tun hatte.

Mein Lieblingsbild: Lucky Luke darf sich am Ende endlich wieder seiner genuinen Aufgabe als Viehtreiber widmen; mit Jolly Jumper (im Passgang) und dem Lasso in der Hand treibt er die Herde durch die Prärie unterhalb des Monument Valley.

Ruée sur l'Oklahoma (Auf nach Oklahoma!; 1958)

Der »Oklahoma Land Run« war eine der bizarrsten und aggressivsten Formen der Landverteilung, und zwar der Territorien, die ursprünglich den »Indianern« zugesprochenen wurden, 1889 aber für weiße Siedler freigegeben wurden.

Jeder, der eine Gebühr von 15 Dollar bezahlt, kann an einem Wettrennen um einen Besitz von jeweils 160 Acres (64 Hektar) teilnehmen, das am 22. April 1889 um 12 Uhr gestartet wird und an dem sich insgesamt um die 10.000 Leute beteiligen. Logischerweise gibt es auch Betrüger, die sich schon vor dem Start aufmachen, um das beste Stück Land für sich zu bekommen; sie werden als »Sooners«, die Zu-Frühen, bezeichnet. CIMARRON von Anthony Mann (1960; nach dem berühmten Roman von Edna Ferber) ist der wohl bekannteste Film zum Thema, der letzte Western, den Anthony Mann gedreht hat, oder der erste seiner »Schinken«, für die der einstige Meister der Reduktion dann eher berüchtigt wurde.

Lucky Luke hat es mit seinen typischen Widersachern zu tun, aber einmal mehr haben Goscinny und Morris hier auch ein allgemeineres Bild menschlicher Schwächen und Tragödien geschaffen. Da gibt es, nur zum Beispiel, einen Reiter in vorderster Linie, der sich keinen Augenblick der Ruhe gönnt, aus Sorge jemand könne ihm den wertvollen Startplatz im Rennen um den Landbesitz streitig machen, und als endlich, nach Tagen der Spannung und der Intrigen, der ersehnte Startschuss für den Land Rush erfolgt, da rasen alle los, nur nicht unser armer Freund, der vor Erschöpfung eingeschlafen ist.

Tatsächlich waren ja nicht nur die Aussichten auf das Stück vom »gelobten Land« das Bewegungsmotiv, sondern auch die Aussichten auf schnelleres Geld, schließlich würden auch die genügsamen Siedler eine gewisse Infrastruktur brauchen, Läden, Saloons, Handwerker, Bestatter, Gesetzeshüter und nicht zuletzt das Gegenteil, die kleinen und nicht ganz so kleinen Gauner und Banditen. Wer sich hier streng an die Regeln hielt, war schon im Hintertreffen – und so leer, wie Lucky Luke es in seiner Geschichte vor dem Startschuss machen konnte, war das Territorium in Wirklichkeit gewiss nicht. Und zwischen denen, die sich schon unrechtmäßig etwas vom Land angeeignet hatten und den rechtmäßigen Ankömmlingen gab es erwartungsgemäß heftigen Streit. Man musste, insofern ist auch dieser *Lucky Luke*-Band durchaus realistisch, das Land, das man in Besitz nahm, mit Zähnen, Klauen und natürlich Feuerwaffen verteidigen. Dass der Leichenbestatter der Mensch mit der meisten Arbeit in diesem Land war, das war keineswegs eine Erfindung von Goscinny.

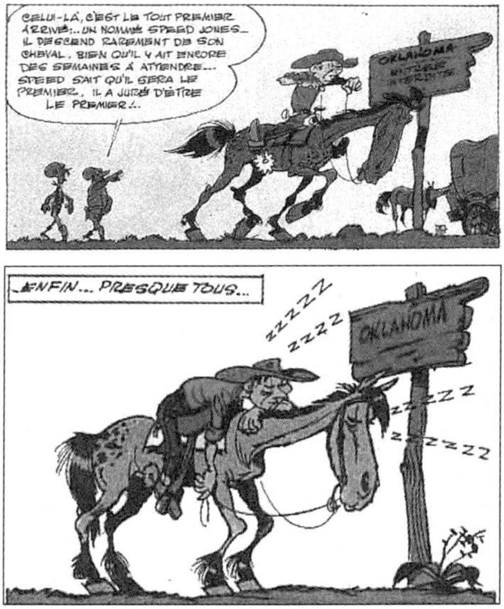

Ein allgemeineres Bild menschlicher Schwächen und Tragödien: *Auf nach Oklahoma!* (© Morris / Dupuis)

Mein Lieblingsbild: Lucky Luke markiert die Wähler der Boomtown mit einem Brandeisen, was denen nicht allzu viel auszumachen scheint. Schon raue Leute da im Westen, nicht wahr?

L'Évasion des Dalton (Die Daltons brechen aus; 1958)

Nach einem erneuten Ausbruch versuchen die Daltons, Lucky Luke auf besonders perfide Weise loszuwerden, indem sie falsche Steckbriefe mit dem Konterfei des Cowboys und der absurden

Belohnung von 50 Millionen Dollar unter die Leute bringen. Daraufhin verbreitet sich eine panische Angst, und beinahe wäre Lucky Luke gehängt worden, als er versucht, den Postkutschenüberfall zu klären, der ihm zugeschrieben wurde. Weil er bei seiner Flucht keine Patronen für den Colt hat, können die Daltons ihn gefangen nehmen und ihn, zur sadistischen Freude von Joe, zu ihrem Diener machen. Bei einem neuerlichen Überfall, den sie nun zu fünft unternehmen, gelingt Lucky wieder die Flucht, und mithilfe der Kavallerie wird die Sache bereinigt. Doch zuvor kommt es noch zu einem Duell zwischen Joe Dalton und Lucky Luke in Bashful City, das einmal mehr dadurch entschieden wird, dass Joe einen Tick zu viel macht (diesmal geht es darum, den Colt »wie geölt« zu ziehen).

Mein Lieblingsbild: Lucky Luke am nächtlichen Lagerfeuer, unweit grast Jolly Jumper, und der Schatten des Cowboys zeichnet sich groß am Felsen ab. (Danach legt er sich schlafen, nach Cowboyart mit dem Sattel als Kopfkissen, und die Schatten der vier Daltons zu Pferd ziehen vorbei.)

En remontant le Mississippi (Am Mississippi; 1959)

Die beiden Raddampfer-Kapitäne Lowriver und Barrows greifen in ihrem Dauerstreit zu immer martialischeren Mitteln. Als Lowriver gar zur Waffe greift, muss Lucky Luke einschreiten. Es gibt eine Wettfahrt mit Hindernissen, bei der er Barrows gegen alle erdenklichen niederträchtigen Tricks des Rivalen beschützen muss.

Vorbild der Geschichte ist das historische Rennen zwischen den Dampfern Robert E. Lee und Natchez aus dem Jahr 1870, bei dem es allerdings weniger dramatisch zuging. Die Robert E. Lee benötigte für die 1857 km von New Orleans bis St. Louis drei Tage und 18 Stunden. 1882 ging das stolze Schiff nach einem Brand unter und nahm 21 Menschen das Leben. Bemerkenswerterweise fand auch ein Nachbau als Restaurantschiff im Jahr 2010 durch ein Feuer sein Ende. Das Schiff war ein Musterexemplar der prächtigen Flussdampfer, von dem es in einem zeitgenössischen Bericht heißt: »Die Kabine mit ihrer reichen Ausstattung und prächtigen Möbeln, schillernden Kronleuchtern, mit Gold geätzten gewölbten und verzierten Decken, Oberlichtern aus Buntglas, riesigen Spiegeln, dem Samtteppich, dem reinen Zinkweiß der Seiten, den Prunkraumtüren aus Palisanderholz und der Imitation ägyptischer Marmor-Destillierapparate, allesamt so kombiniert, dass sie ein Erscheinungsbild von orientalischem Luxus und Pracht vermitteln, wie man es selten und noch nie gesehen hat, als sie in den wilden Gewässern dieser sogenannten halbbarbarischen westlichen Welt treiben.«[32] Tatsächlich ist der Widerspruch zwischen der Wildheit und manchmal Armseligkeit an Land und dem Prunk der Dampfer, auf denen Bürger auch dem einen oder anderen verbotenen Laster frönen konnten, Ausgangspunkt für dramatische und komödiantische Geschichten (in denen gern auch der Geist von Mark Twain spuken darf). Mississippi-Dampfer sind idealer Hintergrund für Spieler- und Gaunergeschichten der Art von MAVERICK (1994; R: Richard Donner) oder gar Musicals wie SHOW BOAT (Mississippi Melodie; 1951; R: George Sidney) bzw. das Elvis-Presley-Vehikel FRANKIE AND JOHNNY (1966; R: Frederick de Cordova). Der Ol' Man River wird in dem gleichnamigen Lied besungen, und sehr treffend wird im Text beschrieben, was es mit der Gesellschaft am und auf dem Strom auf sich hat: »Here we all work on that Mississippi, here we all work while the white folks play ...«. Die Arbeit (und ein wenig: die Musik) für die Schwarzen, das Vergnügen für die Weißen – und dazwischen eine Barriere des rigiden Rassismus. Edna Ferber hat diese Verhältnisse in ihrem Roman *Show Boat* aus dem Jahr 1926 geschildert.

Mindestens an der Darstellung afroamerikanischer Menschen in diesem *Lucky Luke*-Band mögen sich die Geister scheiden: Man könnte ebenso gut Sympathie für die coolen, musikalischen Lebenskünstler entwickeln wie sich über das Klischee vom verschlafenen und ängstlichen Post-Sklaven ärgern.

Und außerdem: Lee Marvin hat einen Gastauftritt als Gangster.

Mein Lieblingsbild: Die beiden Dampfschiffe auf dem Fluss, beinahe gleichauf, während am Ufer die Menge jubelt. (Das bald darauf etwas Dramatisches passiert, liegt gleichsam in der Luft.)

Sur la piste des Dalton (Den Daltons auf der Spur; 1960)

Dieses Abenteuer bringt zwei bemerkenswerte Impulse in die Reihe. Jolly Jumper beginnt zu »sprechen« (oder zu denken), und »der dümmste Hund westlich des Pecos«, Rantanplan, hat seinen ersten Auftritt: Die Gefängniswärter verlassen sich ganz auf seine Wachsamkeit, weil er ja bis jetzt noch keine Gelegenheit hatte, sich zu bewähren. Natürlich brechen die Daltons sofort aus, und Lucky Luke weigert sich, schon wieder nach ihnen auf die Jagd zu gehen. Aber auch aus seinem geruhsamen Aufenthalt auf der Bar-T-Ranch wird nichts. Die erste unfreiwillige Partnerschaft mit dem Wachhund entwickelt sich über etliche Katastrophen bis zu einem Ende, an dem die Daltons im Gefängnis nun tatsächlich von Rantanplan bewacht werden, dafür aber alle anderen Insassen sehr gemütlich (und höflich) in die Freiheit entweichen.

Der Band kann weitgehend auf spezielle historische Reminiszenzen verzichten, stattdessen hat auf der Bar-T-Ranch ein Cowboy einen Gastauftritt, der direkt aus Jijés *Jerry Spring* entstammt.

Mein Lieblingsbild: Rantanplan versteckt sich ängstlich unter Jolly Jumper, und Ross und Reiter schauen verdutzt unter seinen Bauch. Jolly Jumpers »Unerhört« ist noch eine seiner milderen Reaktionen.

Les Dalton courent toujours (Die Daltons auf dem Kriegspfad; 1960)

Diesmal brechen die Daltons nicht aus, sondern werden aufgrund einer Generalamnestie des gerade gewählten Präsidenten frei gelassen. Das ist die Gelegenheit, Lucky Luke gehörig zu blamieren, der die vier wie gewohnt zurück hinter die Gefängnismauern bringen will. Doch nach etlichen ihrer üblichen Raubzüge kann Lucky Luke sie wieder dort abliefern, wo auch die anderen Häftlinge längst wieder sind, denen die Freiheit ebenso wenig bekommen ist. Wieder aber entkommen sie bei einem Indianerangriff und versuchen, die Apachen für ihre miesen Pläne einzuspannen, zu denen natürlich wie immer auch die Rache an Lucky Luke gehört. Die beiden Plots dieses Bandes sind eher locker miteinander verbunden, was wohl mit der Produktionsgeschichte zu tun hat. Ein Teil nämlich wurde zuvor als Zeitungsfolge mit insgesamt zwölf Seiten separat abgedruckt, was auch das etwas ungewöhnliche Format der Bildreihen erklärt. Die »Indianer« werden hier als besonders dusselig dargestellt, was noch sprachlich unterstrichen wird (in der deutschen Übersetzung geben sie Worte von sich wie »Lambada«, »Pizza Funghi«, »Humba, humba«, »Zaziki« oder »Kukuru Knasto Peng Peng«. Nicht so komisch!)

Mein Lieblingsbild: Eine Postkutsche, die sozusagen gleichzeitig von den vier Daltons überfallen wird und in einen Indianerhinterhalt gerät.

À l'ombre des derricks (Im Schatten der Bohrtürme; 1960)

Pennsylvanien schwimmt (manchmal buchstäblich) im neuen Schatz der Erde, dem Öl. Wieder einmal löst das einen Run auf den schnellen Reichtum aus, bei dem alles an Gesetz und Ordnung verschwindet, was man bislang errichtet hat. Trotz seines Widerstands muss Lucky Luke zum Hüter des Gesetzes in einer Stadt werden, in der man selbst den Richter mit Gewalt dazu bringen muss, sich dem Chaos entgegenzustellen. Ein gewisser Barry Blunt will mithilfe seiner Gang das Ölgeschäft an sich bringen. Schließlich gehören ihm alle Ölquellen. Alle Ölquellen? Nein, die von Edwin L. Drake, dem Prospektor, widersteht. Auch Lucky Lukes Plan, die Verbrecher durch eine Provokation hinter Schloss und Riegel zu bringen, misslingt zunächst. Die Kavallerie greift ein, und außerdem kommt es zum individuellen Endkampf zwischen Lucky Luke und dem heimtückischen Blunt, der, wie es sich bei Schurken dieses Kalibers gehört, am Ende vor lauter Rachsucht den Verstand verliert. Aber kaum scheint wieder Ruhe eingekehrt, bricht durch einen Ölfund im Gemüsegarten der ganze Wahnsinn erneut los. Jolly Jumper murrt im ganzen Abenteuer, weil er lieber im Westen geblieben wäre – ein Kollege erklärt zu seinem Unglauben, dass auch die Erde zwischen den Ölbohrtürmen einst voll saftigem Gras gewesen sei.

Edwin Laurentien Drake war der Pionier der amerikanischen Erdölförderung. Er gehört zu den typischen Vertretern der Erfinder und Entdecker, die im Auftrag reicher Unternehmer (in diesem Fall George Henry Bissell) agieren. Zu dieser Geschichte zählt der Umstand, dass Drake viele Menschen reich machte, sein eigener kommerzieller Anteil am Boom aber höchst bescheiden blieb. Am Ende seines Lebens musste ein Bürgerkommitee dafür sorgen, dass er und seine Familie wenigstens eine kleine Rente zum Überleben erhielten. Die Ambivalenz des Western setzt sich im Ölboom fort: Die »Männer der Tat«, die die Reichtümer des Landes entdeckten und eroberten, wurden von den Männern des Geldes, die Ausbeutung und Betrug einsetzten, verdrängt. Drakes Andenken wird heute im Drake Well Museum and Park in Titusville, Pennsylvania gepflegt: »Im Jahr 1859 fand Drake Öl und setzte eine Industrie in Gang, die die moderne Welt für immer veränderte.«[33]

Lucky Luke ist so genervt, dass er diesmal ohne sein Lied die Stätte des Abenteuers verlässt. Dass sein Reiseziel Texas ist, macht eine gewisse Tragik des Westens deutlich. Texas wurde zum Ölstaat par excellence.

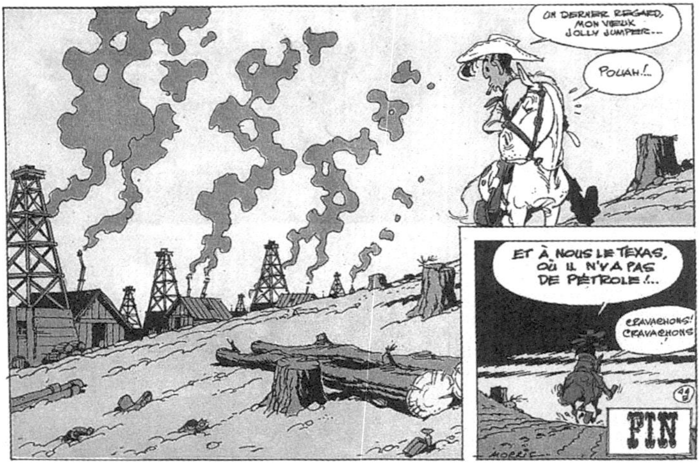

Elegisches Schritttempo statt Galopp: Das deprimierende Schlussbild in *Im Schatten der Bohrtürme* (© Morris / Dupuis)

Öl war zunächst ein wenig begehrter Stoff, es bedurfte erst der technologischen Entwicklung, um daraus das »schwarze Gold« und den Grundstein für enorme Reichtümer zu machen.

Der Film THERE WILL BE BLOOD (2007; R: Paul Thomas Anderson) erzählt davon in einer grausamen Konsequenz: Ohne Gewalt und ohne Wahn war dieser neue Reichtum nicht zu haben. Aber auch Filme wie EAST OF EDEN (1955; R: Elia Kazan) haben uns damit vertraut gemacht, wie das Öl das Gesicht der amerikanischen Landschaft und nicht zuletzt auch die Menschen darin veränderte. Das schwarze Gold veränderte noch einmal das Verhältnis zum Land und zum Boden: Aus der Wildnis war kein Garten, wohl aber Besitz geworden, erst Weide- dann Farmland, nun aber war dieser Boden nur noch Rohstofflager, und auch Morris hat in diesem *Lucky Luke*-Abenteuer (eines der am sarkastischsten auch, was das Verhalten »braver Bürger« anbelangt) seinem Helden, der dem von Selbstzweifeln geplagten Drake versichert, er werde eines Tages als Wohltäter der Menschheit anerkannt, nicht vollständig vertraut. Anders als der Goldrausch war der Ölboom ja keine denkwürdige Episode, sondern gehört zu den Grundlagen, auf denen sich die amerikanische Version des *modern life* entfalten sollte.

Mein Lieblingsbild: Für diesmal das eher deprimierende Schlussbild, in dem Lucky Luke einen Blick zurück in die verödete Landschaft von Bohrtürmen, Schloten und Ruinen wirft (und im Bild-im-Bild seine Hoffnung auf ein ölfreies Texas auch dadurch ausdrückt, dass er das Abenteuer statt im elegischen Schritttempo im Galopp verlässt).

Les Rivaux de Painful Gulch (Familienkrieg in Painful Gulch; 1961)
Lucky Luke gerät zwischen die Fronten einer Blutfehde zwischen den O'Timmins (kenntlich an ihren großen roten Nasen) und den O'Haras (die mit den großen Ohren), deren Ursache lange zurückliegt und die nur deshalb einigermaßen glimpflich (wenngleich ansonsten ausgesprochen destruktiv) verläuft, weil in beiden Familien erbarmungswürdig schlechte Schützen heranwachsen. Am Ende kann Lucky Luke, nach seinen vielen gescheiterten Versuchen, eine Versöhnung herbeizuführen, nur durch die Mithilfe der Frauen aus beiden Clans den Frieden in Painful Gulch herbeiführen.

Der historische Bezugspunkt ist die legendäre Fehde zwischen den Hatfields und den McCoys. Die Begrenzung auf einen Ort wie Painful Gulch wird dem Ausmaß dieser Auseinandersetzung allerdings nicht gerecht: Die beiden Clan-Oberhäupter, einst enge Freunde und über ein paar Missverständnissen und Vergehen (wie dem Diebstahl eines Schweins) zu erbitterten Feinden geworden, hätten es, nur wenige Zeit nach dem Bürgerkrieg, beinahe geschafft, einen neuerlichen Krieg zwischen den Staaten Kentucky und West Virginia anzuzetteln. Und es war kein einsamer Cowboy, sondern der US Supreme Court, der die Fehde unter Androhung von Staatsgewalt beendete. Aber endgültig Frieden wurde offiziell tatsächlich erst im Jahr 2003 durch einen formellen Vertrag zwischen den Familien geschlossen. 2012 wurde eine dreiteilige Miniserie nach den Ereignissen dieser blutigen Rachegeschichte gedreht, mit Kevin Costner in der Rolle des William Hatfield und Bill Paxton in der des Randolph McCoy. Mehr als bei *Lucky Luke* wird dabei deutlich, wie sehr sich da Familien-Hierarchien und atavistische Ehrencodes mit Politik und wirtschaftlichen Interessen vermischen.

Der Familiensinn war im Westen gewiss häufig ausgeprägter als der für Recht und Gesetz. Kaum hatten es die Landeigner zu etwas gebracht, errichteten sie ihre Dynastien, und umgekehrt konnten sich die Verlierer in den Weidekriegen nur zur Wehr setzen, indem sie ein starkes Zusammengehörigkeitsgefühl entwickelten. Ein Ur-

sprung, möglicherweise, der amerikanischen Krankheit: die unerträgliche Spannung zwischen Individualismus und Gruppenzwang.
Mein Lieblingsbild: Die Squaredance-Szene endet in einer Saloon-Schlägerei, bei dem der Vorsänger im Bass landet: »Tretet euch nicht auf den Fuß, denn mit dem Squaredance ist jetzt Schlu-huss!«

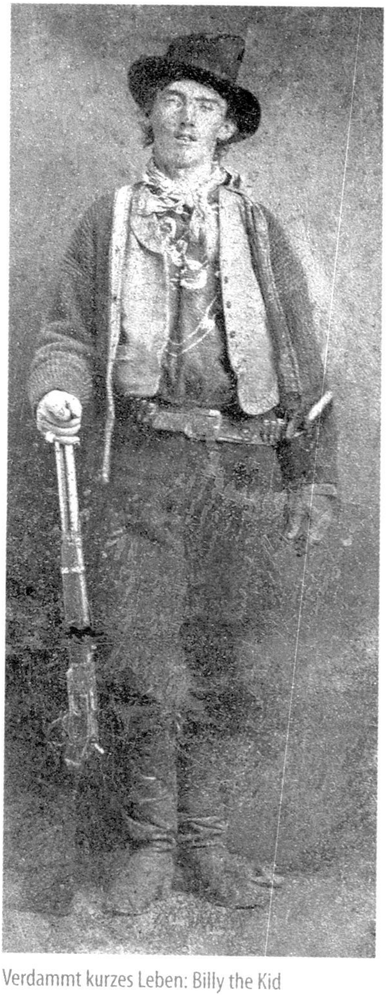

Verdammt kurzes Leben: Billy the Kid

Billy the Kid (1961)
Wer war Billy the Kid? Ein neurotischer Hitzkopf oder ein traumatisierter Antiheld, der bei seiner Rache für die Ermordung seines Arbeitgebers und väterlichen Freundes, des Ranchers John H. Tunstall, Maß und Ziel verlor und schließlich von einem ehemaligen Mitstreiter, dem Sheriff Pat Garrett, erschossen wurde. Feststeht, das Billy nur ein verdammt kurzes Leben – von 1859 bis 1881 – vergönnt war. Von den Outlaws des Westens hat Billy the Kid auf der Leinwand wohl am meisten Verständnis und Sympathie erfahren. Dass man ihn für ein Kind hielt, mag vielleicht mit den Erinnerungen von Pat Garrett zusammenhängen, einst Outlaw und Freund, dann Sheriff und Menschenjäger. In seinem Buch *The Authentic Life of Billy The Kid* (1882) berichtete er, dass das weiße Gewand, in dem William Bonney begraben wurde, entschieden ein paar Nummern zu groß für ihn war.

Bei *Lucky Luke* nimmt man das »Kid« für einmal beim Wort und zeichnet ihn als Monsterjungen, der durch seine Fama und seine Pistolenkünste Angst und Schrecken verbreitet und die konstant feigen Bürger und Bürgerinnen (von »Fort Weakly«) zwingt, seine kindischen Bedürfnisse zu befriedigen. Süßigkeiten, Kakao, Geschichten zum Einschlafen. Lucky Luke lässt ihn immer wieder auflaufen, aber es gelingt ihm auch lange nicht, denn Sheriff, das Gericht und die Geschworenen dazu zu bewegen, einen Schuldspruch zu finden. Erst nachdem er sich selber als die noch bösartigere Terrorgestalt inszeniert und die Bürger von Fort Weakly ausgerechnet Billy um Hilfe bitten, verliert der beim unvermeidlichen Showdown die Nerven und wird von Lucky Luke ganz einfach übers Knie gelegt. Am Ende wird er zu 1247 Jahren Gefängnis verurteilt, und die Daltons wissen, dass man sich besser fern von ihm hält, denn »der hat einen miesen Charakter«.

Die Billy-the-Kid-Saga gibt René Goscinny Gelegenheit, sich wieder einmal von der etwas boshafteren Seite zu zeigen. Das Por-

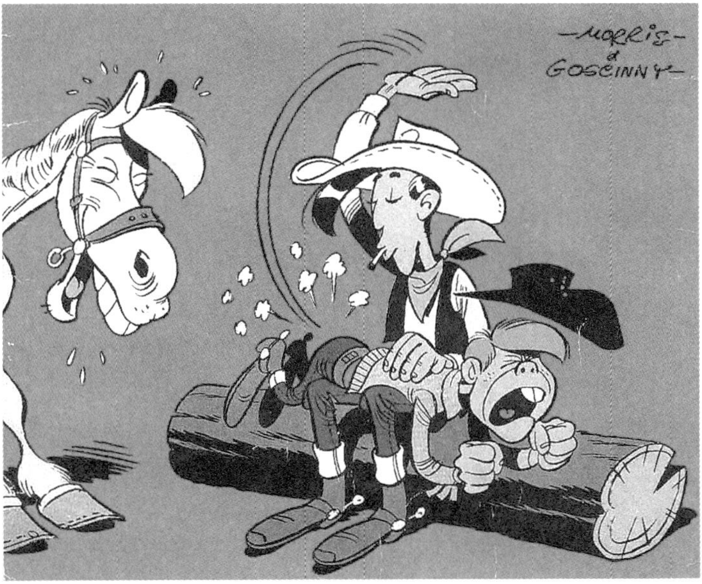

Bei *Lucky Luke* nimmt man das »Kid« für einmal beim Wort: Cover der französischen Ausgabe (© Morris / Dupuis)

trät der feigen Gesellschaft von Fort Weakly (eine Groteske der HIGH NOON-Bürgerschaft) und ihres raschen Wandels, wenn sie sich sicher fühlt, ist gewiss leicht übertragbar auf die Gegenwart.
Mein Lieblingsbild: Josh Belly (eine Karikatur von Verleger Paul Dupuis) und der Sheriff stehen im Büro und sinnieren. »Nur ein Mann, der genauso mutig ist und so geschickt mit dem Sechsschüssigen ...« Und im nächsten Bild sehen wir einen Mann auf seinem Pferd die Main Street herankommen, noch fern, aber die Shilhouette ist unverkennbar: Das kann nur einer sein. Und man hört förmlich die Musik, die diesen ersten Auftritt des »Town Tamer« begleitet.

Les Collines noires (Die schwarzen Berge; 1961)
Wieder einmal hat Lucky Luke den Auftrag, Menschen durch den Westen zu begleiten, die für das raue Leben hier nicht eben geschaffen scheinen. Diesmal handelt es sich um vier verschrobene Wissenschaftler, die er über die schwarzen Berge begleiten soll, damit sie erkunden, ob sich eine Besiedlung lohnt, darunter Sigismund Freudenreich, der sich im Übrigen als exzellenter Fechter entpuppt. Wieder einmal hat jemand, ein gewisser Senator Sturmwind, etwas dagegen, wieder einmal gilt es, allen Feinden und Gefahren zu trotzen, und wieder einmal haben die zu begleitenden Personen keine Ahnung von den Gepflogenheiten des Grenzlandes und erweisen sich gerade deshalb als resistent gegen die tückischsten Anschläge. Wirft man dem Professor Armin Kern eine Klapperschlange vor die Füße, interessiert sich der nur für »dieses interessante Reptil«, das er arglos hinterm Kopf packt. Einer der, wie üblich, vom Bösewicht aufgehetzten »Indianer«, Kleiner Kläffer, bringt es am Ende zu einem Lehrstuhl an der Wiener Universität.
Mein Lieblingsbild: Lucky Luke führt die Wissenschaftler hinaus in die Prärie, den fernen Bergen entgegen. Zwei Kavalleristen und ein Barkeeper sehen ihnen nach: »Schade um die tüchtigen Männer«.

Les Dalton dans le blizzard (Die Daltons im Blizzard; 1962)
Während einer kleinen Geburtstagsfeier im Gefängnis sind die Daltons mal wieder ausgebrochen. Um dem ewigen Wieder-eingefangen-Werden zu entgehen, beschließt Joe, dass man sich nach Kanada davonmacht. Zur Tarnung nimmt man den Namen Jones an, was Averell aber intellektuell heillos überfordert. In Kanada bekommen sie es allerdings mit Korporal Pendergast zu tun, des-

sen natürliche Autorität keineswegs darunter leidet, dass er nie etwas anderes trinkt als ein Glas Tee mit einem Tröpfchen Sahne. Die Daltons taugen als Holzfäller sehr viel weniger denn als Banditen, aber Rantanplan (der zum Erstaunen von Pendergast nicht einmal schwimmen kann) bewährt sich (auf die ihm eigene Art) als Schlittenhund.

Die Gründung der North West Mounted Police geht auf einen Beschluss der kanadischen Regierung aus dem Jahr 1873 zurück und sollte Recht und Ordnung in den dünn besiedelten Nordwest-Territorien ermöglichen. Im Gegensatz zu vergleichbaren nordamerikanischen Institutionen waren die Mounties mit ihren roten Uniformen bemüht, sich mit den Natives gerecht und respektvoll zu arrangieren. So entstand eine Situation, die man kaum unterschiedlicher zeichnen kann: Dort das Paradies der Gesetzlosen und der Genozid, hier eine zivilisierte und legalistische Form der Transformation. Der Mountie ist ein Gegenbild zum ungehobelten amerikanischen Westerner, und es ist nicht zuletzt dieses Image, das den »Rotröcken« auch noch Autorität verleiht, als der Goldrausch am Yukon auch hier eher zweifelhafte Charaktere anlockt. 1904 wird die Truppe denn auch in Anerkennung ihrer Verdienste in Royal Mounted Police umbenannt.

Der berühmte Film um die Rotröcke stammt von Cecil B. DeMille: NORTH WEST MOUNTED POLICE (Die scharlachroten Reiter; 1940) mit Gary Cooper und Paulette Goddard; immerhin bekannt wurden auch PONY SOLDIER (Der rote Reiter; 1952; R: Joseph M. Newman) mit Tyrone Power und SASKATCHEWAN (1954; R: Raoul Walsh) mit Alan Ladd. Fabio Testi spielte einen Mountie in GIUBBE ROSSE (Die Rotröcke; 1974; R: Aristide Massaccesi), der sich während der Verfolgung eines Outlaws in dessen Braut verliebt.

Mein Lieblingsbild: Lucky Luke reitet durch eine Monument-Valley-Landschaft, Rantanplan im Schlepptau, der partout in die entgegengesetzte Richtung will: »So wie 'ne Kompassnadel, die ständig nach Süden zeigt«.

La Caravane (Kalifornien oder Tod; 1962)

Lucky Luke begleitet einen Planwagentreck, komplett mit Leichenbestatter, schaurig fluchendem Treckführer mit Namen Ugly, französischem Barbier, Schulklasse und verrücktem Erfinder, ins mehr oder weniger gelobte Land Kalifornien. Sabotage, Indianer und Lausbubenstreiche machen das Unternehmen unsicher. Die

Geschichte mit den Indianern, die eine Wagenburg umreiten, wird diesmal etwas anders aufgelöst, sodass ausnahmsweise nicht einmal die Kavallerie zur rechten Zeit kommen muss.

Die großen Trecks der Siedler in den Westen, mit Planwagen, Ochsen und Mulis, vollzogen sich als lange und gefahrvolle Reisen, die meistens von einem Wagon Master, dem Chef und Organisator, und einem oder mehreren Scouts bzw. bewaffneten Professionals begleitet wurden. Oft war ein solcher Treck nahezu ein halbes Jahr unterwegs, in dem sich eine mobile Gesellschaft mit allen Vor- und Nachteilen bildete. Wie in Lucky Lukes entsprechendem Abenteuer begegneten sich dabei Menschen sehr unterschiedlicher Herkunft und mit unterschiedlichem kulturellem Wesen.

Der Film, mit dem sich dieses Motiv als Grundlage für den »epischen« Teil des Genres etablierte, stammt von Raoul Walsh: THE BIG TRAIL von 1930 war die erste Großproduktion eines Western. Dem Regisseur gelang es dabei, das Pathos und den Aufwand mit der zweiten Genre-Tugend zu unterlaufen: »Raoul Walsh setzt freilich dem pompösen Wesen des Subgenres einen poetisch-lässigen Stil entgegen, der so schön und locker wirkt wie der unnachahmliche Gang von John Wayne. THE BIG TRAIL ist so weniger ein heroischer Pionierwestern als vielmehr – wie viele spätere Walsh-Filme, etwa PURSUED oder COLORADO TERRITORY – ein Trip in eine amerikanische *terrain vague*, ein Road Movie durch innere und äußere amerikanische Welten, durch unschuldige Landschaften der Sehnsucht und der Unwägbarkeit« (Hans Schifferle).[34]

Mein Lieblingsbild: Lucky Luke tiefenentspannt auf einer Seifenkiste auf einer Veranda, die Stiefel (löchrige Sohle!) aufs Geländer gelegt. Ein paar Panels weiter, in denen ein gewisser Frank Malone als Scout unverschämte Forderungen gestellt hat und so aggressiv wurde, dass ihm die Pistole aus der Hand geschossen werden musste, sitzt Lucky Luke in der genau gleichen Position und mit den genau gleichen geschlossenen Mittagsschläfchen-Augen da – nur sein rauchender Colt belegt, was in der Zwischenzeit geschehen ist.

La Ville fantôme (Goldrausch!; 1963)

Lucky Luke wird von zwei Falschspielern in die Stadt Gold Hill begleitet, die sich unentwegt neue Listen ausdenken. Die Stadt scheint verlassen, nur der alte Powell wacht und vertreibt die Eindringlinge nach dem nahen Bingo Creek. Miles Denver und Bill Dallas besorgen sich durch ihre Tricks das nötige Geld und versuchen nun, dem alten Powell die Mine abzuluchsen, um sie – nach der entsprechenden »Impfung« (Goldspuren werden ins Gestein geschossen) – lukrativ zu verkaufen. Dummerweise lässt Dallas die Geschichte vom Goldfund schon publizieren, bevor der Kaufvertrag unterzeichnet ist. Die wiedererwachte Stadt wird nach ihrem von Lucky Luke erzwungenen Geständnis abermals zur Geisterstadt. Oder doch nicht? Lucky Luke kann die Bewohner davon überzeugen, dass man eine Stadt auch ohne Gold bewohnen kann. Und dann findet Powell doch noch Gold. Was ihn vor eine schwere moralische Entscheidung stellt. Und aus Gold Hill wird eine landwirtschaftliche Metropole, (vermutlich) das heutige Denver, Colorado.

Miles und Bill sorgen für die Running Gags, da der Große dem Kleinen nahezu unentwegt auf den Kopf haut, wenn der etwas sagen will, was natürlich besonders misslich ist, wenn man sich gerade einen neuen Hut besorgt hat. Erst am Ende, als sie beide gefesselt der gerechten Strafe entgegensehen müssen, will der Große dem Kleinen »das Wort erteilen«. Aber der kennt ohnehin nur eine Art, schwierige Entscheidungen zu treffen: »Das pokern wir aus«. Ansonsten verlassen sie keine Stadt, ohne zuvor geteert und gefedert worden zu sein.

Mein Lieblingsbild: Ein Bulle kommt in einen Saloon und muss von Lucky Luke und Jolly Jumper (»Ich weiß, was ich zu tun habe«) nach Cowboy-Art mit dem Lasso wieder herausgeholt werden.

Les Dalton se rachètent (Die Daltons bewähren sich; 1963)

Neue wissenschaftliche Erkenntnisse zur Resozialisierung sollen nun auch den Daltons zugutekommen: Einen Monat sollen die vier in Freiheit verbringen; wenn sie sich in dieser Zeit nichts zuschulden kommen lassen, bleiben sie frei. Zunächst fällt es den Daltons schwer, ihre Mitbürgerinnen und Mitbürger davon zu überzeugen, dass sie ehrbar werden wollen. Natürlich hat insbesondere Joe nichts anderes im Sinn, als sich nach Ablauf der Frist an Lucky Luke zu rächen, der das Experiment überwacht. Dummerweise verlassen sie sich bei der Zählung auf Averell, und deswegen bricht das wahre Wesen der Daltons um ganze zwei Tage zu früh wieder auf. So geht es zurück ins Gefängnis.

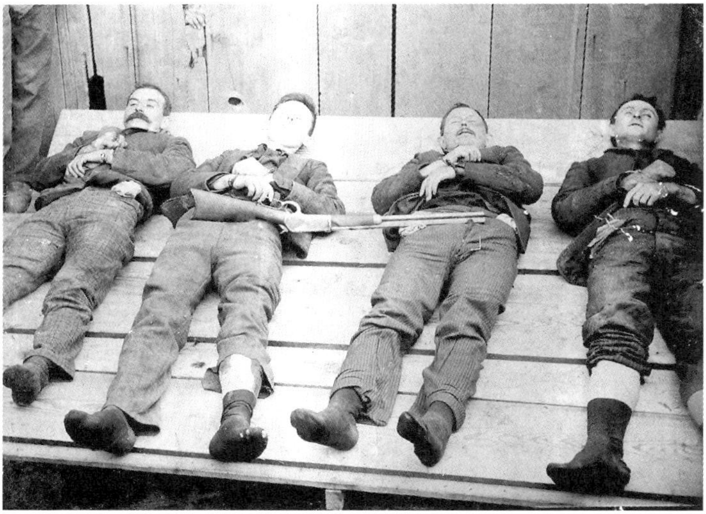

Die Leichen von Bill Power, Bob Dalton, Grat Dalton und Dick Broadwell, die 1892 bei einer Schießerei nach einem Banküberfall ums Leben kamen; Power und Broadwell gehörten zur Dalton-Bande.

Wer an die Resozialisierbarkeit von Leuten wie den Daltons glaubt, kommt in *Lucky Luke* schlecht weg. Sie sind nun einmal dazu verdammt, gefährlich *und* dumm zu sein. Ihre Gefährlichkeit macht sie dumm, und ihre Dummheit macht sie gefährlich. Viermal Sisyphos und sie rollen ihren tückischen Stein nur hinauf, um ihm auf dem Weg nach unten hinterher zu laufen. Und einmal mehr kommt und kommt Rantanplan nicht darauf, wer der Kerl im gelben Hemd und dem weißen Hut eigentlich ist.

Mein Lieblingsbild: Lucky Luke trägt einen Anzug und hat seine Tolle pomadiert, um sich den hohen Herren in Washington zu präsentieren: Als Jolly Jumper darüber nur wiehern kann, präsentiert ihm sein Cowboy einen Paradesattel, ach was, ein Sättelchen: »Ich komme mir richtig verkleidet vor!«

Le 20ème de cavalerie (Lucky Luke reitet für die 20er Kavallerie; 1964)

Die vordem friedlichen Cheyenne brechen die Verträge, die Lucky Luke selbst einst mit ihnen aushandeln half (in *Die blauen Hügel*) und überfallen durch ihr Land Reisende. So wird Lucky Luke ausgesandt, die Sache zu untersuchen. Er gelangt zunächst zu einem

Fort, dessen Kommandant Colonel McStraggle absolut keinen Hang zu Diplomatie und Friedensverhandlungen zeigt. Unter seinem Kommisston und ständiger Bestrafung leidet vor allem sein Sohn, der unter keinen Umständen eine bevorzugte Behandlung erfahren soll und deswegen für jedes kleinste Vergehen militärisch bestraft wird. Lucky Luke setzt sich gegen alle Widerstände für den Frieden ein, auch wenn das einen Zug aus der Friedenspfeife bedeutet, die niemand gut verträgt, auch die Cheyenne selber nicht.

Eine Parodie auf die vielen Vater-Sohn-Geschichten im Western, natürlich nicht zuletzt auf John Fords RIO GRANDE (1950). Und ein Abenteuer voller Running Gags – über das Kartoffelschälen als militärische Maßnahme, indianische Namen und die westerntypisch unsachgemäße Handhabung von Hüten (sie sind so durchlöchert, dass man mit ihnen nicht einmal mehr Wasser zum Löschen eines Feuers transportieren kann).

Mein Lieblingsbild: Vier Bilder untereinander: Die Cheyenne erwarten stoisch den Feind, der übliche Verräter-Aufwiegler will sie zur Aktion antreiben und reitet mit den Worten »Wir greifen an! Vorwärts!« Gegen die Kavallerie, während die Cheyenne weiterhin unbewegt auf ihren Pferden ver-

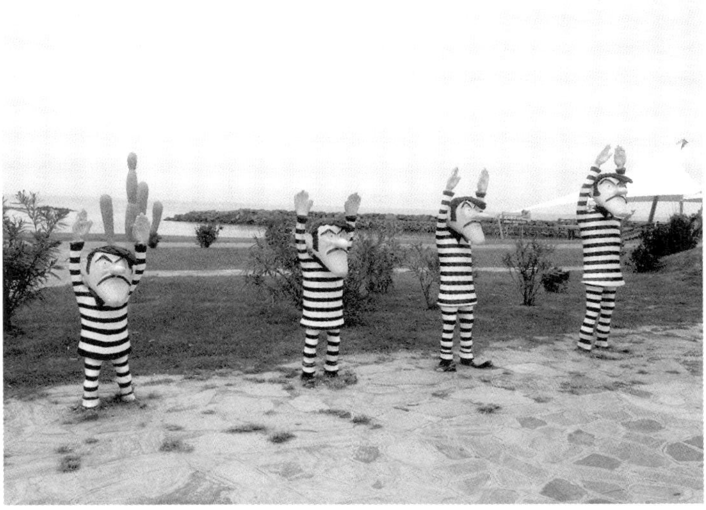

Ihre Gefährlichkeit macht sie dumm, und ihre Dummheit macht sie gefährlich: Dalton-Figuren in Samsun, Türkei harren. Danach kommt der Verräter, von den Kavalleristen beschossen, kleinlaut zurück. Die Cheyenne haben bei alledem nicht einmal mit den Wimpern gezuckt.

L'Escorte (Die Eskorte; 1964)

Billy the Kid ist wieder da. Als Lucky Luke ein Telegramm vom Gefängnis erhält, glaubt er zunächst, die Daltons seien wieder einmal ausgebrochen. Aber tatsächlich soll er seinen alten (naja, was heißt schon alt) Widersacher Billy the Kid von Texas nach New Mexico bringen, aus juristischen Gründen. Unterwegs zeigt sich, dass die bösartige Fama des kindlichen Revolverhelden noch intakt ist. Deshalb scheint es auch nur eine Frage der Zeit, wann sich Billy mithilfe der feigen und korrupten Bürger befreien wird. Ein gewisser Bert Malloy, ein, nach eigenen Worten, ganz kleiner Desperado, versucht, ihm andauernd zur Flucht zu verhelfen, in der Hoffnung auf einen Anteil an der versteckten Beute des berühmten Banditen. In Städten wie Boulbus Town jedenfalls, die nur aus verwandtschaftlich verbundenen Sheriffs, Bürgermeistern und Totengräbern bestehen und bei Bedarf die Ämter rotieren lassen, hat Lucky Luke wenig Unterstützung zu erwarten. Natürlich bringt er trotz aller Widrigkeiten den Gefangenen an seinen Bestimmungsort – wo Billy the Kid zu seinen 1247 Jahren Steineklopfen noch fünf Dollar Strafe obendrauf bekommt, weil er einst sein Pferd im absoluten Halteverbot vor dem Saloon geparkt hatte, – und wieder zurück in sein Gefängnis. Der Rückweg verläuft ohne nennenswerte Zwischenfälle, denn der Gefangene und der mittlerweile ebenso gefangene Befreier sind so wütend aufeinander, dass sie sich gegenseitig bewachen.

Auch die Geschichte vom Gefangenentransport ist ein wiederkehrendes Motiv im Western. Der berühmteste Film ist diesbezüglich wohl 3:10 TO YUMA von Delmer Daves (1957) nebst seinem Remake aus dem Jahr 2007 von James Mangold. Ein armer Kerl muss, um seine Schulden nach einer Missernte auf seiner Farm zu begleichen, einen gefährlichen Banditen auf seinem Weg zum Gericht bewachen, den andere unbedingt und nicht aus ehrenwerten Motiven befreien wollen.

Mein Lieblingsbild: Das allererste. Lucky Luke jagt bei einem Rodeo mit dem Lasso einem Rind nach, der Ansager kündigt ihn als 25. und letzten Teilnehmer an, Jolly Jumper korrigiert: »Lucky Luke und Jolly Jumper!«

Des barbelés la prairie (Stacheldraht auf der Prärie; 1965)
»Don't fence me in«, pflegte der Cowboy zu singen; für ihn war Stacheldraht – *barbed wire* – das Ende der Freiheit oder auch, prosaischer, das Ende seines Berufs. Kirk Douglas in LONELY ARE THE BRAVE (1962; R: David Miller)[35] stirbt am Stacheldraht; er ist nicht der Einzige. Aber der Stacheldraht war auch das Instrument, den Machthunger der Viehbarone zu begrenzen und auch sie unter das Gesetz des Besitzes zu stellen. Ein Jahrzehnt lang dauerte der Kampf zwischen Farmern und Ranchern um Weide- und Pflanzland; maskierte Männer pflegten die Stacheldrahtzäune zu zerschneiden, wenn es ohne Schießerei abging, war er an den Tagen danach wieder errichtet. Der *range war*, der Weidekrieg, konnte erst durch das strikte Eingreifen der Staatsmacht beendet werden.

Der Konflikt um den Landbesitz und die Nutzungsrechte wurde vor allem in den »populistischen« Western der dreißiger Jahre behandelt, in denen es um die Frage nach der Verantwortung und der Begrenzung der kapitalistischen Ausbeutung ging und auffallend oft das Recht der »kleinen Leute« zum Widerstand gegen die Großgrundbesitzer betont wurde, selbst dort, wo er sich nicht durch das Gesetz legitimieren lässt.

Mein Lieblingsbild: Die mit Stacheldraht umwickelte Kutsche: Ein Bild wie von der begnadeten Surrealistin Louise Bourgeois.

Calamity Jane (1965)
Sie war Postkutschenfahrerin, Saloondame, Krankenschwester, Goldgräberin und Scout für General Custers Truppen – oder zumindest war das ihre Legende; verbürgt sind jedenfalls ihre Angewohnheit, Männerkleidung zu tragen, ihre Fähigkeit im Umgang mit Schießeisen, das Priemen und der Hang zum Alkohol.

Calamity überrascht den Cowboy, der mal wieder ein Bad im Fluss nimmt und daher unbewaffnet einem Angriff der Indianer ausgesetzt war. Was wieder einmal Calamitys Meinung bestätigt, dass Baden etwas Gefährliches ist. Nachdem sie ihm am Lagerfeuer ihre Lebensgeschichte erzählt hat, reiten sie gemeinsam nach El Plomo, wo Jane erstmal mit solch altmodischen Sitten wie dem Damenverbot im Saloon aufräumt und dann dem Besitzer, dem aalglatten August Oyster, das Etablissement abnimmt, indem sie im Armdrücken seinen stärksten Mann, Baby Sam, bezwingt. Da

Oyster mit dem Saloon finstere Pläne hegte, will er ihn um jeden Preis zurück. Unterdessen führt Calamity Jane ein Damenkränzchen ein und engagiert gar einen (sehr) britischen Benimmlehrer namens Robert Gainsborough – mit den Zügen des Hollywood-Briten David Niven – der am Ende seiner Bemühungen allerdings ein waschechter Westerner geworden ist und so gut spucken, fluchen und schießen kann wie seine wahre Lehrmeisterin. Der Versuch, aus Calamity eine vornehme Lady zu machen, entfaltet sich ein wenig wie die Transformation von Bette Davis' Apple Annie in DIE UNTEREN ZEHNTAUSEND (1961; R: Frank Capra), endet dann aber doch (ein Indianerüberfall auf die Stadt musste auch noch abgewehrt werden) damit, dass sie ihr altes Leben wieder aufnimmt. Natürlich sind sie und Lucky Luke beste Freunde geworden, auch wenn sich ihre Wege trennen.

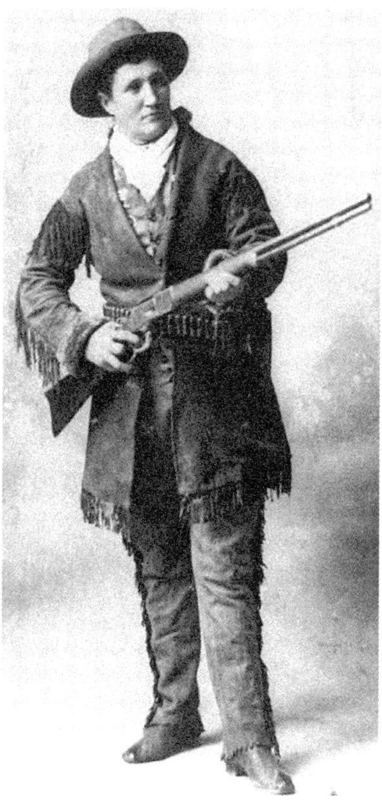

Männerkleidung, Schießeisen, Alkohol: Calamity Jane, 1895

Calamity Jane hat weitere Auftritte in den Bänden *Die Jagd nach dem Phantom*, *Die Daltons in der Klemme* und in Ralf Königs Hommage-Band *Zarter Schmelz*. Der übrigens erklärte *Calamity Jane* zu seinem Lieblings-*Lucky-Luke*-Band: »Das war das erste Album, das mir meine Mutter gekauft hat. Und diese ungebundene, priemende, spuckende und schusswaffenmächtige Lady hat mich einfach umgehauen. Ich konnte das Album Wort für Wort auswendig.«[36]

Von der seltsamen Tragödie dieser Frau erfahren wir in *Lucky Luke* natürlich

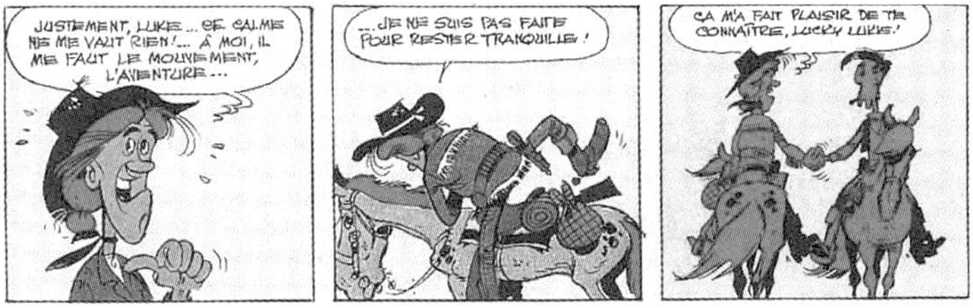

Beste Freunde: Goscinny und Morris behandeln Calamity Jane mit gebührendem Respekt – wie ihr Cowboy (© Morris / Dupuis)

allenfalls indirekt. Sie endete wie viele abgehalfterte Westernhelden 1893 in Buffalo Bills Wildwest-Show, verscherzte es sich aber wegen ihrer Alkoholexzesse immer wieder mit ihren Arbeitgebern und starb mit nur 51 Jahren einsam in einem Hotelzimmer. Ein besonderes Dokument sind die Briefe an eine Tochter, die sie nie abgeschickt hat, womöglich weil diese Tochter nie existierte, in denen sie ihr Leben und ihre Haltung zu den Dingen zu erklären suchte. Im *Lucky Luke*-Album findet das seinen Widerschein in den ständig ausgeschmückten und variierten Erzählungen ihrer Lebensgeschichte, der sie gern hinzufügt, dass sie auch als große Lügnerin bekannt sei.

Der Film, auf den am meisten Bezug genommen wurde, ist vermutlich Cecil B. DeMilles THE PLAINSMAN (Der Held der Prärie; 1936), in dem Jean Arthur als Calamity zwischen Wild Bill Hickok (Gary Cooper) und Buffalo Bill (James Ellison) steht. Die darauffolgenden Filme unter anderem mit Doris Day in der Rolle, waren eher milde Parodien. Erst Ellen Barkin in Walter Hills WILD BILL (1995) und Robin Weigert in der Serie DEADWOOD gaben der Figur wieder dramatische Würde, während der Animationsfilm CALAMITY (2020; R: Rémi Chayé) in die Kindheit der Frau führt, die mit ihrem unstillbaren Freiheitsdrang in der Planwagenwelt der Pioniere überall an Grenzen stößt. An die Stelle des Mythos von der Frau in Männerkleidung tritt hier der vom proto-feministischen Mädchen, das sich die Schönheit und Freiheit des Westens nicht nehmen lassen will.

Calamity Jane ist die erste große Frauenfigur in *Lucky Luke*, und wir wollen nicht unerwähnt lassen, dass René Goscinny und Morris, wie ihr Cowboy, sie bei aller Ironie mit gebührendem Respekt behandeln.

Mein Lieblingsbild: Calamity und Lucky Luke reiten in die Stadt El Plomo mit all den üblichen Zutaten einer Western-Town: Saloon, Hotel, Mietstall, Mexikaner bei der Siesta, Barber und angebundene Pferde. Und Lucky sagt, dass er seltsamerweise schon einmal eine Stadt erlebt hat, die genau so ausgesehen hat.

Tortillas pour les Dalton (Tortillas für die Daltons; 1966)
Die Geschichte beginnt damit, dass Joe Dalton beschließt, seinen Frieden mit dem Aufenthalt im Gefängnis zu machen und das Ausbrechen sein zu lassen. Zur Bestätigung hängt er ein Schild in der Zelle auf: »Home is where your heart is«. Dann aber beschließen die vier (genauer gesagt: drei beschließen und einer wäre jetzt doch lieber geblieben) bei ihrem nächsten Ausbruch, die Grenze nach Mexiko zu überschreiten. Dabei geraten sie in die Bande von Emilio Espuelas, des gefürchtetsten Banditen von ganz Mexiko. Aber auch Lucky Luke überquert den Rio Grande und wirft sich in mexikanische Schale, um ihrem Treiben ein Ende zu machen. Als der mexikanische Botschafter Lucky Luke eine Medaille verleihen will, wird er vom amerikanischen Minister informiert: »Oh, wissen Sie, Herr Botschafter, Lucky Luke hält es nie lange an einem Ort aus, denn er ist ein einsamer Cowboy und immer ganz weit weg von zu Hause«. So ist es.

Im Unterschied zum Vorgänger ist *Tortillas für die Daltons* wieder eine eher Plot-getriebene Geschichte.

Mein Lieblingsbild: Lucky Luke – die Sonne steht hoch am Himmel – reitet mit Rantanplan vorneweg in einen mexikanischen Ort »mit dem stolzen Namen Xochitecotzingo«. Nur Hahn und Henne schlafen hier nicht.

La Diligence (Die Postkutsche; 1967)
Bei Wells Fargo & Co. herrscht Panik: Die ständigen Überfälle führen dazu, dass sich niemand mehr traut, mit der Kutsche zu reisen. Daher bittet der Direktor Lucky Luke, die Postkutsche zu eskortieren, die von Hank Bully, einem wahren Fluchgenie gelenkt wird. Die Passagiere sind eine STAGECOACH-erprobte Mischung von Westerntypen: Ein Fotograf, ein erfolgreicher Goldgräber, ein (scheinbarer) Prediger, ein Buchhalter samt Gattin, und der Falschspieler Scat Thumbs, der die Reise nicht ganz freiwillig unternimmt. Alles, was genremäßig auf einer Postkutschenfahrt durch den Westen passieren kann, passiert auch, allerdings ist

die Gegenwart des Fotografen dazu geeignet, alle Episoden der gefahrvollen Reise, einschließlich der Begegnung mit Black Bart, dem Räuberpoeten, stets anders verlaufen zu lassen als erwartet. Zu den Fährnissen einer solchen Reise gehört es, dass es auf den Poststationen nie etwas anderes zu essen gibt, als Kartoffeln und Speck – das heißt einmal gibt es doch Rindfleisch mit Bohnen, was natürlich dem Wettgenie von Scat zu verdanken ist. Und unnütz zu sagen: Da ist ein Verräter in den eigenen Reihen. Und dabei kommt auch die immer wieder gern genommene Szene mit dem Colt in der Bibel zum Einsatz.

Die Transportgesellschaft Wells Fargo wurde im März 1852 von Henry Wells, William G. Fargo und anderen Gesellschaftern in New York gegründet, zunächst für Bankgeschäfte und Expressdienste wie Goldtransporte. Ab 1858 wurde von der Firma die Overland Mail Company gegründet, die Post zwischen St. Louis und San Francisco beförderte. Daraus entstand die Postkutschenlinie, die für ihre Schnelligkeit bekannt wurde (denn man reduzierte die Aufenthalte auf ein Minimum und die sechsspännigen Gefährte entsprachen dem State of the Art (Berühmt wurde die Concord Coach vom Wagenbauer J. Stephens Abbot: Mark Twain nannte sie »eine imponierende Wiege auf Rädern«). Wells Fargo übernahm dann 1861 auch Teile des Pony Express (siehe S. 156) und war im Jahr 1866 nahezu Monopolist bei der Beförderung im Westen. Die bediente Strecke umfasste 3000 Meilen und den Weg von Nebraska bis Kalifornien und führte auch zu den Goldgräberterrains in Montana. Wells Fargo kauften sich schließlich auch in den Schienenverkehr der transkontinentalen Linie ein. Bis zum Beginn des Ersten Weltkriegs war Wells Fargo die bedeutendste Transport- und Passagierlinie in den USA, aber 1918 wurde der Schienen- und Transportverkehr verstaatlicht, und die Firma zog sich aufs Bankgeschäft zurück.

Eine Reihe von Filmen nach John Fords epochalem STAGECOACH (1939) wählten die Postkutschen im Allgemeinen und die von Wells Fargo insbesondere zum Hauptmotiv (als Leitfossil und »gewöhnliches« Transportmittel ist die Kutsche ohnehin omnipräsent). Einen Comic-Bezugspunkt bildet *Die Briefträger des Westens* von William Vance (Zeichnungen) und Yves Duval (Szenario), 1967 in *Tintin* erschienen (eine deutsche Version veröffentlichte man 2004 in *Zack*). Der Gastauftritt von Alfred

Hitchcock als Barkeeper ist, im Gegensatz zur Wallace-Beery-Ähnlichkeit des fluchenden Kutschers Hank Bully, ein Bruch mit dem Genrerahmen.

Black Bart, der eigentlich Charles E. Boles hieß, hinterließ bei seinen Postkutschenüberfällen stets mehr oder weniger gelungene Gedichte. Seine Aversion gegen die Postkutschenlinie und ihre Mitarbeiter mochte auf einen Vorfall aus seiner Zeit als Goldgräber zurückzuführen sein, von dem er in einem Brief an seine Frau Andeutungen gemacht hatte, bevor er im Bad Men's Territory verschwand. Als er durch einen Detektiv namens James B. Hume schließlich doch überführt werden konnte, zeigte er sich im Gefängnis St. Quentin so ordentlich und bemüht, dass er nach vier Jahren wegen guter Führung entlassen wurde. Danach gelang es ihm, spurlos zu verschwinden.

Für französische Leser älteren Semesters erscheint die Nebengeschichte der »emanzipierten« Ehefrau – die matronigste unter den Matronen in *Lucky Luke* – eine direkte Übernahme ausgesprochen populärer Karikaturen des Illustrators Albert Dubout, der Voltaire, Rabelais und Prosper Mérimées Werke mit Zeichnungen versehen hatte und der es liebte, den »Geschlechterkampf« in

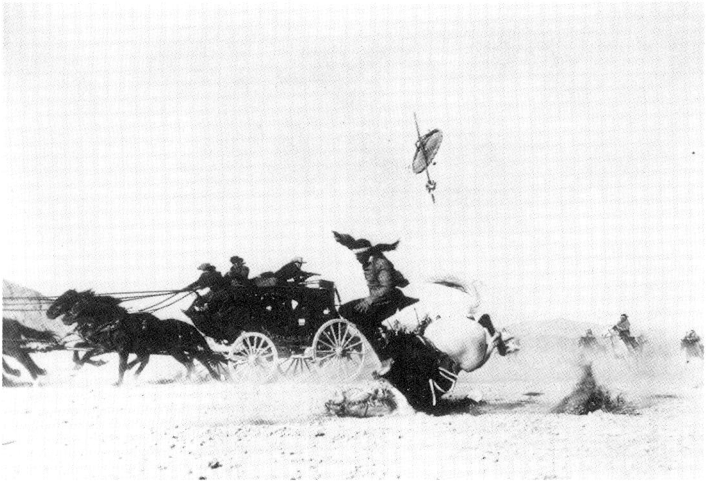

STAGECOACH als Vorlage: Alles, was genremäßig auf einer Postkutschenfahrt durch den Westen passieren kann, …

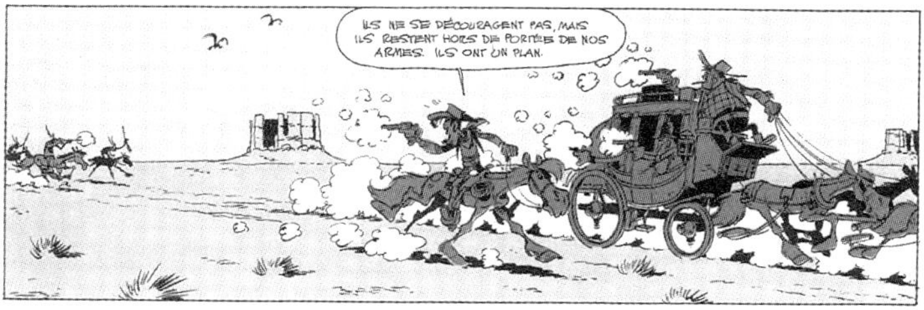

... passiert auch in *Die Postkutsche* (© Morris / Dargaud)

beide Richtungen zu persiflieren. (Darunter fällt natürlich auch, dass sich die Eheleute siezen.) Zu den Mühen der Reise gehört es, dass es, wie erwähnt, von Station zu Station wenig abwechslungsreiche Gerichte gibt: Speck mit Kartoffeln, Kartoffeln mit Speck oder Speckkartoffeln – natürlich ein Highlight für's unvermeidliche *Lucky Luke*-Kochbuch.[37]

Bei einem der Running Gags hatte man es mit der *sophistication* offensichtlich so übertrieben, dass man die entsprechenden Szenen in den Neuauflagen revidierte: Die Postkutschenpferde haben von Station zu Station andere (der jeweiligen Situation entsprechende) Namen, doch einmal wechseln die Namen mitten in der Fahrt, und es gibt sogar einen Fahrgast, dem das auffällt. Dies ist im Übrigen eines der Kunststückchen von Goscinny, die ihm kaum einer nachmacht: Sich noch über die eigene Gag-Konstruktion oder über selbst erzeugte Erzählregeln lustig zu machen.

Mein Lieblingsbild: Die Salzwüste. Endloses Weiß. Jedenfalls Panel füllend. Ganz weit hinten, ganz klein der Reiter, die Kutsche und ein wenig Salzstaub, die sie aufwirbelt.

Le Pied-Tendre (Das Greenhorn; 1967)

Der junge britische Adelige Waldo Badmington will das Erbe antreten, das ihm der alte Baddy hinterlassen hat: eine etwas verwilderte Ranch, auf der der Indianer Sam wohnt. Baddys letzter Wille besagt auch, dass niemand anderes als Lucky Luke den jungen Mann (nebst seinem Butler, der eine wunderbare Nebenfigur abgibt) beschützen soll. Das erweist sich rasch als notwendig, denn der Besitzer der Nachbarranch, Jack Ready, will sich seiner entledigen. Weiteres Ungemach entsteht aus der Tatsache, dass sich die Leute der Gegend gern mit dem geckenhaften Greenhorn anlegen.

Aber Waldo akklimatisiert sich so rasch, dass er seinen Widersacher erledigen kann und sich selbst als rauen Westmann etabliert.

Die Geschichte des Greenhorn ist ein immer wieder aktualisiertes Motiv im Western. Sie ist zum Beispiel das dramatische Gerüst von William Wylers THE BIG COUNTRY (Das weite Land; 1958) mit Gregory Peck. Ein anderes filmisches Vorbild, noch deutlich davor entstanden, ist die Komödie RUGGLES OF RED GAP (Ein Butler in Amerika; 1935; R: Leo McCarey) mit Charles Laughton, die für die Rolle von Butler Jasper das Modell war. Es gibt auch in den Comics eine Entsprechung: *Der Mann, der keine Feuerwaffen mochte* von Wilfrid Lupano (Szenario) und Paul Salomone (Zeichnungen) etwa erzählt die Geschichte des britischen Dandy Byron Peck im Wilden Westen, der in Wahrheit ein raffinierter Komplize in einem Betrugsspiel ist, mit tiefschwarzem Humor. Auf die Beschreibung, die ein gewisser Karl May für seine deutschen Leser gibt, trifft die Charakterisierung des Greenhorn nur teilweise zu: »Lieber Leser, weißt du, was das Wort Greenhorn bedeutet? – – eine höchst ärgerliche und despektierliche Bezeichnung für denjenigen, auf welchen sie angewendet wird. Green heißt grün, und unter *horn* ist Fühlhorn gemeint. Ein Greenhorn ist demnach ein Mensch, welcher noch grün, also neu und unerfahren im Lande ist und seine Fühlhörner behutsam ausstrecken muß, wenn er sich nicht der Gefahr aussetzen will, ausgelacht zu werden«, aber auch: »Ein Greenhorn ist ein Mensch, welcher nicht von seinem Stuhle aufsteht, wenn eine Lady sich auf denselben setzen will; welcher den Herrn des Hauses grüßt, ehe er der Mistreß und Miß seine Verbeugungen gemacht hat.«[38] Von solch bürgerlichem Wohlverhalten haben Greenhorns im (amerikanischen) Western eher zu viel als zu wenig.

Mein Lieblingsbild: Das Titelbild zeigt den vollendeten Gentleman, der nur seinen Hut festhält, während ihn die rauen Gesellen des Western mittels eines Tuches in die Luft befördern.

Dalton City (Dalton City/Dicke Luft in Dalton City; 1968)

Joe Dalton wird entlassen, befreit seine Brüder und die vier verwandeln die Geisterstadt Fenton Town in ein Zentrum für Banditen und Abenteurer. Wieder einmal gelingt es den Daltons, Lucky Luke in ihre Gewalt zu bringen und ihn zum Zwangskunden ihrer gastronomischen und kulinarischen Versuche zu machen. Die

Brüder geraten allerdings (nicht ohne Zutun von Lucky) über Hochzeitspläne mit der üppigen Sängerin Lulu in Streit. Die große Hochzeitsfeier verläuft anders als geplant, und die Kavallerie kommt auch wieder einmal rechtzeitig, damit die versammelten Desperados in Dalton City festgesetzt werden können.

Unschlagbarer Gag: Rantanplan, wie Averell ein Allesvertilger, hat eine Seifensuppe geschlürft und ist verdutzt: »Komisch. Ich bin hier wohl der einzige, der beim Sprechen Blasen macht«. Ansonsten ist der Band eine der Geschichten, in denen die Daltons dem Cowboy die Show stehlen. Joes amouröse Anwandlungen sind ziemlich sichere Gag-Lieferanten und sorgen zugleich wieder einmal für einen winzigen Anteil Melancholie: Die Daltons sind dumm, die Daltons sind böse – und dennoch gibt es immer wieder Momente, in denen wir auch Mitleid mit ihnen haben könnten. Sind sie nicht auch in ihrem Unglück gefangen? Wenn wir uns den Sisyphos Lucky Luke als glücklichen Menschen vorstellen, wie fühlen dann die Daltons als Stein, den er immer wieder ins Gefängnis rollen muss, nur damit sie gleich wieder ausbrechen?

Dalton City, nebenbei, ist das erste *Lucky Luke*-Abenteuer, das nicht mehr für den Verlag Dupuis entstand und seine Erstveröffentlichung in Goscinnys eigenem Magazin *Pilote* erlebte. Das Album wird seitdem bei Dargaud veröffentlicht, und dieser Wechsel war für beide, den Texter wie den Zeichner, nicht nur ein kommerzieller Fortschritt, sondern auch eine künstlerische Befreiung. Die Gags können nun ein wenig erwachsener werden, die vordem üblichen »moralischen« Einsprüche von Verlagsseite entfallen.

Es gibt noch etwas, was diesen Band besonders macht: Erst für das Abenteuer *Dalton City* erfand René Goscinny den Slogan vom Mann, der schneller zieht als sein Schatten, was Morris in ein kongenial emblematisches Bild übersetzte, das wir seitdem in vielen der *Lucky Luke*-Veröffentlichungen an prominentem Platz finden.

Mein Lieblingsbild: Die glamouröse Einfahrt von Lulu Carabine und ihren Tänzerinnen in Dalton City: Bist du hier der Boss, Hübscher? fragt sie Joe Dalton.

Défi à Lucky Luke (Aller Anfang ist schwer; früher: Herausforderung für Lucky Luke; 1968)

Die alte Geschichte: Ein naiver junger Mann, der unbedingt ein ruhmreicher Bandit werden will, hat es ohnehin schwer als Anfänger in seinem Beruf und wird dann endgültig dazu bekehrt,

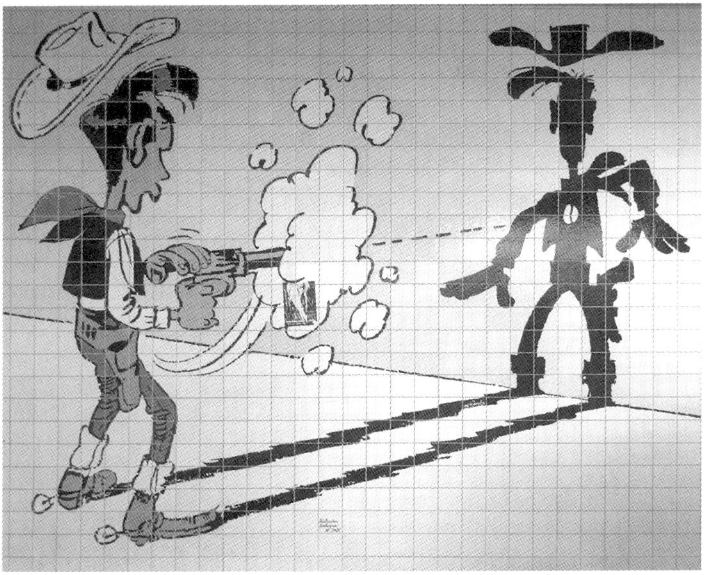

Schneller als sein Schatten: Lucky Luke in der U-Bahnstation Parc in Charleroi, Belgien (© Morris)

auf die Farm seines Vaters zurückzukehren, als er es mit Lucky Luke aufnehmen will: Omer Marshmallow verlangt es nach dem großen Ruhm unter den Desperados des Westens, und die große Chance scheint gekommen, als er im Saloon von Nothing Gulch auf den legendären Lucky Luke trifft. Omer fordert den Mann heraus, der die großen Banditen zur Strecke gebracht hat, Billy the Kid, Joss Jamon, Jesse James ... Und was tut der? Er ignoriert die Herausforderung. Omer Marshmallow bringt es fertig, mehrfach aus dem Saloon und in die Pferdetränke zu fliegen.

Das rituelle Duell, das zu keinem anderen Zweck geführt wird, als sich dadurch einen Namen zu machen, wird in einigen Filmen thematisiert. Dass es sich dabei mehr um eine Show als um ein Drama handelt, sehen wir etwa in A GUNFIGHT (Rivalen des Todes; 1971; R: Lamont Johnson), wo Johnny Cash und Kirk Douglas aneinander geraten und gemeinsame Sache machen, während Terence Hill in IL MIO NOME È NESSUNO (Mein Name ist Nobody; 1973; R: Ronino Valerii) Henry Fonda als alternden Pistolero zum ruhmreichen Abgang verhelfen will: Die Legenden des Westens werden gemacht; man kann ihnen in ihrem Genre beim Erzeugtwerden wie beim Verschwinden zusehen.

Arpèges dans la vallée (Aus Liebe zur Musik; früher: Musik ist Trumpf; 1968)
Sean O'Flanagan[39], der Besitzer des River Pueblo Saloons will seiner Kneipe endlich eine Attraktion geben: ein mechanisches Klavier. Das gute Stück muss allerdings durch Indianergebiet transportiert werden, und Lucky Luke erklärt sich bereit, dabei zu helfen. Während man die Angreifer noch durch Musik in die Flucht jagen kann (»Das dürfte Johann Strauss aber überraschen«), muss Jolly Jumper dann noch all seine seiltänzerischen Fähigkeiten zeigen. Und nach all den Strapazen geht das gute Stück natürlich bei der ersten Schlägerei zu Bruch

Mein Lieblingsbild: Das Eingangspanel von *Aus Liebe zur Musik*. Lucky Luke auf Jolly Jumper auf einem Felsvorsprung, über einem weiten, grünen Tal, das den Indianern gehört. Lucky richtet sich ein wenig im Sattel auf, Jolly Jumper hat ein Hinterbein leicht angehoben. Besser kann man die Spannung von Ruhe und Bewegung nicht ausdrücken. Folgerichtig startet gleich der Ritt nach unten ins Tal, wo man gerade rechtzeitig zu einem Überfall auf einen einzelnen Planwagen kommt.

Promenade dans la ville (Spaziergang durch die Stadt; früher: Stadtbummel; 1969)
Ein Tag wie jeder im Western-Städtchen Yucca Gulch. Der Saloon, der Barbier, der Gunsmith, die Wäscherei, das Gefängnis, die Zeitung ... und Lucky Lukes Kampf mit einem einäugigen Viehdieb namens Buck Flagdown, den er durch Yucca Gulch prügelt – nicht ohne zumindest anfänglich auch selbst einiges einzustecken – bis schließlich ins Gefängnis des Sheriffs, wobei weder der Barbershop-Gesangsverein noch das Handarbeitskränzchen der Damen geschont werden.

La Bataille du riz (Die Reisschlacht / Nichts geht ohne Lucky Luke; 1969)
Kurzgeschichten mit für *Lucky Luke*-Leser*innen ungewohnten drei statt vier Bildreihen auf einer Seite, was das Skizzenhafte der vier Geschichten noch verstärkt, die ursprünglich für das Taschenbuchformat von *Super Pocket Pilote* entstanden.

Tschong Yen Li macht in Nothing Gulch das erste China-Restaurant auf. Als sich sein Konkurrent Sung Poo Yang auf der anderen Straßenseite niederlässt entbrennt ein veritabler Krieg. Lucky Luke muss einmal mehr als Friedensstifter eingreifen.

Jesse James (1969)
Der Band beginnt mit einer kurzen Reminiszenz an die Wundertaten von Jolly Jumper sowie an die Bezwingung von Billy the Kid durch bloße Nichtbeachtung; danach freilich stellt Jolly Jumper zu Recht fest, dass beider Abgang samt Luckys Gesang vom einsamen Cowboy viel zu früh käme. Das eigentliche Abenteuer beginnt dann mit dem moralischen Dilemma, in das sich der Bandit Jesse James begeben hat, nämlich durch seinen Vorsatz, die Reichen zu bestehlen, um den Armen zu geben. Die Armen sind ja schließlich, wenn der neue Robin Hood ihnen die Geldkassette des Reichen gibt, wiederum Reiche. Abhilfe schafft Jesses Bruder Frank (der »Intellektuelle« in der Familie, der ein besonderes Faible für Shakespeare-Zitate hat, was Jolly Jumper zum Anlass nimmt, die einzelnen Szenen dieses Abenteuers mit Bühnenanweisungen zu kommentieren: »Beide ab. Vorhang. Szenenwechsel. Neuer Aufzug.«), indem er auf eine brüderliche Tauschaktion zwischen Armen hinweist. Gemeinsam mit Cole Younger, dessen größte Freude es ist, Dinge zum Explodieren zu bringen, bilden sie die Bande, die Lucky Luke mit, nun ja, der Hilfe von Cosmo Smith und Fletcher Jones von der Pinkerton-Agentur zur Strecke bringen muss. Allerdings warten die beiden Detektive am Ende an der falschen Grenze auf die Übergabe der Gefangenen. (Bei Smith and Jones könnte man glatt an die Polizisten Dupont und Dupond aus *Tintin* denken.)

Der wirkliche Jesse James war einer der vielen jungen Kerle, die im amerikanischen Bürgerkrieg jede moralische Orientierung verloren hatten. Schon als Jugendlicher war er in der Bande von William Clarke Quantrill an Verbrechen beteiligt. Mit dem 13. Februar 1866 beginnt die Serie seiner Banküberfälle in Liberty, Missouri. Die Fama des tragischen Banditen begründete sich möglicherweise aus seinem Tod durch einen Verräter in den eigenen Reihen, Bob Ford, der ihm in den Rücken schoss. Die beiden emblematischen Filme zu den James-Brüdern zeigten Tyrone Power und Henry Fonda in JESSE JAMES von Henry King (1939) und THE RETURN OF FRANK JAMES von Fritz Lang (1940). Die beiden großen »Judas«-Filme waren I SHOT JESSE JAMES (1949) von Samuel Fuller und THE ASSASSINATION OF JESSE JAMES BY THE COWARD ROBERT FORD (2007) von Andrew Dominik, beide, wenngleich von sehr unterschiedlicher Machart, eher Psychodra-

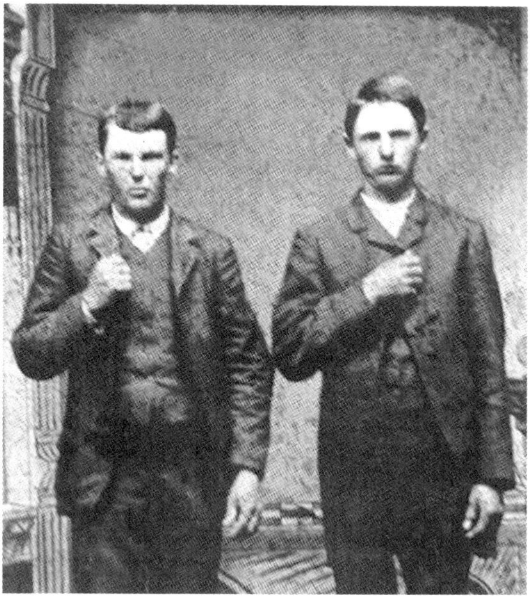

Jesse (25) und Frank James (29) im Jahr 1872

men als Western. Ansonsten gehört Jesse James zum Motivkern des Genres, in obskuren (JESSE JAMES MEETS FRANKENSTEINS DAUGHTER; 1966; R: William Beaudine), komischen (ALIAS JESSE JAMES; 1959; R: Norman Z. McLeod), melancholischen (LONG RIDERS; 1980; R: Walter Hill) oder nostalgischen (THE GREAT MINNESOTA NORTHFIELD RAID; 1972; R: Philip Kaufman) Versionen. Es gab Geschichten im B-Format, etwa mit Gene Autry in THE DAYS OF JESSE JAMES (1939), und schließlich war ihm auch die erste Folge der TV-Serie REVOLVERHELDEN DES WILDEN WESTENS aus dem Jahr 2015 gewidmet.

Mein Lieblingsbild: Wir sehen aus dem Gefängnis heraus, das Lucky Luke gegen einen Lynch-Mob verteidigen muss. Mit gezogenem Colt steht der Cowboy, den wir von hinten sehen, vor der finsteren Meute. Der Mond steht am Himmel, nicht ganz voll. Die Gesichter der braven Bürger voll Lust auf Gewalt und Unterhaltung. Im Hintergrund die Häuser von Nothing Gulch. Und Lucky Luke, wie etliche seiner Vorgänger: »Cole Younger hat das Recht auf einen fairen Prozess! Einen Schritt näher und ich schieße!«

Western Circus (1969)
Alles beginnt damit, dass ein Elefant in der Prärie auftaucht und die Indianer in die Flucht schlägt, die Lucky Luke auf den Fersen sind. Der kleine familiäre Western-Zirkus von Erasmus Mulligan könnte eine Attraktion wie den Kunstschützen Luke gut gebrauchen, aber ein Cowboy bleibt ein Cowboy. Stattdessen kommt es zu ungleicher Rivalität mit »Diamantenzahn« Zilch, dem reichsten Mann der Gegend und Veranstalter des Rodeos. Nach etlichen Turbulenzen mündet der Konflikt in die Fusion: Der Western-Zirkus Zilch & Mulligan ist geboren. Lucky Luke posiert zwar noch für das neue Werbeplakat, aber auf Europa-Tournee will er mit dem Unternehmen nicht gehen. »Wirklich nicht.«

Zu den schönsten Hommagen dieses Bandes gehört die Huldigung an W.C. Fields in Gestalt des Zirkusdirektors. Verständlich, nebenbei, dass die Indianer die Bemalung der Clowns als semantische Kriegserklärung missverstehen.

Mein Lieblingsbild: Die Privatvorstellung die der Zirkusdirektor für Lucky Luke und Jolly Jumper als einzige Zuschauer als die »außergewöhnlichste Show der Welt« ankündigt.

Canyon Apache (Der Apachen-Canyon; 1970)
Der endlose und sinnlose Krieg, den der Kavallerie-Colonel O'Nollan gegen die Apachen führt, löst sich mit Lucky Lukes Hilfe in eine Familiengeschichte auf. Der Vater des Häuptlings ist ein eingewanderter Böhme, und der Medizinmann in Wahrheit O'Nollans Sohn.

Karikiert wird nicht nur der Kommissbetrieb, der den Krieg gegen die Indianer zu einem endlosen Ritual der wechselseitigen Destruktionen macht oder der »irische Geist« in der Armee (einschließlich irischer Sangesfreudigkeit), der einen Rekruten mit einer schottischen Mutter zum »Halbblut« macht, sondern auch die sehr spezifische Melodramatik des Western, in dem immer Familiengeschichten eine wichtige Rolle spielen, auch und gerade in ihrem *ghosting*: Die Familie ist dort besonders dramatisch, wo sie oder etwas in ihr fehlt.

Einer der Bezugspunkte für dieses Abenteuer ist wohl John Fords TWO RODE TOGETHER (Zweit ritten zusammen; 1961), so etwas wie ein Satyrspiel, das er seinem grandiosen Epos THE SEARCHERS (Der schwarze Falke; 1956) folgen ließ. Auch hier geht es um entführte Kinder, die erst entdecken müssen, dass sie in Wahrheit »Weiße« sind. Es hat solche Entführungen tatsächlich gegeben; und zugleich verweist das Motiv auf den ursprünglichen Kern der Heldengeschichten, das Märchen, das bekanntlich der Loslösung und Selbstfindung dient.

Mein Lieblingsbild: Lucky Luke springt auf Jolly Jumpers Rücken, der den Kopf dreht und gen Westen blickt: »Soll'n wir ... ›I'm a poor lonesome Cowboy‹ ...« Aber es gibt in diesem Abenteuer noch etwas zu erledigen.

Ma Dalton (1971)

Der schrulligen alten Dame wird in Cactus Junction erlaubt, mit dem Revolver einkaufen zu gehen. Da sich Lucky Luke ihr gegenüber dabei als vollendeter Kavalier gezeigt hat, rasen die Daltons vor Eifersucht. Nach ihrem erneuten Ausbruch und der Rückkehr zu Ma ist noch lange keine Harmonie garantiert, denn Ma Dalton macht kein Hehl daraus, dass Averell ihr Lieblingssohn ist. Wie es sich gehört übernimmt Ma wieder die Führung der Familienbande. Joe, hin- und her gerissen zwischen seinem Hass auf Lucky Luke und der innerfamiliären Konkurrenz verliert auch diesmal sein letztes Spiel gegen den Cowboy. Die Daltons sind wieder da, wo sie hingehören, doch Ma Dalton gelingt die Flucht.

Mein Lieblingsbild: Ma Dalton und ihre vier Söhne warten am Eisenbahngleis. Ma hat eine Reisetasche, Joe, Jack und William je einen Koffer und Averell – anachronistisch genug – eine Kühlbox fürs Picknick neben sich stehen.

Chasseur de primes (Der Kopfgeldjäger; 1972)

Der Cheyenne Tea Spoon soll ein edles Pferd gestohlen haben, und außer Lucky Luke macht sich auch der berüchtigte Kopfgeldjäger Elliott Belt auf die Jagd nach ihm. Zuerst löst er (durch das übliche Feuerwasserangebot) beinahe einen neuen Aufstand aus, dann tut er sich mit anderen seiner Zunft zusammen, um das Dorf der Cheyenne anzugreifen, und schließlich wird Lucky Luke selbst in eine Falle gelockt und als Schuldiger gefesselt. Nachdem Tea Spoon ihn gerettet hat, erklärt er sich auch bereit, vor Gericht auszusagen, und es stellt sich heraus, dass es die eifersüchtige Ehefrau des Pferdezüchters war, die den Hengst entführte. Nachdem das Pferd wieder da ist und damit die Belohnung frei wurde, spendet man das Geld den Cheyenne. Und Elliott Belt ist nun selber einer, auf dessen Kopf eine Belohnung ausgesetzt wurde, was nur gerecht ist für einen, der niemand anderen als John Doe (für 2000 Dollar Kopfgeld!) gejagt hat.

Das System des Kopfgeldes hat das Rechtsempfinden und die moralischen Codes des Westens, soweit sie überhaupt existierten, fundamental untergraben. Die Auslobung eines Kopfgeldes – »tot oder lebendig« – rief vor allem berufsmäßige Mörder auf den Plan. Dabei war nicht einmal die Identität der Opfer gesichert, professionelle Kopfgeldjäger besorgten sich einfach Menschen, die irgendwie mit der Beschreibung auf Steckbriefen übereinstimmten. Und zum Dritten war es durchaus üblich, den Outlaw zu noch mehr Taten anzustiften, um seinen Preis in die Höhe zu treiben, bevor man ihn ablieferte, bequemerweise meistens tot. Bevor der Kopfgeldjäger im Italowestern zu einer der Hauptfiguren avancierte, wurde er in amerikanischen Western bereits verurteilt. James Stewart in THE NAKED SPUR (Nackte Gewalt; 1953) von Anthony Mann wird durch die Liebe dazu gebracht, einen Gegner zu beerdigen, statt die Leiche für das ausgesetzte Kopfgeld abzuliefern. Verstehen kann er das nicht: »Ich hätte doch Geld dafür bekommen!« Der grimmigste aller Kopfgeldjäger-Filme ist wohl Sergio Corbuccis Schnee-Western IL GRANDE SILENZIO (Leichen pflastern seinen Weg) aus dem Jahr 1968, in dem Klaus Kinski als ebenso brutaler wie listiger Vertreter seiner blutigen Profession am Ende mit seinen Verbrechen davonkommt und Jean-Louis Trintignant als sein (stummer) Verfolger im Schnee verblutet.

Lee Van Cleef in Sergio Leones IL BUONO, IL BRUTTO E IL CATTIVO (Zwei glorreiche Halunken; 1966) gibt die Vorlage für den Gegenspieler in der Geschichte: Clint Eastwood und Eli Wallach nutzen das Kopfgeldspiel, indem der eine den anderen ausliefert und immer wieder befreit, doch ein dritter, Lee Van Cleef, spielt nicht mit. Wieder einmal gelingt es René Goscinny, seine eher pessimistische Sicht auf die »bürgerliche« Gesellschaft in komische Situationen zu verpacken.

In seiner Struktur endet der Band nach dem Muster der Courtroom-Dramen, die auch im Western immer wieder eingesetzt werden (am beeindruckendsten vielleicht in John Fords SERGEANT RUTLEDGE (1960).

Mein Lieblingsbild: Wie man einem Kopfgeldjäger im Saloon die Drinks serviert, sogar wenn er eine Lokalrunde ausgibt. Man stellt die Sache eben auf den Kopf.

Le Grand Duc (Der Großfürst; 1973)
Erneut muss Lucky Luke den Auftrag einer Begleitung annehmen. Diesmal handelt es sich um den russischen Großfürsten Leonid nebst seinem Adjutanten Fjodor Michailowitsch Bulenkow. Der Fürst will bei seinem Staatsbesuch den Westen bereisen, so wie er ihn aus seiner Abenteuerlektüre kennt. Und der Besucher soll möglichst aus allen Konflikten herausgehalten werden. Ein Desperado, der den Großfürsten in Abwesenheit von Lucky Luke überfallen hat, erkennt schließlich seine Landsleute und man feiert gemeinsam die russische Seele am Lagerfeuer. Selbst ein unabdingbarer Indianerüberfall wird durch perfekte Inszenierung entschärft. Das Programm hätte zu aller Zufriedenheit beendet werden können, gäbe es da nicht den anarchistischen Attentäter aus seiner Heimat, der dem Fürsten ans Leben will.

Vorlage ist der historisch verbürgte Besuch des Romanow-Fürsten Alexei Alexandrowitsch im Jahr 1871, dem zu Ehren tatsächlich Büffeljagden und Indianerfolklore veranstaltet und die (fragwürdigen) Prominenten des Westens aufgeboten wurden (General Custer, Buffalo Bill Cody, General Phil Sheridan). Der Vater des Fürsten, Zar Alexander II., sowie sein Bruder Sergei Alexandrowitsch Romanow fielen tatsächlich Attentaten zum Opfer.

Der Großfürst erinnert an den Schauspieler Sidney Greenstreet, der als sinistrer Krimineller in THE MALTESE FALCON (Die Spur des Falken; 1941; R: John Huston) und als Chef des »Blauen Papagei« in CASABLANCA (1942; R: Michael Curtiz) als Gegenspieler von Humphrey Bogart unsterblich wurde.

Mein Lieblingsbild: Russische Galanterie im Wilden Westen.

L'Héritage de Rantanplan (Die Erbschaft von Rantanplan; 1973)
Rantanplan erbt das Vermögen von Oggie Svenson – vermittelt wird das von Rechtsanwalt J.S. Chester von der Kanzlei Chester, Chester, Chester & Chester (die an die Hungerdunger-Kanzlei erinnert, von der Groucho Marx nicht genau wusste, wie viele Hungerdungers eigentlich im Kanzleinamen auftreten), und so wird der dümmste Hund des Westens zugleich der reichste. Allerdings würde im Falle seines Todes das umfangreiche Erbe an niemand anderen als Joe Dalton fallen, und daher setzt dieser alles daran, Rantanplan zu beseitigen.

Ein Krimiplot im Westerngewand, erneut vor dem Hintergrund eines historischen Goldrauschs, den von Virginia City, mit einem Abstecher in die Chinatown. Mark Twain ist als Reporter der Lokalzeitung *Territorial Enterprise* unterwegs; tatsächlich hat von 1862 bis 1863 Samuel Langhorne Clemens hier gelebt und gearbeitet – und auch sein Pseudonym »Mark Twain« erfunden (nach den Rufen der Tiefenmessung auf dem Mississippi). In der Ausbruchsvariante der Daltons gibt es diesmal ein bemerkenswertes Spiel mit Original und Fälschung (die Seifennachbildung eines Revolvers, wie wir sie aus dem Gangsterfilm und seinen Parodien kennen). Übrigens fällt es auf, dass Averell und Rantanplan in ihrem Leben reichlich Seife zu sich nehmen müssen – ein Schuft, wer da an gewisse Erziehungsmethoden denkt, die zumindest als Drohung in bürgerlichen Familien noch geläufig waren. Goscinnys Bosheit blitzt wieder auf in der Darstellung der Leute, die sich nur allzu gern einem, Verzeihung, blöden Hund, unterwerfen, wenn sie an ihm das Geld riechen.
Mein Lieblingsbild: Rantanplan als Boss in seinem Hotel.

7 histoires de Lucky Luke (Eine Woche Wilder Westen; 1974)
Die Kurzgeschichten wurden für das ab 1974 in zwölf Nummern erscheinende Heft *Lucky Luke Mensuel* produziert und später als Album zusammengefasst.
Le desperado à la dent de lait (Der Desperado mit dem Milchzahn): Eine böse Vorahnung von *Lucky Kid*: Ein Farmer bittet Lucky Luke, seinen kleinen Sohn Johnny zum Zahnarzt zu bringen, der so widerspenstig ist, dass er beinahe einen Indianerkrieg provoziert. Nur gut, dass auch Indianerhäuptlinge den Ärger mit den Papooses kennen.
L'Hospitalité de l'Ouest (Gastfreundschaft im Wilden Westen): Eigentlich brauchte Lucky Luke nur eine Unterkunft für eine Nacht. Dummerweise gerät er dabei in einen Zwist zwischen zwei Familien, deren Töchter um die Ehre der »Lady des Abends« konkurrieren. Noch eine Reminiszenz an DESTRY ...
Maverick: Ein Jungrind ohne Brandzeichen als Streitobjekt.
L'Égal de Wyatt Earp (Ein Mann wie Wyatt Earp)
Le Colporteur (Der fliegende Händler): Lucky Luke kommt gerade mal wieder rechtzeitig, um einen Banditen-Überfall zu verhindern, und zwar den auf den »fliegenden Händler« Flatshoe – »eine typische Figur des Wilden Westens«, wie uns versichert wird. Er wird zum Beschützer und Begleiter des Mannes, der so ziemlich für alles das

»Alleinvertriebsrecht« hat. Am Ende wird er sogar mit den Indianern handelseinig, die wieder einmal rasch die *tricks of the trade* des Kapitalismus gelernt haben.

Mein Lieblingsbild: Halbnah: Lucky Luke gestikuliert: »Die Indianer! Wagenburg bauen!«. Aus hoher Entfernung: Wir sehen, dass es nur einen einzigen Wagen, nämlich den von Mr. Flatshoe gibt, neben dem der Cowboy herreitet: »Ach ja ...,Tschuldigung! Macht der Gewohnheit«.

Passage dangereux (Gefährliche Überfahrt): Lucky Luke bringt den Hausstand einer Siedlerfamilie über einen Fluss.

Sonate en colt majeur (Sonate in Colt Dur): Lucky Luke als Beschützer eines Saloon-Pianisten mit künstlerischen Ambitionen.

Mein Lieblingsbild: Der Cowboy, der wieder einmal Cowboy sein darf.

Le Cavalier blanc (Der weiße Kavalier; 1974/75)

Die Geschichte von der Theatertruppe, von deren Mitgliedern einige dem Bankraub als Nebenverdienst frönen.[40] Und eine Parodie auf das Melodrama im Besonderen, Schmierentheater im Allgemeinen. Ein Running Gag besteht darin, dass die Zuschauer zwischen Rolle und Person keinen Unterschied machen. Whittaker Baltimore ist eine Paraphrase auf John Barrymore, der ebenfalls eine Theaterfamilie (und höchst problematische Charaktere darunter) um sich hatte.

Mein Lieblingsbild: Lucky Luke auf der Bühne, als hätte er nie etwas anderes gemacht. Hingebungsvoll.

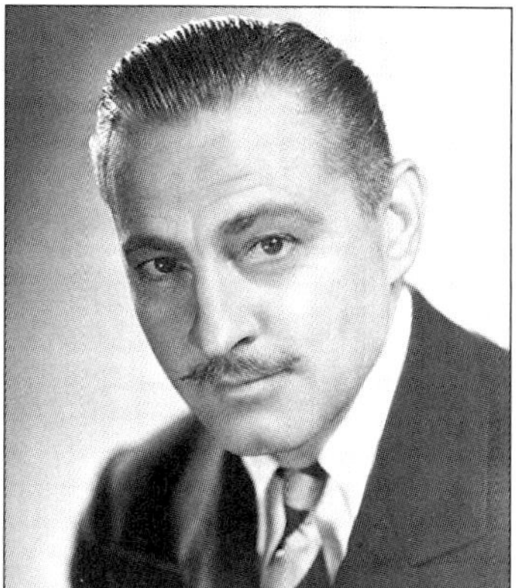

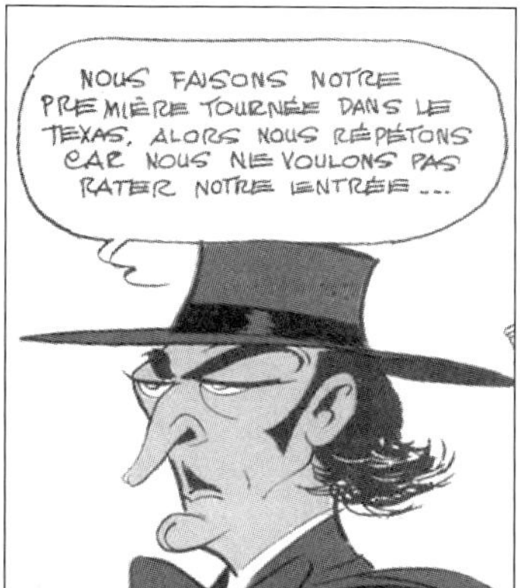

Paraphrase auf John Barrymore: Whittaker Baltimore in *Der weiße Kavalier* (© Morris / Dargaud)

La Guérison des Dalton (Die Daltons und der Psycho-Doc; 1975)
Dr. Otto von Himbeergeist hat haarscharf erkannt, dass die kriminelle Karriere maßgeblich von Erlebnissen in der Kindheit bedingt ist und verspricht die Daltons auf seine Weise zu kurieren. Lucky Luke muss das Psycho-Experiment überwachen. Das geht erwartungsgemäß schief. Doch nicht ganz so erwartungsgemäß verwandelt sich auch der Psycho-Doc in ein Genie des Verbrechens. Er scheitert, wiederum erwartungsgemäß, an Averell, der sich nicht ausreden lässt, dass er von seinen kriminellen Neigungen geheilt ist.

Sich über Psychotherapie und Psychoanalyse lustig zu machen, gehört zu dieser Zeit zum allgemeinen Unterhaltungsangebot. Dass sich die Geschichte am Ende einen Schlenker vom »tragischen Vorläufer« zum wirklichen Begründer der Psychoanalyse gönnt, das ist wiederum ... erwartungsgemäß.

Mein Lieblingsbild: Rantanplan schaut mit einem verdutzten Jerry-Lewis-Blick »in die Kamera« und bekommt gleich darauf einen solchen Intelligenzschub (es geht um das Finden von Schlüsseln für die Handschellen, mit denen Lucky Luke gefesselt ist), dass er hinterher ohnmächtig wird: »So was ist er nicht gewohnt, der Arme«.

L'Empereur Smith (Der Kaiser von Amerika; 1976)
Auch dieses Album beruht auf einer wahren Begebenheit, wenn auch das Vorbild, Joshua Norton, der reiche Geschäftsmann, der nach seiner Unternehmenspleite den Verstand verlor und sich zum Kaiser von Amerika ausrief, weniger Unheil anrichtete als Dean Smith, der es sich als Viehbaron leisten kann, eine veritable Armee aufzustellen, seine Ex-Cowboys in prächtige napoleonische Uniformen zu stecken und sie mit Säbeln, Gewehren und sogar Kanonen auszustatten. Aus dem anfänglichen Spiel, bei dem die Bewohner von Grass Town bereitwillig mitspielen, wird Ernst, als der Bandit Buck Ritchie mithilfe des intriganten (und nicht weniger verrückten) Adjutanten Gates (ganz genau: Er will »Kaiser anstelle des Kaisers werden«) die kaiserliche Armee für seine Raubzüge einsetzt. Lucky Luke macht dem Spuk, obwohl nahezu alle Einwohner von Grass Town dem monarchistischen Regime untertänig werden (und nachher natürlich schon immer dagegen waren) ein Ende – auch eine Kanone kann mit seinen Revolverkünsten nicht mithalten. Als der Cowboy wieder

einmal das Weite sucht, erscheint das »Ende«-Symbol komplett mit napoleonischem Ährenkranz.

Der wahre »Kaiser«, Joshua Norton hat übrigens noch einen anderen legendären Ort in der Geschichte der populären Kultur, er soll nämlich Urheber des Wortes vom »King (oder Queen) for a Day« sein, mit dem er Menschen zu danken pflegte oder traurige Menschen aufheitern wollte, denen er nun eben für einen Tag seine feudale Würde abtreten mochte. In seinen letzten Jahren soll er sogar mit eigenem Geld bezahlt haben, das großzügige Kaufleute und Restaurantbesitzer akzeptierten, und man soll ihm eine neue Uniform spendiert haben, als die alte zerschlissen schien. Es ging im Großen und Ganzen um eine Legende der Freundlichkeit, Freundlichkeit, die ihm zuteilwurde und Freundlichkeit, die er verbreitete. Denn in seinem »Reich«, der Stadt San Francisco, schien dieser Kaiser viel weniger an Unterwerfung als am Wohlbefinden der Menschen interessiert zu sein.

»Der Kaiser von Amerika« gehört zu den so brillanten wie melancholischen Essays von René Goscinny über Verführbarkeit und Heuchelei. So wie im *Asterix*-Band *Tour de France* steckt wohl auch in *Empereur Smith* eine indirekte Abbildung der Kollaboration der »braven Bürger« mit einer tyrannischen aber glamourösen Macht. Es ist dies die Kunst von René Goscinny, dass er in seinen Satiren menschliches und soziales Verhalten karikiert, ohne – im Gegensatz zu den meisten seiner Nachfolger – einen expliziten oder gar modischen Bezug auszustellen. Es ist, wenn man so will, eine Sozialkritik von innen heraus.

Mein Lieblingsbild: Lucky Luke im Undercover-Einsatz in der Livree eines Dieners serviert mit stoischer Miene – die Fluppe immer noch im Mundwinkel – Getränke im Saloon, der zu einem Kaiserball dekoriert wurde und in dem die Einwohner von Grass Town »höfische Gesellschaft« spielen.

Le Fil qui chante (Der singende Draht; 1977)

Präsident Abraham Lincoln beauftragt Hiram Sibley, den Präsidenten der Western Union mit dem Bau einer Telegrafenlinie von Küste zu Küste der USA. Die beiden Telegrafen-Unternehmen von James Gamble (die westliche Station) und Edward Creighton (die östliche Station) sollen ihre Verbindungen am Salt Lake zusammenführen. Wer zuerst dort ankommt, soll eine Prämie von 100.000 Dollar erhalten. Lucky Luke wird für Gambles Truppe engagiert, deren Arbeit aber von einem als Indianer verkleideten Agenten sabotiert wird. Zu guter Letzt wird er enttarnt und nach Gambles Sieg mithilfe der Mormonen von Salt Lake City kommt es zur großen Versöhnung. (In der historischen Wirklichkeit war allerdings Creighton der Gewinner und dachte nicht ans Teilen.)

René Goscinnys letzter *Lucky Luke*-Band variiert das Motiv des »Verkehrswestern« als Konkurrenzunternehmen, das er schon mehrfach nutzte, nur wenig. Stattdessen schafft er mehr Raum für Side Gags und Nebenfiguren.

Mein Lieblingsbild: Im Schlussbild reitet Lucky Luke der untergehenden Sonne entgegen an einer endlosen Telegrafenlinie entlang. Melancholie und Fortschritt.

*

Nach diesem Band trat eine mehrjährige Pause ein, bevor Morris sein erstes Album ohne Goscinny vorlegte. Anders als bei *Asterix* konstatiert, konnte *Lucky Luke* zumindest annähernd das vorgegebene Niveau halten – die Meinungen gehen da etwas auseinander. Die verdeckte »menschliche Komödie«, die Goscinny in seinen besten Arbeiten so grandios mit Satire und Kritik verbunden hatte, war natürlich nicht mehr zu erreichen, stattdessen frönte Morris ausgiebig seiner Liebe zum Genre. Die besseren Alben der Postklassik gehen *back to the roots* des Western.

III. Die Postklassik

In der ersten Phase der Postklassik arbeitete Morris wieder weitgehend autonom, verschiedene Texter wurden dann dazugeholt, die mit sehr wechselndem Erfolg die Kontinuität und das Niveau zu halten und zugleich die Figur der Zeit anzupassen versuchten. Aber nicht nur die Szenarios trafen bei den Comic-Aficionados im Allgemeinen und bei *Lucky Luke*-Fans im Besonderen auf gemischte Reaktionen, auch Morris als Zeichner wurden eine gewisse Mechanik und Routine vorgeworfen, so als wolle er seinen Cowboy nicht sterben lassen, ohne ihm noch so viel Seele zu verleihen wie in den Jahren zuvor. Im Übrigen ist auch die Publikationsgeschichte in der Postklassik, insbesondere was die Sammlungen von Kurzgeschichten anbelangt, ein wenig unübersichtlich.[41] Es dauerte bis 1982 bis nach vielen, hier nur unvollständig aufgeführten Kurzgeschichten verschiedener Autoren – etwa Vicq, Bob de Groot, Dom Domi (Dominique Vandael), Martin Lodewijk – wieder ein Album erschien.

Das zeichnerische Erbe übernahm dann Achdé (siehe S. 216), der sozusagen das Bindeglied zwischen Postklassik und Moderne bildet, um dann unumstrittener Nachfolger Morris' zu werden.

Paradise Gulch (1980)
Die Geschichte von Paradise Gulch, die noch von Goscinny geschrieben wurde, ist mehr »meta«, als sich *Lucky Luke* sonst herausnimmt: Lucky Luke kommt in eine Stadt der Greise, in deren Saloon er die Veteranen des Serial-Western trifft: William S. Hart, Roy Rogers und Hopalong Cassidy, sowie Gary Cooper, der hier Tag für Tag sein »High Noon« durchspielt. Es ist übrigens Rin Tin Tin, ja, der heroische Hund des Westens (ebenfalls im Rentenalter), der dem einsamen Cowboy nachkläfft als er die Geisterstadt der Cowboy-Senioren im gestreckten Galopp verlässt.

La Mine du chameau (Die Kamel-Mine; 1980) | Dom Domi
Auf der Suche nach einem verschollenen Kamel in der Wüste versucht sein Besitzer zu erklären, dass Kamele im Westen als

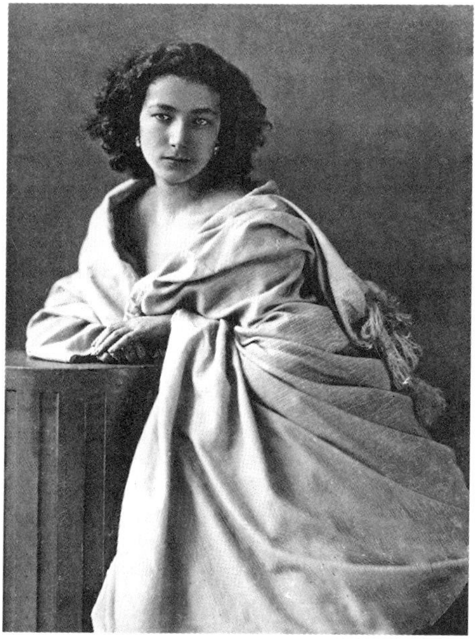

Sarah Bernhardt um 1864, auf einem Porträtfoto von Félix Nadar

Transporttiere sehr nützlich sein könnten. Tatsächlich wurde der Import der »Wüstenschiffe« in Erwägung gezogen. 1866 wurde gar ein U.S. Camel Corps gegründet; Kriegsminister Jefferson Davis versprach sich von den Tieren, die aus Tunesien stammten, eine Beschleunigung der Eroberung der heißen Gegenden im Westen. Begleitet wurden die Tiere von einem griechischstämmigen Kamelführer namens Philippos Tedros bzw. Hadschi Ali; die militärische Leitung hatte der US-amerikanische Offizier Edward Fitzgerald Beale inne; das Projekt freilich verlief, nun ja, im Sande. Der Film ONE LITTLE INDIAN (Ein Kamel im Wilden Westen; 1973; R: Bernard McEveety) erzählt auf sehr familientaugliche Weise die Flucht eines Deserteurs und eines Indianerjungen auf dem Rücken eines Kamels. Für die Feinheiten wie etwa die Unterscheidung zwischen Kamel und Dromedar war in der kurzen Episode des Westen keine Gelegenheit. Dem Vernehmen nach scheiterte der Versuch schließlich daran, dass die Amerikaner mit den so störrischen wie introvertierten Tieren nicht zurechtkamen. Eine andere Erklärung: Man hielt den Geruch der Tiere einfach nicht aus. Téa Obreht lässt in ihrem Roman *Inland* (2019) das Kamel noch einmal als Metapher für das Gewinnen, Verfehlen und Verlieren von Heimat durch die Geschichte laufen. Und *Lucky Luke* wie dem Kamel wäre eine bessere Geschichte zu wünschen gewesen.

Sarah Bernhardt (1982) | Xavier Fauche / Jean Léturgie

Endlich wieder eine wirklich epische Geschichte, die erneut das Motiv vom eigenwilligen Charakter nutzt, den Lucky Luke durch den Westen begleiten muss. Im Jahr 1880 will die französische Schauspielerin Sarah Bernhardt eine Tour in die USA unternehmen, und Präsident Rutherford Hayes bittet Lucky Luke, sie bei ihrer Reise gegen Gefahren zu schützen, zu denen neben der Tugend-Liga allerdings auch die Ehefrau von Hayes selbst gehört.

Die Reise der Schauspielerin ist historisch dokumentiert, ebenso wie die moralische Entrüstung verschiedener religiöser Fanatiker gegenüber einer Frau, die in der Tat mehr Freiheiten aus- und vorlebten, als sich die Puritaner im Westen auch nur zu träumen wagten.

Zur Rezitation der Sarah Bernhardt gehört das Gedicht *Le Vase Brisé*[42] (Die gebrochene Vase) von Sully (eigentlich René François Armand) Prudhomme, einem eleganten Poeten und Mitglied der Académie Française. (Übrigens prägte Prudhomme einen Satz, der gut in die Welt unseres Helden passt: »Je freier man sich fühlt, um so mehr Freiheit will man haben.« Allerdings scheint sie hauptsächlich auf einen Text aus der *Kameliendame* fixiert (was Jolly Jumper zu der Bemerkung verleitet: »Hoffentlich hat sie noch was anderes drauf als Alexandre Dumas«).

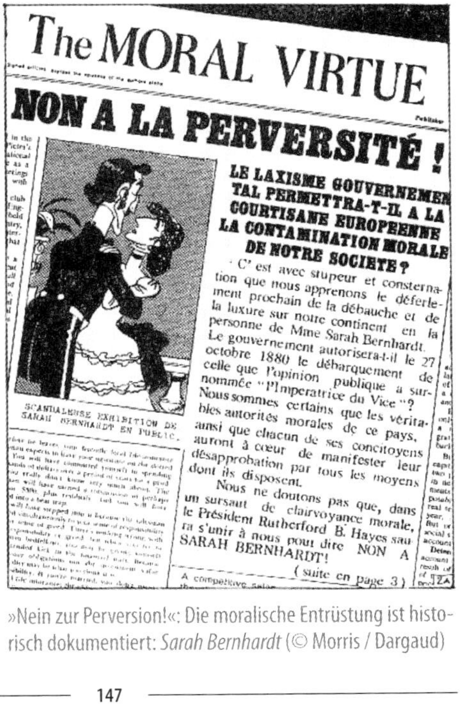

»Nein zur Perversion!«: Die moralische Entrüstung ist historisch dokumentiert: *Sarah Bernhardt* (© Morris / Dargaud)

Mein Lieblingsbild: Sarah Bernhardt deklamiert auf der Bühne »Kamelien – ich liebe nur sie«, und die *Lucky Luke*-notorischen Saloon-Tänzerinnen nebst Mae-West-artiger Sängerin performen dazu. (Dicht gefolgt von Sarah Bernhardts Auftritt auf dem Rücken eines Wals: »Das nenne ich PR«.)

Daisy Town (1983)

Ein Gänseblümchen in der heißen Prärie gibt der Stadt ihren Namen, die von hoffnungsfrohen Siedlern gegründet, bald darauf aber in das übliche Westernkaff voll Laster und Gewalt verwandelt wird. Als Lucky Luke in die Stadt kommt, wird natürlich gerade wieder einer aus dem Saloon in die Pferdetränke geprügelt. Lucky Luke bringt den rauen Gesellen erst einmal Manieren bei und wird dann zum Sheriff erkoren, jagt Falschspieler und Bankräuber aus der Stadt und wird dann beim gemütlichen Square Dance von der Nachricht unterbrochen, dass die Daltons die Postkutsche ausgeraubt haben. Die gestohlenen Postkutschenpferde setzen sie zwar erst einmal an der Tränke ab, doch dann beginnen sie damit, die Stadt in ihre Hände zu nehmen, was die geschäftstüchtigen Daisy Towner gar nicht ungern sehen. Drei der vier Brüder führen dann einen Wahlkampf, der vierte, natürlich Averell, fühlt sich (durch Lucky Lukes Einflüsterungen bestärkt) zurückgesetzt und bringt den ganzen Plan der Stadtübernahme durcheinander. Dann müssen eben die Indianer aufgehetzt werden, die die Stadt belagern, was durch Lucky Luke und die Kavallerie unterbunden wird, die im Übrigen aber gleich weiter muss, zur nächsten Rettungsmission in letzter Minute. Als Gold in den Bergen gefunden wird, leert sich die Stadt so schnell wie sie errichtet wurde.

Die Geschichte vom aufrechten Sheriff in einer Stadt, deren »ehrbare« Bürger die Gesetzlosen als weniger geschäftsschädigend ansehen als ein ausgeprägtes Rechtsempfinden, kennen wir vor allem aus Jacques Tourneurs WICHITA (1955). Der Protagonist entspricht nur dem Namen nach dem historischen Wyatt Earp, der in Wahrheit wohl eher Teil des Systems war, gegen das er sich hier als Sheriff zur Wehr setzt. Das reale Vorbild der Filmgeschichte war ein aufrechter Rechtsanwalt, der, noch mehr als Lucky Luke in Daisy Town, in Wichita auf verlorenem Posten stand.

Daisy Town, nach und zu dem gleichnamigen Film entstanden und vielleicht deshalb mit ein paar vorzugsweise dramatisch-grafischen Gags gestreckt, die der Story wenig beifügen, erscheint in manchem wie ein Best-of-Versuch der *Lucky Luke*-Saga; zum

Beispiel sofern alle kanonischen und ikonografischen Referenzen noch einmal der Übertreibung anheim gegeben werden. Philosophisch gesprochen könnte man vielleicht behaupten, alle Charaktere würden hier ganz leicht über den Punkt hinausgetragen, an dem man selber bemerkt, dass das, was man tut, von erhebender Lächerlichkeit ist. Und wenn wir schon bei der Philosophie sind, mag man hier noch einmal über die »Indianer« im *Lucky Luke*-Universum nachdenken (die hier einen anachronistischen Blick in die Zukunft ihres Landes werfen können): Weil hier alle Figuren ja in gewisser Weise auch neben der eigenen Rolle stehen und dabei den Inszenierungscharakter ihrer Handlungen erkennen, sind die Indianer in der tragischen Situation, die Vergeblichkeit ihres Kampfes schon in sich zu spüren. Sie müssen tun, was sie tun müssen, aber wie die Legionäre des römischen Imperiums bei *Asterix* wissen auch sie, dass sie nicht Subjekte ihrer Geschichte sein können. Was bleibt ihnen, als die Rolle zu spielen, die ihnen zugewiesen wurde? Es gibt im *Lucky Luke*-Universum keinen Tonto-Indianer, keinen, der die Seiten gewechselt hätte (abgesehen von einem, der seinen Appetit auf Schnaps nicht mehr zügeln kann), keinen, der sich an einen *white savior* hängt, und Lucky Luke behandelt die Indianer mit dem ihm eigenen Respekt für die »otherness«. Und was ist die große Schwäche dieser Indianer? Sie halten sich an die Regeln. Sie versuchen es jedenfalls. Das ist ihre Tragödie, die bei *Lucky Luke* natürlich in Form des Komischen geschieht.

René Goscinny war am Drehbuch des Films beteiligt, weshalb seine Handschrift auch deutlich erkennbar ist. Das Album selbst aber entstand ohne ihn, was sich unter anderem in einem gewissen Mangel an Rhythmus und Dramaturgie zeigt. »Literarisch«, man kann es wohl kaum anders sagen, gehört *Daisy Town* zu den schwächsten Alben der Reihe.

Mein Lieblingsbild: Die vier Daltons stehen am Tresen, Joe kippt sich einen »Rachenputzer« hinter die Binde, was ihm offensichtlich nichts ausmacht, dafür wird es Jack einigermaßen mulmig, William fängt albern zu kichern an – und Averell fällt einfach um. So was nennt man Brüderlichkeit.

Fingers (1983) | Lo Hartog van Banda

Fingers ist ein Zauberkünstler und genialer Dieb, eher manisch als kriminell veranlagt. Er lässt sich zu den Daltons ins Gefängnis sperren und hilft ihnen mit den gestohlenen Schlüsseln zum erneuten Ausbruch. Lucky Luke setzt alles daran, Fingers das Stehlen abzugewöhnen und geht mit ihm sogar in die Wüste, wo man allerdings von Indianern gefangen genommen wird. Am Ende rettet Fingers durch seine Tricksereien eine Stadt und wird möglicherweise zu einem geehrten Bürger. Wenn es ihm denn je gelingen wird, seine kleptomanischen Finger zu kontrollieren.

Erwähnenswert für die Entwicklung der Serie ist vor allem, dass in *Fingers* Lucky Luke sich das Rauchen abgewöhnt hat – was im Übrigen Maurice de Bevere eine Auszeichnung durch die Weltgesundheitsorganisation WHO einbrachte. Dabei hatte Morris gar nicht so freiwillig auf den Glimmstängel im Mundwinkel seines Helden verzichtet, vielmehr war es die sehr populäre französische Gesundheitsministerin Simone Veil, die dem Verlag einen veritablen Prozess androhte, wenn man Lucky Luke das Rauchen nicht abgewöhnte. Daraufhin hatte man im Jahr 1979 schon eine Seite unter dem Titel *Le croque-mort* im Auftrag des Comité français d'éducation pour la santé veröffentlicht (nicht von Morris selbst gezeichnet!), die zeigt, wie sich Lucky Luke voller Entschlossenheit und Widerwillen von seiner letzten Zigarette verabschiedet. Der eigentliche Anstoß für die Entwöhnung war aber wohl die Produktion der Hanna-Barbera-Studios, die die strikte Einhaltung der amerikanischen Regeln des Werbeverbots verlangten und auch sonst einen Kurs der »political correctness« durchsetzten. Dass der einsame Cowboy ausgerechnet bei seine Rückkehr in die Heimat so »gezähmt« werden musste ... *#!°=@+&!

Mein Lieblingsbild: Nach einem neuerlichen Rückfall von Fingers muss Lucky Luke Jolly Jumper neu beschlagen, natürlich mit dem umgedrehten Colt als Hammer.

Le Daily Star (Der Daily Star; 1984) | Xavier Fauche / Jean Léturgie

Lucky Luke im Kampf um die Pressefreiheit. Der Cowboy hilft dem Zeitungsherausgeber und Journalisten Horace P. Greeley, seine Zeitung, den *Daily Star* zu einem begehrten Blatt in Dead End City zu machen. Mit seiner kritischen Berichterstattung (zum Beispiel, was die Bierqualität des örtlichen Saloons betrifft) macht er sich Feinde. Als diese seine Druckerpresse zerstören, kann sein Zeitungsjunge »Quatsch« das Unternehmen retten, indem er die Artikel öffentlich aus dem Gedächtnis vorträgt. Quatsch soll später unter dem Namen Jack London selbst ein großer Journalist werden ... und als solcher unserem Helden in *Am Klondike* begegnen.

Greeley ist einer der Besessenen im *Lucky Luke*-Universum, einer von den Guten (die immer mal wieder auch recht anstrengend sein können). Einer, dem das Zeitungmachen einfach im Blut lag war der echte Horace Greeley in der Tat, der Gründer der *New York Daily Tribune*, die durch ihren kritischen und angriffslustigen Stil populär wurde. Später ging er in die Politik und wurde einer der Gründer der Republikanischen Partei, die sich damals für die Abschaffung der Sklaverei einsetzte. Erst im Jahr 1859 kam Greeley nach Kalifornien, und Texas wurde erst 1871 sein Reiseziel. Für die neue Partei der *Liberal Republican Party* zog er schließlich in den Präsidentschaftswahlkampf gegen Ulysses S. Grant, starb aber kurz nach den Wahlen. Für den Westen hat Greeley eine besondere Bedeutung, denn es war sein Slogan »Go West, Young Man!«, der abenteuerlustige und ehrgeizige junge Männer in die Grenzregionen lockte. Der Horace P. Greeley des Comic verhält sich zu seinem historischen Vorbild in etwa wie die Daltons zu ihren Cousins: Er lebt mehr als dreißig Jahre später im Westen, und der *Daily Star* ist dem Geist, nicht aber der Verbreitung nach mit der *Tribune* zu vergleichen.

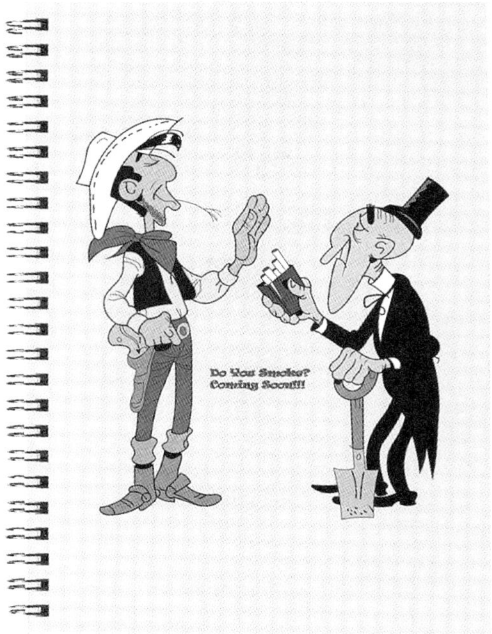

Fan-Art: »Do you smoke? Coming Soon!«: Der zum (Noch-) Nicht-Raucher konvertierte Lucky Luke und der Leichenbestatter als Covermotiv auf einem Notizblock

Mein Lieblingsbild: Greeley nimmt für seine Zeitung landwirtschaftliche Produkte und Tiere in Zahlung, sodass ein eigenes Wertsystem entsteht. Ein Kollege erklärt stolz, wie viel Zeitungsexemplare er wert ist und ob Jolly Jumper das tippen könne. Jolly Jumper, komplett mit Schirmmütze, erklärt nur lakonisch, er sei Mitglied der Redaktion (schließlich ist es auch er, der die Titelseite wegen *breaking news* verändert).

La Fiancée de Lucky Luke (Die Verlobte von Lucky Luke; 1985) | Guy Vidal

Eine Welt ohne Frauen ist wirklich deprimierend, nicht mal eine Kneipenprügelei macht Spaß, wenn es dabei nicht um eine Frau geht, und der übliche Saloon-Cancan mit Männern in langen Unterkleidern ist auch keine Augenweide. Lucky Luke führt einen Treck heiratswilliger Frauen quer durch den Westen zur Goldgräberstadt Purgatory. Weil einer der vorherbestimmten Gatten im Gefängnis sitzt, muss Lucky Luke bei Jenny kurz für ihn einspringen. Die Daltons aber entführen Jenny, geraten unter ihre Fuchtel und gehen schließlich freiwillig ins Gefängnis zurück. Unterdessen hat Lucky Luke den vorgesehenen Gatten aus dem Gefängnis holen können, und so entgeht er erneut der Gefahr einer Bindung und kann in den Abendhimmel davonreiten.

Die Frauen-Treks in den Westen hat es wirklich gegeben, und auch einige Filme haben sich damit beschäftigt. WESTWARD THE WOMEN (Karawane der Frauen; 1951; R: William A. Wellman) etwa erzählt von einer Stadt in Kalifornien, deren männliche Bewohner nur bleiben wollen, wenn sie auch mit entsprechenden Frauen zusammenleben können. Der Bürgermeister heuert einen Scout an (Robert Taylor), der einen Treck mit 140 Frauen durch den Westen führt, die sich per Fotografie zuvor ihren Ehemann in spe ausgesucht haben. Das historische Vorbild für einen solchen Zug lag allerdings in Südamerika. Der Autor der *original story* für diesen Film, Frank Capra, hatte ursprünglich einen eher komödiantischen Film im Sinn, aber Regisseur Wellman entschied sich für einen damals selbst im Genre ungewöhnlichen Realismus.

Eine solche Bewegung der Frauen durch den Westen steht zunächst im Widerspruch mit der traditionellen Rolle, wie sie Martin Weidinger beschreibt: »Im Western ist die Rolle der Frau weit weniger von praktischer als von symbolischer Bedeutung. Auf der symbolischen Ebene der Dichotomisierung innerhalb des Western-Mythos bedeutet die vermeintliche Naturnähe keineswegs die Verortung von Weiblichkeit im Bereich der Wildnis. Das Gegenteil ist der Fall. Während der Held ein Grenzgänger ist, steht die Frau ganz eindeutig für den Bereich der Zivilisation. Sie wandert nicht umher, sondern ist sesshaft, in einer kleinen Stadt oder vielleicht auf einer Ranch, wo sie die Idee von ›Heim‹ verkörpert und wohin der Westerner immer wieder zurückkehren kann, um nicht zu tief in die Sphäre der Wildnis einzutauchen.«[43] Das stimmt zwar nicht immer, im Fall von Calamity Jane hätte man sich vor einem Priemstrahl zu fürchten, und die obligaten Saloontänzerinnen folgen der Spur von Abenteuer und raschem Geld. Aber auch in *Lucky Luke* ist die Rolle der Frau vorwiegend jene der Zivilisierung und der »Verbürgerlichung«.

Mein Lieblingsbild: Alles flieht (natürlich auch der Oldtimer im Rollstuhl) von der Mainstreet, auf der, schwarz beschattet, Lucky Luke zum Duell mit Billy the Kid schreitet. (Das große Drama wird dann durch die banale Ankunft eines Telegramms unterbrochen.)

La Ballade des Dalton[44] et autres histoires (Die Dalton-Ballade / andere Geschichten / Lucky Luke ist nicht zu schlagen; 1986) | Greg (nach Goscinny)

Eine klassische Dalton-Geschichte, eingebettet in den Gesang von Bill, dem Banjospieler, darin wiederum eingebettet ein Traum der Daltons, in dem sie sich in einem Wasserballetfilm, in SINGING IN THE RAIN (1952; R: Gene Kelly, Stanley Donen) und als vier Weihnachtsmänner sehen. W.C. Fields' Auftritt als Quacksalber und Jolly Jumpers Verwandlung in einen Rappen bilden die Höhepunkte. Aus der Balladenstruktur à la CAT BALLOU (1965; R: Elliot Silverstein) wird allerdings erstaunlich wenig gemacht.

Grabuge à Pancake Valley (Keilerei in Pancake Valley / Dicke Luft in Pancake Valley)

Eine Geschichte, die Morris 1955 für das Magazin *Risque-Tout* schrieb und zeichnete, und in der unser Cowboy noch etwas kantiger erscheint als in seinen besten Tagen. Lucky Luke ist wirklich, wirklich wütend, weil man ihm das Pferd gestohlen hat. Deshalb vermöbelt er ein paar Leute in einer Art, die seinem sonstigen Code of Conduct nicht entspricht. Zum Glück war alles nur ein Traum.

Mein Lieblingsbild: Lucky Luke betritt mit finsterem Blick einen Saloon, und finster ist es auch drinnen, während draußen vor der Schwingtür die Sonne auf die Main Street scheint.

In *Risque-Tout* erschienen noch weitere kurze Geschichten, die in Deutschland als Album zum ersten Mal in *Paradise Gulch und andere Kurzgeschichten* publiziert wurden.

Le Ranch maudit (Die Geister-Ranch / andere Stories; 1986): Kurzgeschichten, gezeichnet von Morris und Michel Janvier, der hier zum ersten Mal eigenständig arbeiten durfte.

Le Ranch maudit (Die Geister-Ranch; 1986) | Xavier Fauche, Jean Léturgie, Claude Guylouis (= Claude Klotz, Guy Vidal, Jean-Louis Robert): Der windige Makler Chris Lee verkauft einer liebenswert-wunderlichen alten Dame namens Bluemarket die Bates-Ranch, ohne ihr zu verraten, dass es dort spukt. Dabei steckt, wie Lucky Luke herausfindet, eine Intrige zum raschen Rückkauf des Anwesens hinter den Geistererscheinungen.

La Bonne Aventure (Die Hellseherin; 1986) | Xavier Fauche / Jean Léturgie: Eine Hellseherin – in Wahrheit ein Mann in Frauenkleidern – entlockt der Kundschaft Informationen für seine Diebestouren, insbesondere, was das Bankgeschäft anbelangt. Lucky Luke kommt der Sache auf die Schliche.

La Statue (Die Statue; 1986) | Claude Guylouis: Lucky Luke soll ein Denkmal gesetzt werden – ausgerechnet am Mount Rushmore. Der Künstler mit dem schönen Namen Michelangelo jr. setzt in der Tat dem größten Helden des Wilden Westens ein Denkmal: Jolly Jumper. (Wir hegen einen furchtbaren Verdacht: Die drei Kerle, die sich Claude Guyluis nennen, die *mögen* Lucky Luke eigentlich gar nicht.)

Le Flume (Die Rutsche; 1987) | Jean Léturgie: Eine neue Erfindung soll patentiert werden, eine Rutsche, mit der man gefällte Bäume zu Tal bringen kann, und wie fast immer gibt es jemanden, der was dagegen hat. Insbesondere jemand, der ein Monopol auf den Holzhandel behalten will.

Nitroglycérine (1987) | Lo Hartog van Banda: Das nächste Eisenbahn-Abenteuer. Diesmal geht es um den Wettstreit der Union Pacific Railroad und der Central Pacific Railroad beim Bau der Strecke von Sacramento nach Omaha, wieder geht es um das Nummernspiel der Sabotageakte. Lucky Luke begleitet einen Zug, der den Sprengstoff für die Central Pacific befördert, der dringend benötigt wird, um in der Sierra Nevada voranzukommen. Die Daltons, wieder einmal auf freiem Fuß, vermuten statt des Nitroglycerins Gold in der Kiste. Sie kapern den Zug und werden unfreiwillig zu Hel-

fern gegen den Konkurrenten, während umgekehrt Lucky Luke zu ihrem Retter wird, als sie unbedacht eine der Nitroglycerin-Kisten öffnen wollen. Schließlich explodiert der Zug genau an der richtigen Stelle in einer Tunnelbaustelle und bringt somit die Eisenbahnverbindung voran. Die Daltons werden ins Gefängnis gebracht, nicht ohne dass sie über ihren großen Irrtum aufgeklärt werden. Eine Geschichte mit vielen Side Gags und markanten Nebenfiguren (wie die beiden Lokomotivführer und der Papagei).
Mein Lieblingsbild: Ein Zug fährt sehr außerplanmäßig vorbei, und die Daltons, diesmal in erbeuteten Armeeuniformen, reiten schießend hinterher, was den braven Stationsvorsteher zur Verzweiflung bringt und auf den Boden wirft: »Das gibt es nicht! Das gibt es nicht!«

Das Alibi und andere Kurzgeschichten (1987) von »Claude Guylouis«, die zunächst in der Wochenzeitschrift *La Vie* erschienen, wurden dann zu einem Album zusammengefasst.
L'Alibi: Lucky Luke begleitet eine von ihrem Stiefvater bedrohte Erbin auf Hochzeitsreise in den Westen und soll ihr dabei in ein paar Arrangements das harte Leben an der Grenze präsentieren, bevor sie sich auf ein geruhsames Familienleben einlässt. Doch diese Inszenierungen sollen als Alibi für die Mordpläne des Stiefvaters dienen.
Athletic City: Die Erfindung des Body Building durch einen schwachen Jungen aus Indigo, und die Rolle, die ein einsamer Cowboy dabei spielte.
Olé Daltonitos: Die Daltons verkleiden sich bei ihrer Flucht nach Mexiko als Toreros und müssen in die Stierkampfarena, wo sie sich so dumm anstellen, dass der Stier sich lieber freiwillig ergibt.
Un cheval disparaît (Ein Pferd verschwindet): Die Entführung von Jolly Jumper durch die Daltons und einen rechtschreibschwachen Komplizen.

Nun ja. Die Geschichten in diesem Band sind von ausgesprochen mittelmäßiger Qualität und wiederholen oft Elemente aus früheren Abenteuern, ohne ihnen neue Gags abgewinnen zu können. Was viel schlimmer ist: Von einigen sorgfältiger ausgeführten Panels abgesehen, erscheinen die Zeichnungen von Morris hier fast wie ein Rückfall in alte Zeiten der Simplizität; sogar die grafische Charakterisierung von Lucky Luke selbst entspricht selten dem Niveau von Sensibilität und Expression, wie man es gewohnt ist. Was ist nur mit seiner Nase, was ist mit seinem coolen Grin-

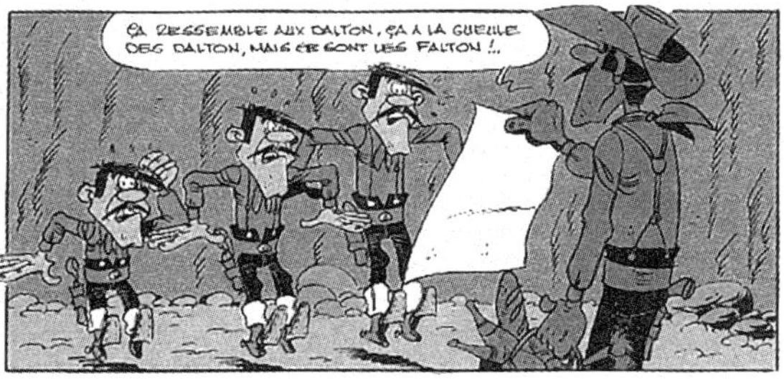

Dafür greift schon mal jemand mit der Hand über das Panel hinaus: Die Daltons in *Ein Pferd verschwindet* (© Morris/Dargaud)

sen geschehen? Alles scheint wieder abstrakter, oft wird auf Hintergrund ganz verzichtet, dafür greift schon mal jemand, modisch genug, mit der Hand über das Panel hinaus. Es gibt Zeichnungen in diesem Band, wo man als Liebhaber der Serie verzweifeln mag: Das kann doch niemals von Morris selbst gezeichnet worden sein! Dazwischen gibt es auch wieder ein paar gute Bilder. Wir hegen den einen oder anderen Verdacht. Und dass sich Lulu Carabine so schofel benimmt, das verzeihen wir diesem »Guylouis« ohnehin nicht.

Mein Lieblingsbild: Lucky Luke trauert um Jolly Jumper und sieht im Geist ein paar ihrer gemeinsamen Dramen: Einmal muss der Cowboy sein Pferd tragen statt umgekehrt, einmal ist Jolly Jumper eifersüchtig auf die Frau, die in einem Sattel mit Lucky Luke reitet, und einmal lacht Jolly Jumper, wie er es gern tut, seinen Cowboy tüchtig aus.

Le Pony Express (Der Pony-Express; 1988) | Xavier Fauche / Jean Léturgie

Lucky Luke übernimmt die Ausbildung der Kurierreiter, Jolly Jumper die der Pferde. Allerdings nimmt der Cowboy wieder einmal zur Unzeit ein Bad, sodass sein Auftrag im Dienst des Pony Express Opfer eines der gewohnten Sabotageakte wird. Weil der Kollege von der Pacific Railway Company bestochen wurde, muss er nun eine weitere Etappe übernehmen, was Reiter und Pferd zu Höchstleistungen zwingt. Jolly Jumper ist das einzige Pferd, das schneller galoppiert als der eigene Schatten und kann außerdem unterwegs abwechselnd mit seinem Cowboy schlafen, ohne die wilde Jagd zu unterbrechen. Natürlich unterbieten die beiden die Vorgabe von zehn Tagen.

Im Jahr 1860 investierten die Herren Russell, Majors & Waddell zusammen 100.000 Dollar, um eine Postenlinie zwischen dem Missouri und der Pazifikküste zu etablieren: den Pony-Express, der mit einem System von Kurierreitern in der Lage war, eine Postsendung über die 2000 Meilen innerhalb von nur elf Tagen zu befördern. Möglich machten das 190 Zwischenstationen, 500 ausgesuchte Pferde und 80 Reiter, denen man nachsagte, sich weder durch Blizzards noch durch Indianer aufhalten zu lassen. Der erste dieser »Höllenritte« begann am 3. April 1860 in St. Joseph, Missouri und endete nach knapp elf Tagen in Sacramento. Der Pony Express wurde eine Legende – ein Erfolgsmodell indes war er nicht, denn die Gebühren konnten niemals den Aufwand decken, und die Regierung hielt die bereits zugesagte Unterstützung zurück. Nach nur einem Jahr ging das Unternehmen pleite, und den Pony-Express-Reitern blieb nur, ihren Nachruhm in immer abenteuerlicheren Geschichten zu bewahren.

Der erste Pony-Express-Film wurde schon 1909 gedreht, Tom Mix, Harry Carey und Tim McCoy von den Serien-Western schwangen sich in Memoriam des Unternehmens in den Sattel. In CODY OF THE PONY EXPRESS (1950; R: Spencer Gordon Bennet) sowie in PONY EXPRESS (R: Jerry Hopper) aus dem Jahr 1953 wurde gar behauptet, auch Buffalo Bill selbst sei einer der verwegenen Postreiter gewesen (der geniale Selbstdarsteller wiederholt die Behauptung in Robert Altmans BUFFALO BILL AND THE INDIANS; 1976). Eine Fernsehserie des gleichen Namens durfte nicht fehlen.

Mein Lieblingsbild: Sie reiten und reiten und reiten...

L'Amnésie des Dalton (Gedächtnisschwund; 1991) | Xavier Fauche / Jean Léturgie

Die Daltons erreichen es, angeregt durch das Schicksal eines Mithäftlings, aus dem Gefängnis entlassen zu werden, da sie vorgeben, die Erinnerung verloren zu haben. (Da man ansonsten auf Averell nicht zählen kann, wird bei ihm durch einen gezielten Schlag auf den Kopf eine echte Amnesie hervorgerufen.) Nun muss Lucky Luke, paradox genug, im Auftrag der Regierung und in Zusammenarbeit mit einer Armee-Eskorte und dem Gouverneur mit dem verräterischen Namen Blunderer mit den Daltons Raubüberfälle begehen, um ihre angebliche Amnesie zu überwinden. Doch bei solchen Maskeraden standhaft zu bleiben, dazu fehlt den vieren dann doch die Selbstbeherrschung.

Ein Band, in dem die Dalton-Lucky-Luke-Erzählmaschine gleichsam wie von selbst läuft. Im Übrigen muss auch Rantanplan geheilt werden, der sich aufgrund eines Zusammenstoßes seines Kopfes mit einem Stein für eine Katze hält.

Mein Lieblingsbild: Das Gefängnis, das nach so vielen Abenteuern immer noch in der unwirtlichen Landschaft steht, so emblematisch und auf stille Weise surreal, als wäre man in George Herrimans *Krazy Kat*.

Chasse aux fantômes (Die Jagd nach dem Phantom; 1992) | Lo Hartog van Banda

Lucky Luke und Calamity Jane auf der Jagd nach einer verschwundenen Postkutsche. (Sie sollte Janes neuen Karabiner bringen, so

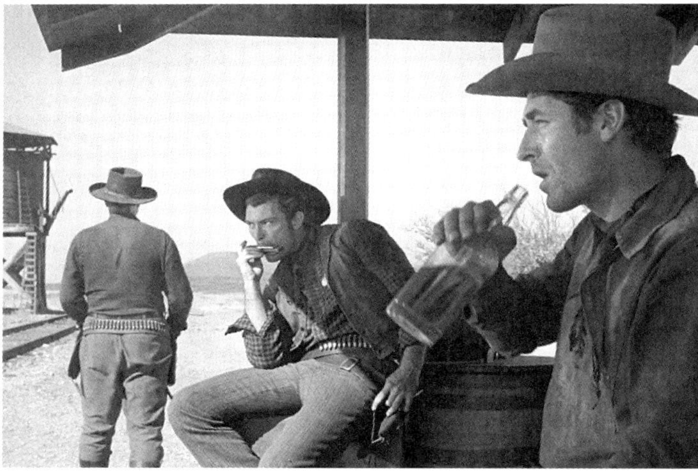

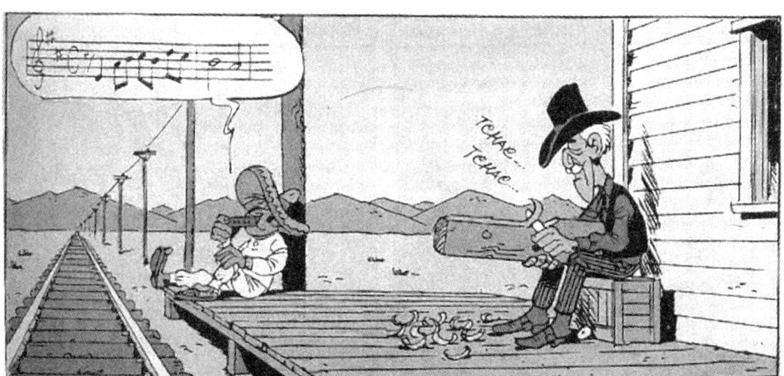

Warten auf den Zug: Das Original (HIGH NOON) und die Hommage *High Noon in Hadley City* (© Morris / Lucky Productions)

ging das los.) Von den Indianern wird Jane für ein Phantom gehalten, was sich aufklärt, als die beiden eine Goldgräberstadt mit dem bezeichnenden Namen Doom erreichen, deren Bewohner sich den Spuk ausgedacht haben (mit Calamity Jane als wahre Phantom Lady), um sich Feinde und Konkurrenten vom Hals zu halten.

Das Wiedersehen mit Calamity ist natürlich grandios, dennoch gehört der Band nicht unbedingt zu den echten Großtaten der Serie. Zu viel Vorhersehbares, zu wenig ausgeformtes Material, das die Möglichkeiten der Story nicht nutzt.

Mein Lieblingsbild: Calamitys Händedruck, der sogar unseren Cowboy augenblicklich aus der Fassung bringt.

Les Dalton à la noce (High Noon in Hadley City; 1993) | Xavier Fauche / Jean Léturgie

In Hadley City will der Sheriff Samuel Parker heiraten. Er war es, der die Daltons beim letzten Mal ins Gefängnis gebracht hat. Die vier Banditen brechen aus, um sich an ihm zu rächen, aber in Hadley City ist auch Lucky Luke, um bei der Hochzeit seines alten Freundes dabei zu sein. Parker will mit den Daltons allein fertigwerden und ersetzt deshalb Lucky Lukes Revolver durch eine Attrappe, was nach vielen Verwicklungen dazu führt, dass Joe Dalton endlich seinen Traum erfüllen kann und Lucky Luke tatsächlich erschießt. Oder? Die Lösung findet sich ausgerechnet beim Totengräber.

In diesem Band steht die Parodie eines speziellen Films, natürlich Fred Zinnemanns HIGH NOON, im Vordergrund. Diese Nähe zum Vorbild macht den Band nach Meinung der meisten LL-Fans durch seine sorgfältiger ausgearbeiteten Gags zu einem der besten der Post-Klassik.

Mein Lieblingsbild: Die Bahn- und Telegrafen-Station von Hadley City und der Blick in die Weite der Prärie, dicht gefolgt von Lucky Lukes geschniegeltem Auftritt als Hochzeitsgast in der Kirche, die der Leichenbestatter mit seinen bescheidenen Mitteln dem fröhlichen Anlass anzupassen versucht hat.

Le Pont sur le Mississipi[45] (Die Brücke am Ol' Man River; 1994) | Xavier Fauche / Jean Léturgie

Wieder ein klassischer Verkehrswestern. Die Cayman Brothers profitieren davon, dass Reisende sehr viel Zeit mit dem Warten auf die Fähre über den Ol' Man River verbringen und ihr Geld in den Hotels und Saloons der Brüder lassen. Nachdem auch er eins ihrer Opfer wird, legt sich Lucky Luke mit den Caymans an und beschließt dann, James Buchanan Eads beim Bau der historischen Brücke zu unterstützen – vor allem muss er dabei die ständigen Sabotage-Angriffe abwehren. Als die Brücke dann endlich doch fertig ist, beglückwünscht nicht nur Präsident Ulysses S. Grant den Erbauer, sondern auch ein gewisser Gustave Eiffel, der sich für seinen Plan eines Turmbaus praktischen Rat bei Eads holt.

Die Eads Bridge ist tatsächlich ein Meisterwerk der Brückentechnik und hat die Jahre überdauert. Was man von manch anderen von Eads Plänen nicht sagen kann, etwa der Eisenbahn, die Seeschiffe durch Mexiko von einer Küste zur anderen transportieren sollte.

Mein Lieblingsbild: Der Brückenbau über den langen, ruhigen Fluss, den ihre Erbauer andächtig bewundern, während aus dem Hintergrund Lucky Luke herangeritten kommt. Gleich darauf wird natürlich etwas Schreckliches geschehen.

Belle Starr (1995) | Xavier Fauche

Belle Starr wurde als Myra Belle Shirley in einer bürgerlich wohlhabenden Familie in Carthage, Missouri, geboren. Nach dem Umzug der Familie nach Texas lernt sie eine Reihe von Outlaws wie Cole Younger kennen und wird in den 1870er-Jahren zur »Bandit Queen«. Bekannt wurde sie nicht zuletzt, weil bei ihr immer wieder die Fäden zusammenliefen, sie organisierte aus dem Hintergrund wohl Geldwäsche, Befreiungsaktionen und neue Coups, während es nie jemandem gelang, ihr etwas nachzuweisen. Belle Starr ist eine der Figuren des Übergangs vom Western-Outlaw zum modernen Gangstertum. Übrigens scheint sie im richtigen Leben schlanker und schlauer gewesen zu sein als im *Lucky Luke*-Universum.

Belle Starr tritt immer mal wieder in Serien- und B-Western in Erscheinung – meistens so weit vom historischen Original entfernt wie Jane Russell in Allan Dwans MONTANA BELLE (1952), wo sie sich gar als Geheimagentin in die Bande der Daltons einschleusen lässt. Eine sehr freie Fantasie über die Figur erlaubte sich Lina Wertmüller 1968 in ihrem Film THE BELLE STARR STORY (Mein Körper für ein Pokerspiel) mit Elsa Martinelli in der Hauptrolle, meines Wissens der einzige Italowestern, der von einer Frau inszeniert und geschrieben wurde (sie firmiert als »Nathan Wich«).

In Wertmüllers beeindruckender Filmografie bleibt der Ausflug aber eher eine Marginalie, weil sich dieser feministische Western dann doch zu sehr an die Regeln der Produktionsmaschine hielt. **Mein Lieblingsbild:** Der grandiose erste Auftritt von Belle Starr im Gerichtssaal, komplett mit Fächer und umgeschnalltem Colt. Alle anwesenden Männer ziehen den Hut vor ihr – außer Lucky Luke und seinem Freund, dem Sheriff.

Le Klondike (Am Klondike; 1996) | Yann le Pennetier / Jean Léturgie

Am Ende von *Das Greenhorn* sahen wir, wie der Butler des britischen Ranch-Erbes sich auf den Weg machte, um als Goldsucher sein Glück zu suchen. Nun aber macht sich »Tenderfoot« Waldo, der längst kein Greenhorn mehr ist, sondern einer von den alten Freunden, von denen unser einsamer Cowboy bemerkenswert viele hat, Sorgen um ihn. Er und Lucky Luke gehen auf die Suche nach dem Verschwundenen.

Hier treten der (historische) Gauner Soapy Smith (der Erfinder eines Telegrammapparates ohne reale Empfängerstationen), der Autor Jack London und sogar der Filmstar Charlie Chaplin als Gaststars auf. (Lucky Luke findet in einer verlassenen Hütte jenen Schuh in einem Kochtopf, den Chaplin in THE GOLD RUSH von 1925 zu verspeisen hatte.) Mattie Silks wiederum stellt in ihrem historischen Vorbild eine jener Frauen im Westen (und Norden) dar, die es durch den Betrieb von wandernden Bordellen zu Reichtum (und durchaus zu Ansehen) brachten. Unklar zwar, wie weit es der Wahrheit entspricht, dass Silks an ihrem Etablissement das berühmte Schild mit dem Versprechen anbrachte »Men taken in and done for«, doch zuzutrauen wäre es der Frau, die am Ende ihres Lebens in ein beschauliches, bürgerliches Leben fand, nachdem sie durch ein öffentlich ausgetragenes »nacktes Duell« mit einer Konkurrentin eine Legende des Westens geworden war, was wiederum in einer züchtigeren Form als *cat fights* im Genre fortlebt. **Mein Lieblingsbild:** Der lange Marsch der Goldsucher den schneebedeckten Berg hinauf; man erinnert sich auch da unwillkürlich an Charlie Chaplins GOLDRAUSCH.

O.K. Corral (1997) | Xavier Fauche / Éric Adam

Dieses Abenteuer beginnt vorbildgerecht mit Zahnschmerzen. Luckys Freund Tom Taylor (mit y, nicht mit i) ist davon inmitten eines durch Diebe bedrohten Viehtriebs befallen, und es ist

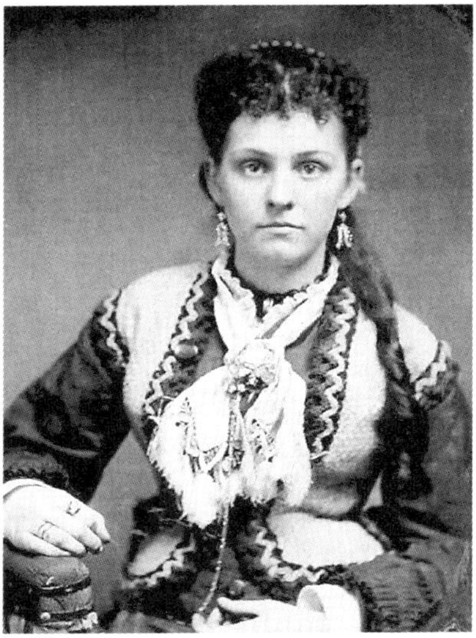

Mary Katherine Horony (»Big Nose Tate«): Outlaw und Prostituierte

ein (etwas zweifelhaftes) Glück, dass man in der Stadt Tombstone (»unser Wahlspruch: ›Auge um Auge, Zahn um Zahn‹«) den Zahnarzt Doc Holliday antrifft, der eine sehr eigene Methode des Zahnziehens, eine innige Liebe zum Whisky pflegt und von einer (ebenfalls historisch verbürgten) Gefährtin (und Praxisassistentin) begleitet wird, Mary Katherine Horony, deren Spitznamen »Big Nose Kate« so eindrücklich visualisiert wird, dass sie ein wenig an Olive Oyl aus *Popeye* erinnert. Die echte Big Nose Kate arbeitete übrigens in einem Bordell, das von der Ehefrau von James Earp betrieben wurde, und gründete dann selbst ein solches Etablissement in Tombstone. Die Beziehung zu Doc Holliday muss einigermaßen angespannt gewesen sein, Streit und Versöhnung, belastende Aussage (wegen eines Raubüberfalls) und Zurücknahme der Aussage wechselten sich ab. Die Earps, Doc Holliday oder Big Nose Kate waren typische Gestalten der Boomtowns in den letzten Jahren des alten Westens. Ziemlich bedenkenlos folgten sie vor allem der Spur des Geldes, hatten aber auch schon die Techniken von Image und Maskerade erlernt, mit der sie schließlich ihre eigenen Lügengeschichten verkauften. Big Nose Kate, so hieß es, verweigerte ihre eigene Version der Geschichte vom Kampf am O.K. Corral, weil die Zeitungsleute ihr nicht genug Geld dafür boten.

Ausgangspunkt der Handlung ist die Bürgermeisterwahl, die bislang stets der alte Clanton gewonnen hat, weil er alle seine Gegner auszuschalten verstand. Nun aber stellen sich die Gebrüder Earp, die entgegen den historischen Vorbildern, Gewalt verabscheuen. Lucky Luke kann eine öffentliche Debatte organisieren, indem er dem Begräbnisunternehmer, der gleichzeitig Chef des *Tombstone Epitaph* ist, eine schöne Schießerei verspricht. Doch bevor die Debatte beginnen kann, erscheinen die Söhne des alten Clanton und behaupten, die Earps hätten ihren Vater erschossen. Dass Lucky Luke ihnen erklärt, dass diese Ermordung nur ein Intrigenspiel war, beeindruckt die Einwohner von Tombstone wenig. Schließlich versprechen die Clantons ihnen eine ihrer Lieblingsbeschäftigungen: Leute aufhängen und Freibier im Saloon. Die Schießerei findet tatsächlich statt, allerdings entscheidet Lucky Luke sie mit einem einzigen Schuss. Am Ende ist alles gut: Doc Holliday wird Bürgermeister anstelle von Wyatt Earp, der lieber das Amt des Sheriffs bekleidet.

Der Gunfight am O.K. Corral gehört zu den großen Legenden des Westens, und keine hat so viele verschiedene Lesarten erfahren wie diese Schießerei zwischen den Gebrüdern Earp und Doc Holliday auf der einen, dem Clan von Ike Clanton und seinen Söhnen auf der anderen Seite. Fest steht nur, dass es sich um eine reichlich blutige und wahrscheinlich ziemlich unschöne Auseinandersetzung gehandelt hat, bei der Heldentum wohl die geringste Rolle spielte.

Den großen mythopoetischen Film zu dieser Episode hat John Ford mit MY DARLING CLEMENTINE (Faustrecht der Prärie; 1946) gedreht. Mit den historischen Figuren haben dann etliche Helden von B-Movies und natürlich auch der Wyatt Earp der gleichnamigen Fernsehserie wenig zu tun. Stattdessen beziehen sie sich auf eine geradezu modellhafte Verklärung in Stuart N. Lakes »Biografie« mit dem Titel *Wyatt Earp, Frontier Marshal*. Interessanter sind einige der späteren »revisionistischen« Western, die sich zunehmend skeptisch mit der Gestalt des mythischen Gunman auseinandersetzen. James Garner in HOUR OF THE GUN (1967) von John Sturges etwa ist mehr von persönlichen Rachegefühlen angetrieben als vom Einsatz für Recht und Gesetz. Und in Frank Perrys DOC (1971) entwickelt sich Earp zu einem korrupten Zyniker und Doc Holliday zu einem Drogenwrack.

Lucky Luke jedenfalls hinterlässt eine Legende, auf die im obligatorischen Stadtschild hingewiesen wird: »Sehenswürdigkeiten: Ein legendärer Sheriff. Ein zahnziehender Bürgermeister«. Man weiß nicht genau, vor wem die Banditen, die ab nun die Stadt meiden, mehr Angst haben.

Mein Lieblingsbild: Jolly Jumper übernimmt die übliche Cowboy-Arbeit des Kühe-Einfangens, während es sich sein Cowboy mit Sattel und Decke zum Schlafen gemütlich gemacht hat.

Marcel Dalton (1998) | Bob de Groot

Marcel Dalton, der Bruder von Ma Dalton, ist wahrhaft das schwarze Schaf der Familie. Aus ihm ist etwas geworden, was nicht widersprüchlicher zum Lebensstil der Hinterwäldler- und Banditenfamilie sein könnte: ein Bankier in der fernen Schweiz. Das Vermögen, das er in seinem Land gemacht hat, will er nun in der Neuen Welt anlegen, damit auch der Mensch des Wilden Westens mit niedrigen Zinsen seine Spareinlage mehren kann. Damit will Marcel auch seine vier missratenen Neffen wieder zu ehrlicher Arbeit bekehren, und Lucky Luke beschützt ihn bei seinem Weg zu den Verwandten und auch danach. Weil dieser Teil des schönen Plans jedoch gründlich danebengeht, vermacht er sein Vermögen statt den vier Banditen dem Schweizer I.F.S.S. – und nein, das ist nicht das Institut für Fundmünzen.

Mein Lieblingsbild: Marcel Daltons (den vieren wie aus dem Gesicht geschnitten, aber in Auftreten und Kleidung perfekter Bonhomme) Auftritt, der Lucky Luke und Jolly Jumper erklärt, dass er zunächst alle Cowboys für Nichtsnutze und Diebe gehalten habe, aber ... Und das große Rund der Zuschauer dieser Szene.

Le Prophète (2000; Der Prophet) | Patrick Nordmann

Das Thema dieses Bandes spielt auf den Charakter Amerikas als Heimstätte für in Europa verfolgte Religionsgemeinschaften und das Auftreten vagabundierender Prediger an. Einer von ihnen ist Moony, der im Gefängnis seine neuen Jünger findet: die Daltons. In dem sich daraus entspinnenden Intrigenspiel (nur Averell ist ein echter Gläubiger: »Er zeigte mir den Weg und gab mir den Schlüssel dazu«) kommt Lucky Luke tatsächlich auf den Scheiterhaufen und wird von einem echten Reverend in Henkersverkleidung vor dem Feuertod bewahrt. Am Ende sind die Daltons wieder mit Moony im Gefängnis und müssen sich strafverschärfend seine Predigten anhören. Nur Averell ist immer noch verzückt.

Klar, dass Patrick Nordmann mit seinem Prediger im Westen auch die Guru- und Erleuchtungsszene der Gegenwart karikierte, nicht zuletzt auch die Moon- oder Mun-Sekte, die sich selbst auch als »Vereinigungskirche« bezeichnete. Moony jedenfalls gehört zu jener Sorte von Propheten, die nicht einmal selber verstehen, was sie so daherpredigen, Hauptsache es hat mit drohendem Gericht und Errettung davor zu tun.

Die Satire dieses Bandes funktioniert, und vor allem die Art, wie Rantanplan immer wieder in das Geschehen verwickelt wird, liefert eine gute Gag-Sequenzierung. Aber Lucky Luke selbst ist hier eigentlich gar nicht die Hauptperson, er greift erst spät in das Geschehen ein und könnte eigentlich durch einen anderen Helden ersetzt werden, ohne dass die Dramaturgie nennenswert geändert werden müsste. Dem Episodischen fehlt etwas das Gerüst des Epischen, sodass manche Szenen ein wenig beliebig ausfallen. Auch Filmbezüge fallen etwas spärlich aus.

Le Prophète ist das letzte Morris-Album, das noch zu seinen Lebzeiten erschien. Seine Kunst ist auch hier über jeden Zweifel erhaben. Mehr oder weniger. In der Zeit nach Goscinnys Tod hatte Morris mit nicht weniger als 15 Autoren (null Autorinnen) zusammengearbeitet. Das mochte Vielfalt, aber auch Richtungslosigkeit bedeuten. Und zunächst ging es, nach einer entsprechenden Pause, auch mit diesem Autorenwechsel weiter.

Mein Lieblingsbild: Erneut ein Rund von Zuschauern, diesmal bei der drohenden Verbrennung unseres Helden.

L'Artiste-peintre (2001; Der Kunstmaler) | Bob de Groot

Wieder einmal bekommt Lucky Luke den Auftrag, jemanden durch den Wilden Westen zu begleiten. Diesmal ist es der Maler Frederic Remington, von dem sich rasch herausstellt, dass er eine solche Begleitung kaum nötig hat. Allerdings macht er sich in einem gewissen Curly einen erbitterten Feind, der sich indes bei seinen Anschlägen auf ihn so tollpatschig anstellt, dass Lucky Luke ihn immer wieder retten muss. Remington will übrigens unbedingt zum Häuptling Hiawatha, um ihn zu malen.

Der legendäre Führer des Irokesenbundes und »Friedensstifter« gehört freilich einer anderen Zeit (dem 16. Jahrhundert) und möglicherweise einer anderen Wirklichkeitsebene an. Henry Wadsworth Longfellow machte ihn zum Helden seines Epos *Das Lied von Hiawatha* (1855) und zum Protagonisten der romantischen Liebesgeschichte mit Minehaha. Eine erste Verfilmung entstand im Jahr 1953 unter Regie von Kurt Neumann und wurde prompt

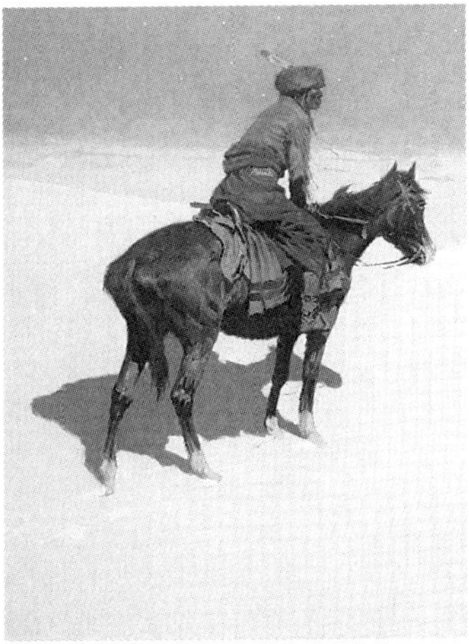

Frederic Remingtons Gemälde *The Scout: Friends or Foes* (Ausschnitt) ...

von McCarthys Schergen der »kommunistischen Propaganda« bezichtigt, weil der »Friedensstifter« seinem Volk und damit dem Publikum eine »typisch kommunistische« Botschaft vermittelte. Der kleine lausbübische Indianerjunge, den wir als Klein Adlerauge aus den Disney-Comics kennen, heißt im Original Little Hiawatha. Nach Pocahontas ist Hiawatha wohl die »indianische« Person, die am meisten in Popsongs und Liebesgeschichten auftaucht.

Die visuelle Pointe des Bandes besteht natürlich in einer Reihe von Zitaten und Parodien von Remington-Werken. Der Maler war 1883 von Yale in den Westen gezogen und schuf in den folgenden Jahren jene Ikonografie von Cowboys, Indianern, Kavallerie und Western-Towns, der Prärie und der Rocky Mountains, die nicht nur für die Leser*innen von *Harper's Weekly* schlicht zum Bild des Westens wurde. Von den großen Western-Regisseuren hat wohl John Ford am meisten Remington-Bilder gesucht und gefunden. Aber im Kern gäbe es das Genre Western wohl nicht, wenn Remington nicht dafür die entsprechende Ikonografie geschaffen hätte. Die meisten Western-Regisseure und Western-Comiczeichner (und natürlich auch Morris) pflegen einen »aufgehellten« Remington-Stil; erst im Spätwestern – ganz bewusst eingesetzt etwa in THE CULPEPPER CATTLE COMPANY(1972, R: Dick Richards) – wird auch die Schwere seiner Palette aufgenommen.

Mein Lieblingsbild: Ein großes Vergnügen: Remington-Bilder und *Lucky Luke*-Bilder nebeneinander zu legen.

La Légende de l'Ouest (Eine Wildwest-Legende; 2002) | Patrick Nordmann

Wieder wird eine Western-Show mit dem legendären Buffalo Bill zum Ausgangspunkt; in der Loge sitzen Lucky Luke und Jolly Jumper, zu deren Ehren es eine Sondervorstellung gab. Beide

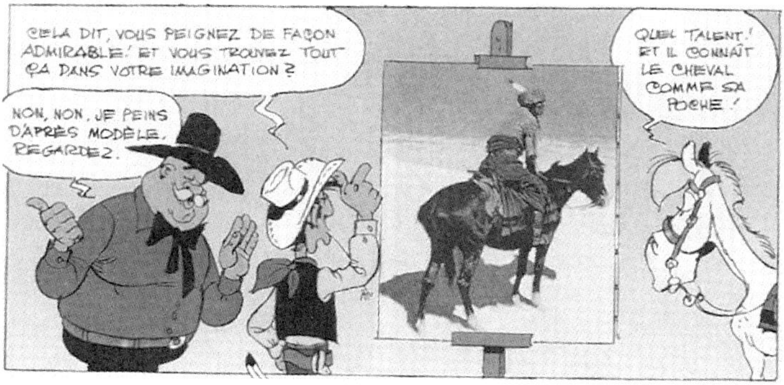

... und dessen Zitat in *Der Kunstmaler* (© Morris / Lucky Comics / Dargaud)

klatschen Beifall, aber das Ansinnen von Buffalo Bills Manager John Burke, Teil der Show zu werden, lehnen sie ab. Beinahe hätte der auch noch den großen Abgang geklaut, der untergehenden Sonne entgegenzureiten. Zuvor aber lässt er die vier Daltons von vier Darstellern mimen. Die Wildwest-Show – eine »lärmende Träumerei«, wie es in Robert Altmans Film BUFFALO BILL AND THE INDIANS (1976) heißt, und von der man sagt, sie richte sich gerade an Menschen, die es besser wissen, – verwandelt die Geschichte des Westens nicht nur in Entertainment, sondern auch in Ideologie. Vielleicht nicht im Westen, wohl aber in der Western-Show wird aus der Eroberung der neue amerikanische Nationalismus (komplett mit Hymne, um bei Robert Altman zu bleiben).

Patrick Nordmann (er starb 2022), ein umtriebiger Schweizer Komiker, Journalist und Redakteur, der auch seine beiden *Lucky Luke*-Bände vor allem als Satire auf das Showbusiness anlegte, ging mit seinen Szenarien nicht weiter in den Kosmos unserer Geschichte vom einsamen Cowboy ein. Es war dies allerdings auch die Zeit, in der die Serie ein wenig auserzählt wirkte und bei den Aficionados nicht mehr den Status genoss, den sie zu Zeiten der Zusammenarbeit von Goscinny und Morris errungen hatte. Ich würde allerdings nicht so weit gehen wie Tom Shapira vom *Comics Journal*, der behauptete: »Lucky Luke has been a bit like a zombie for quite a while.«[46] Allerdings: Ein Neuanfang war durchaus geboten.

Mein Lieblingsbild: Buffalo Bill sieht Lucky Luke nach, der in seiner üblichen Weise singend in den Abendhimmel nach Westen davonreitet und kommt ins Sinnieren: Eigentlich kein schlechtes Ende für eine Wildwest-Show.

IV. Die Moderne

Die Abenteuer von Lucky Luke sind nun geprägt von Themen und Bezügen zur Zeit, oft werden selbst zur eigenen Vergangenheit »revisionistische« Korrekturen oder Ergänzungen vorgenommen. Es beginnt sogar etwas zu spuken, über das man sich vordem vermutlich höchstens amüsiert hätte: Relevanz. Unser Cowboy lebt nun in einer Welt der achtsamen Diversitäten, die Macho-Ideale des alten Westens werden jetzt nicht mehr nur mit wohlwollender Ironie, sondern auch mit komischer Kritik behandelt. Lucky wird zu einem Modell für Toleranz und Demokratie. Wieder mehr als in den Bänden der Postklassik wird auf historische Recherche und auf die Entwicklung bislang nicht behandelter Themen Wert gelegt, die rein formale Selbstreferenz der Serie wird dagegen ein wenig in den Hintergrund gestellt.

Der Zeichner der *Lucky Luke*-Moderne ist allerdings immer noch Achdé, und das sorgt nicht nur auf dem grafischen Gebiet für Kontinuität. Seinen Einstieg gab er mit

Le Cuisinier français (Der französische Koch; 2003)[47] | Claude Guylouis

Die Kurzgeschichte entstand im Querformat und gleichsam als Gesellenstück des Zeichners Hervé Darmenton alias Achdé. Der Erfolg bei den Lesern machte den Schüler zum würdigen Nachfolger von Morris.

Die Goldgräberstadt Sunrise wird von Horacio Grizlee beherrscht, der neben anderen Unternehmungen vor allem Bohnen in Konservendosen fabriziert und keine andere Kulinarik in der Stadt duldet, bis der französische Koch in die Stadt kommt und mit Lucky Lukes Hilfe endlich eine gastronomische Alternative bietet. Horacio Grizlee träumt davon Scarlett O'Hara geheiratet zu haben, während seine Frau bereut, nicht Rhett Butler geheiratet zu haben. Die Pointe, das Französische in französischer Sprache zu persiflieren, lässt sich natürlich nicht in die Übersetzung retten.

Mein Lieblingsbild: Nacht in Sunrise. Lucky Luke sitzt, die Stiefel gegen einen Holzpfahl gestemmt, im Schaukelstuhl auf der Veranda, neben ihm frisst Rantanplan (der einzige, dem Grizlees Bohnen schmecken) aus einem Napf, und auf der Mainstreet machen sich die Schurken auf den Weg zu finsterer Tat, ohne zu bemerken, dass sich der wachsame Lucky Luke gerade den Stetson ins Genick geschoben hat und sich fragt, was die Bösewichte wohl vorhaben.

La Belle Province (Schikane in Québec; 2004) | Laurent Gerra

Auslöser der Handlung ist diesmal Jolly Jumper, der sich bei einem Rodeo in Province, die Stute eines Teilnehmers aus Québec verliebt. Als er den Liebeskummer seines Partners nicht mehr aushält, reitet Lucky Luke mit ihm nach Kanada, dorthin, wo es am meisten schneit und wo man Biberfleisch mit Johannisbeersoße isst. Und dort gerät er wie gewohnt in eine Fehde. Der üble Geschäftemacher Mac Lenburger erlaubt sich eine Gemeinheit zu viel, als er Province entführen lässt – eine andere besteht darin, den Indianern ihr Land für Feuerwasser abzuluchsen, und die letzte in einer Brandstiftung, die bemerkenswerterweise durch die Teamarbeit von Jolly Jumper und Rantanplan geahndet wird.

Dieser Band wurde erstmalig vom Komiker und Autor Laurent Gerra getextet – und zum ersten Mal betreute Achdé einen Band zeichnerisch allein. Der Spaß besteht hier in nicht unerheblichem Maß an dem Spiel mit dem speziellen Französisch, das in Québec gesprochen wird. Davon kann in der deutschen Übersetzung naturgemäß nur wenig übrigbleiben. Immerhin singt Lucky Luke sein Abschiedslied diesmal auf Französisch. Gerra kennt das Land und lässt die Einwohner in einem für das Terrain typischen Tonfall sprechen und fügt einige Eigenheiten und Klischeevorstellungen in die Handlung ein, die sich auf die nicht nur territoriale Entfernung der Franco-Kanadier vom einstigen »Mutterland« beziehen: »Isch bin eine arme einsame Ku'treiber und weit weg von zu 'aus«.

Lucky Luke kehrt nach immerhin 42 Jahren in diesem Abenteuer noch einmal ins Kanadische Québec zurück, wo er in *Die Daltons im Blizzard* (1962 zum ersten Mal in *Spirou*) schon Erfahrungen gesammelt hat. Zum obligatorischen Prominentenauftritt lässt sich diesmal die Sängerin Céline Dion, die selbst in Québec geboren ist, als Saloon-Attraktion herab. Zu ihren größten Erfolgen gehört übrigens der Song zum Disney-Film BEAUTY AND THE BEAST (1991), im Duett mit Peabo Bryson; Dion hatte eine internationale Karriere, doch neben Kanada war vor allem Frankreich die treueste Fan-Basis. Dazu kommt als historische

Figur ein gewisser Bernard Henry Levystrauss, der als Verkäufer von Hemden und Hosen durchs Land zieht und, ausgerechnet, ein Faible für Friedrich Nietzsche hat.

Mein Lieblingsbild: Achdé arbeitet in diesem Album noch rauer und gröber als Morris, vor allem in den Bildern mit einer größeren Fülle von Charakteren, wo er (noch) zu einer allzu schnellzeichner-karikaturhaften Arbeit neigt. Aber Bilder wie das im Vorsatz, in dem sich Jolly Jumper und Lucky Luke durch den Schneesturm kämpfen, lassen erahnen, dass Morris' Zeichenstil eine würdige Fortsetzung finden wird.

La Corde au cou (Die Daltons in der Schlinge; 2006) | Laurent Gerra

Die Ausgangssituation ist diesmal dramatisch: Die Daltons sollen gehängt werden. Ihr Zellennachbar Richter Bigwanst eröffnet ihnen einen Ausweg, wie sie dem Strick entkommen. Nach einem alten Gesetz müssen sie, wenn sie heiraten, begnadigt werden. Ma Dalton sucht nun verzweifelt vier Frauen für sie, doch niemand findet sich bereit, bis sich dann doch vier Frauen von den »Plattkopf-Indianern« mit ihnen vermählen, deren Vater indes einen sinistren Plan verfolgt, nämlich die Bleichgesichter um ihre Dollars zu bringen, was mithilfe der vier Outlaws ein Leichtes sein sollte. Wenn da nicht Lucky Luke wäre.

Die Geschichte um die Plattkopf-Indianer ist nicht nur einigermaßen zweifelhaft – es ist wirklich der einzige *Lucky Luke*-Band, der die Grenze von Geschmack und Würde überschreitet, sie ist auch leider nicht besonders komisch. Immerhin lassen sich die Aufritte diverser »Gast-Stars« genießen, darunter Joe Dassin, Liz Taylor, Kirk Douglas und John Wayne. Liz Taylor gehört zu den möglichen Bräuten, lehnt aber das Ansinnen mit der Bemerkung ab, sie sei nun mal nicht zu zähmen – in Anspielung auf ihre Rolle in der Shakespeare-Verfilmung von *The Taming of the Shrew* durch Franco Zeffirelli aus dem Jahr 1967.

Mein Lieblingsbild: Lucky Lukes verfrühter (nächtlicher) Aufbruch – als hätte er es geahnt.

L'Homme de Washington (2008; Der Mann aus Washington) | Laurent Gerra

Wahlkampf in den USA! Samuel Tilden für die Demokraten, Rutherford B. Hayes für die Republikaner. Letzterer will unbedingt eine Wahlkampagne im Wilden Westen durchführen, und nur Lucky Luke kann ihn davor bewahren, Attentaten und anderen Gefahren zu entgehen. Mit dabei ist Hayes' Ehefrau, genannt Lemonade Lucy, weil sie ein striktes Alkoholverbot durchsetzen will, was die Sache erheblich kompliziert, denn wo man auch hinkommt, die Versuchungen sind groß (einschließlich jener in einer Stadt deutscher Einwanderer, die sich ihr »Oktoberfest« nicht nehmen lassen). Dass Hayes dann doch Präsident der Vereinigten Staaten wird, verdankt er Lucky Luke, der sich die teuflischen Einflüsterungen der Gegner zunutze macht.

Es ist ein Band mit vielen historischen und aktuellen Bezügen: Rutherford war durch die Mehrheit der Wahlmänner trotz einer Stimmenmehrheit seines Konkurrenten gewählt worden, und seine Präsidentschaft stand von Anfang an unter Druck. Zu den Zugeständnissen, die er machen musste, gehören die schrecklichen »Jim-Crow-Gesetze«, die de facto aus der Abschaffung der Sklaverei eine neue diskriminierende »Rassentrennung« machten. In *Der Mann aus Washington* erregt eine Bemerkung, dass eines Tages ein Schwarzer Präsident der Vereinigten Staaten sein könne, Heiterkeit und Entsetzen. Auch der Einsatz von Hayes' Frau für das strikte Alkoholverbot ist eine historische Tatsache (wenngleich sie sich wohl nicht der im Album dargestellten heftigen Mittel bediente).

Mein Lieblingsbild: In Washington wird Jolly Jumper an einen Hydranten angebunden. Er trägt's mit Fassung.

Lucky Luke contre Pinkerton (Lucky Luke gegen Pinkerton; 2010) | Daniel Pennac / Tonino Benacquista

In einer kleinen Stadt des Westens (wo sonst?) wird gegen Falschmünzer ermittelt, und der Detektiv Pinkerton persönlich erklärt, dass mit den neuen wissenschaftlichen Methoden die alten Helden vom Schlag Lucky Lukes ausgedient hätten. Da der diesen Methoden misstrauisch gegenübersteht, kommt es zu einem Konkurrenzkampf. Die erste Runde geht an Pinkerton: Lucky Luke wird in eine Falle gelockt, als er ein Attentat gegen den kommenden Präsidenten Lincoln vereiteln will und sich dabei selbst in der Rolle des Verdächtigen sehen muss. Der Präsident macht Pinkerton zum Chef der Geheimpolizei, und der errichtet sogleich ein Schreckensregime mit überfüllten Gefängnissen und allfälligen Denunziationen. Die Gefängnisse sind dermaßen mit Insassen vollgestopft, die auch wegen kleinster Vergehen eingesperrt werden, dass man alte Kunden wie die Daltons kurzerhand auf freien Fuß setzen muss. Als die

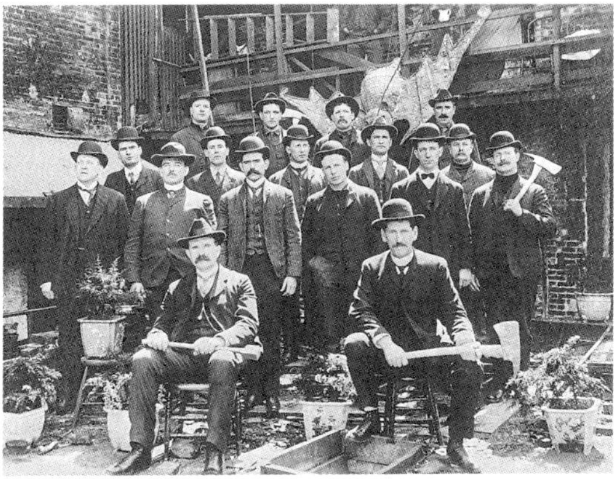

Jagd auf Outlaws und streikende Arbeiter: Mit den Pinkerton-Detektiven beginnt die Geschichte der Polizei

sich Zugang zu den Pinkerton-Unterlagen verschaffen, mit denen sie eine Erpressungskampagne starten wollen, wird Lucky Luke aus dem »Ruhestand« geholt. Nachdem er die Daltons wieder einmal besiegt hat, ist auch das Regime Pinkerton seines Schreckens beraubt und die Gefängnisse sind wieder so gleichmäßig belegt wie früher (natürlich die Daltons inklusive). Fünf Jahre später fällt Lincoln tatsächlich einem Attentat zum Opfer.

Allan Pinkerton und seine Detektive sollen wirklich ein Attentat auf Lincoln in Baltimore verhindert haben. Jedenfalls gehört die Pinkerton-Organisation zu jenen Institutionen, die aus dem Grenzland einen Teil der amerikanischen Gesellschaft gemacht haben, im Guten wie – mehr noch – im Nicht-so-Guten. Und in eben dieser Ambivalenz werden sie auch dargestellt. Dass sie mit der ihnen eigenen Hartnäckigkeit Butch Cassidy and the Sundance Kid zur Strecke brachten, verzeiht ihnen das Genre so leicht nicht, und der Post-Western verzeiht ihnen noch weniger, dass sie streikende Bergarbeiter zusammengeschossen haben. Andererseits sind sie natürlich auch die Ahnherren eines neuen Helden der populären Mythologie.

Mein Lieblingsbild: Lucky Lukes »Yup?« als sich Smith und Jones von der Pinkerton-Agentur auf der Veranda vorstellen.

Cavalier seul (Auf eigene Faust; 2012) | Daniel Pennac / Tonino Benacquista

Die Daltons befinden sich einmal mehr in familiärem Aufruhr: Nach dem letzten missglückten Ausflug in die Freiheit wird Joes

Führungsanspruch heftig infrage gestellt. Daraufhin schlägt er einen Wettbewerb vor: Wer als erster (nach dem nächsten Ausbruch) eine Million Dollar zusammenbekommt, egal mit welchen Mitteln, der soll die Bande fürderhin führen. Jeder der vier sucht an einem anderen Ort sein Glück: William eröffnet ein Spielkasino (Falschspiel inklusive), Jack ergaunert sich den Bürgermeisterposten einer Stadt, Averell eröffnet Restaurants (und führt dabei die Pizza als kulinarische Innovation ein), nur Joe macht genau so weiter wie zuvor und überfällt Banken. In ihren neuen »bürgerlichen« Existenzen werden die Daltons mehr oder weniger unangreifbar für Lucky Luke und das Gesetz. Wieder einmal gelingt es ihm, die Brüder gegeneinander aufzuhetzen. Als die vier kurz davor sind, sich gegenseitig zu erschießen, schafft es nur Ma Dalton, sie wieder zu versöhnen.

In diesem Band geht es vor allem um die ungewöhnliche Variation bekannter Motive. Lucky Luke muss sich mit den Daltons einzeln auseinandersetzen, die guten Bürger stehen auf Seiten der Daltons, und am Ende möchte Lucky Luke einen Kampf verhindern.
Mein Lieblingsbild: Ma Daltons *little house on the prairie*, in dem sie nach alter Gewohnheit ihren Kuchen bäckt, komplett mit Feile natürlich.

Les Tontons Dalton (Meine Onkel, die Daltons; 2014) | Laurent Gerra / Jacques Pessis
In diesem Band wird daran erinnert, dass es neben »unseren« Daltons auch noch die »echten« und unter ihnen einen Überlebenden, Emmett, gab. Dieser Emmett Dalton hat einen Sohn, der nun der Obhut »unserer« Daltons übergeben werden soll. Um ihre neuen familiären Pflichten erfüllen zu können, werden sie in den offenen Vollzug entlassen, natürlich mit niemand anderem als Lucky Luke als Aufpasser. Und wieder wird Joe auf eine emotionale Probe gestellt, weil ausgerechnet Averell Pate von »Junior« wird. Junior macht seinem Namen Dalton rasch Ehre. Während er sich als echter Teufelsbraten erweist und sich sogleich mit Raub beschäftigt, will sich Joe den Betrag unter den Nagel reißen, den die Mutter für die Erziehung von Junior zur Verfügung gestellt hat und über den ein Notar mit Namen Blanchini wacht. Junior erweist sich jedenfalls als allen erzieherischen Maßnahmen gegenüber resistent, bis man die pädagogische Geheimwaffe einsetzt: Ma Dalton. Dummerweise wird Junior aber kurz vor der großen Versöhnungsfeier entführt. Als die Daltons nach der Rettungstat von Lucky Luke mit dem Lösegeld verschwinden wollen, zeigt sich

Juniors Läuterung. Ja, wirklich, er geht nun so gern in die Schule wie die Daltons, ihrer pädagogischen Aufgabe offensichtlich nicht gewachsen, ungern wieder ins Gefängnis gehen.

Die Blaupause der Story ist die französische Filmkomödie LES TONTONS FLINGUEURS (Mein Onkel, der Gangster), die Georges Lautner im Jahr 1963 gedreht hat. Etliche der Hauptfiguren dieses Films haben auch Auftritte im *Lucky Luke*-Band, darunter Bernard Blier, Paul Meurisse, Claude Rich und Jean Lefebvre. Die rasante Komik dieses Films entsteht nicht zuletzt dadurch, dass der Regisseur und sein Drehbuchautor (Albert Simonin), ansonsten im dramatischen Fach daheim, das Genre Gangsterfilm im Kern so ernst nehmen wie die (meisten) *Lucky Luke*-Autoren den Western.

Mein Lieblingsbild: »Bernard Blier« und »Paul Meurisse« als Gangster, die Junior entführt haben, werden von Lucky Luke (Colt) und Jolly Jumper (Ast) erledigt.

La Terre promise (Das gelobte Land; 2016) | Jul (Julien Berjeaut)

Lucky Luke begleitet eine jüdische Großfamilie auf ihrer gefahrvollen Reise von St. Louis bis nach Montana.

Jul und Achdé leisten sich eine Reihe von Anspielungen auf berühmte jüdische Personen, darunter Albert Einstein, Sigmund Freud und die Marx Brothers, und auf Elemente des jüdischen Lebens, vom Festtagsgericht »Gefilte Fisch« bis zum Ausdruck »Pitchipoi« – als Peachy Poy – für das Abgelegene und Entfernte. Und ein Moses Jackson führt über den »Red River«. Nachdem alle Einwanderergruppen in der *Lucky Luke*-Saga schon auf ihr Klischee- und Gag-Potenzial abgeklopft worden waren, nahmen sich Jul (in seinem Text-Debüt) und Achdé nun in der gewohnt liebevollen Weise der Juden an. Auch hier beruft man sich auf historische Quellen und cineastische Vorbilder.

Einige der Anspielungen indes bleiben wohl einem (erwachsenen) französischen Publikum vorbehalten, etwa die indianische Seite der »Schwarzfuß-Indianer«, im Original »Pieds Noirs«, was auch die Algerien-Franzosen bezeichnet, die in der (rechten) National-Legende oft mit den nach Algerien ausgewanderten Juden verwischt werden, und die bei ihrer Rückkehr nach Frankreich pauschal als mafiös und kriminell gebrandmarkt wurden.

Ganz direkt gibt es Anspielungen auf den Louis-de-Funès-Film LES AVENTURES DE RABBI JACOB (Die Abenteuer des Rabbi Jacob; 1973; R: Gérard Oury), etwa wenn Moishe im Saloon den Tanz aufführt, für den de Funès berühmt wurde. Ein anderer Film mit dem Thema ist THE FRISCO KID (Ein Rabbi im Wilden Westen; 1979; R: Robert Aldrich) mit Gene Wilder, und nicht zuletzt gibt es in Mel Brooks' BLAZING SADDLES (Der wilde wilde Westen; 1974) die Vorstellung, Juden und Indianer seien miteinander verwandt; wie in *Das gelobte Land* wird auch in dem Film die Vermutung geäußert, es könne sich bei den Indianern um die »verlorenen Stämme« Israels handeln.

Nicht alle Wortwitze wie eben etwa der Ort »Peachy Poy« in Anspielung auf das jiddische Wort »Pitchipoi«, was man schlicht als gottverlassenen Ort oder einfach als »Arsch der Welt« übersetzen könnte, betreffen die semantische Oberfläche allein. Die Dichte der Anspielungen lässt auch einige eher schmerzhafte Verweise zu, etwa wenn Hanna angesichts eines Sheriffs fragt, ob hier alle Juden einen Stern tragen müssen. Und als Lucky Luke, wie gewohnt in die Abendsonne davonreitet, kommt er an einem Kaktus in Form einer Menora (des siebenarmigen Leuchters) vorbei.

Wie die meisten Texter nach René Goscinny konnte nun auch Jul nicht alle Kritiker restlos begeistern (übrigens geht die Geschichte dem Vernehmen nach auf einen Entwurf von Morris selbst zurück), und selbst wenn ein Rezensent wie Bernd Hinrichs berechtigterweise einwendet: »Es ist ungerecht bei jedem *Lucky Luke*-Band zu fragen, wie wohl Goscinny die Geschichte aufgebaut hätte«[48], so bleiben doch Kritikpunkte (die Routine der Plot-Konstruktion: Lucky Luke bringt trotz aller Gefahren jemanden irgendwohin, der selber so seine Eigenheiten hat; Achdés diesmal in der Tat ein wenig zu einfach ausgefallene Zeichnungen oder die Vorhersehbarkeit mancher Parodien), die den *Rolling Stone* zum misslaunigen Fazit brachten: »Lucky Luke sollte sofort in Rente gehen« (Marc Vetter).[49] Wie gesagt: Die Versuchung zum Ungerechtsein ist vergleichsweise groß, wenn man an die Alben der klassischen Periode denkt, die eben auch in der Text-Bild-Beziehung eine traumhafte Harmonie entwickelten.

Goscinny und Morris erzählten eben nicht *mit* Lucky Luke. Sie erzählten *Lucky Luke*. Aber so etwas lässt sich nun mal nicht nachmachen, so wie sich die einzelnen Elemente des Erzählgestus nachmachen lassen. Es mag indes schließlich auf das Thema zurückzuführen sein, dass *Lucky Luke* mit *La Terre promise* wieder

Gesprächsstoff für eine erwachsene Comic-Szene lieferte (und, nebenbei gesagt, zumindest in Frankreich einen beachtlichen Verkaufserfolg erzielte). Damit setzte sich die Serie aber auch unter Druck. Seit diesem Abenteuer muss jeder *Lucky Luke*-Band etwas Außergewöhnliches enthalten. Ein bislang unbehandeltes Gebiet, ein kontroverses Thema, eine gewisse Reminiszenz an politische und soziale Bewegungen, eine Satire mit humanistischem Anspruch usw. Lucky Luke, der ewige Cowboy, ist recht zeitgemäß geworden.

Mein Lieblingsbild: Lucky Luke, unter einem Baum, wie er die Herde hütet. Vielleicht ist er das ja, und in diesem Abenteuer besonders: ein Hirte (in einem Land, das nicht Arkadien bleiben durfte). Sechs Bilder später bricht denn ja auch unter den glücklichen Kühen eine Stampede aus.

Un cow-boy à Paris (Ein Cowboy in Paris; 2018) | Jul

Lucky Luke muss dafür sorgen, dass das Geschenk Frankreichs, die Unabhängigkeitstatue, sicher nach New York gelangt. Zuerst reist Auguste Bartholdi mit der Hand der Fackelträgerin durch die USA, um Geld für den Sockel für seine 93 Meter hohe Figur zu sammeln. Wer diesmal was dagegen hat, ist der Gefängnisdirektor Abraham Locker[50], der genau auf dieser Insel vor dem Hafen der Stadt ein Hochsicherheitsgefängnis errichten will. Und daher setzt er alle möglichen Tricks und Intrigen ein, um den Bau der Freiheitsstatue zu verhindern.

Wie das vorherige Album so ist auch *Ein Cowboy in Paris* voller Selbstreferenzen: Einer der »Gargeules« in Paris hat frappante Ähnlichkeit mit Rantanplan, so wie Arthur Rimbaud an Billy the Kid erinnert; eine Veilchenverkäuferin liest aus Lucky Lukes Hand, dass er mehr als siebzig Jahre alt werde (wie die Serie selbst), und als die Statue eingeweiht wird, finden sich unter den Gästen zahlreiche Gestalten aus früheren Abenteuern. Daneben begegnet der einsame Cowboy aber auch den Mythen der französischen Kultur, etwa einem Ehepaar namens Bovary, dem Schriftsteller Victor Hugo oder Gustave Eiffel. Auch muss Lucky Luke erleben, was in Frankreich Streiken bedeutet. Zutiefst erschrocken ist Jolly Jumper, weil es in Paris tatsächlich eine Pferdemetzgerei gibt, und deren Inhaber lässt uns sogleich an die Leichenheinis im Westen denken. Von den Bewohnern der Lichterstadt wiederum wird Lucky Luke einmal für Buffalo Bill gehalten (den man als amerikanischen Liebhaber von Sarah Bernhardt kennt) und ein anderes Mal für einen Belgier (weil seine Kleidung die belgischen Nationalfarben wiedergibt). Und sogar mit dem Passfoto gibt es Probleme: »Sie haben eine Zigarette im Mund!«).

Mit diesem Album etablierte sich das Duo Jul und Achdé endgültig als würdige Nachfolger von Goscinny und Morris. Viele Fans der Klassiker, die bei den Bänden mit den unterschiedlichen Autoren eher enttäuscht reagiert hatten, kehrten nun zu *Lucky Luke* zurück. *Die Sprechblase* äußerte gar einen dringenden Wunsch: »Lieber Achdé, verschwende bitte keine Zeit mehr mit *Lucky Kid*-Onepagern, sondern erfreue uns mit weiteren von Jul geschriebenen Abenteuern!«[51] Der Band wurde in Frankreich der meist verkaufte Comic des Jahres 2018. Nun war nicht mehr mit der Variation der bekannten Themen zu rechnen, sondern jedes Album fand eine neue Möglichkeit, Innovation und Aktualität zu liefern.

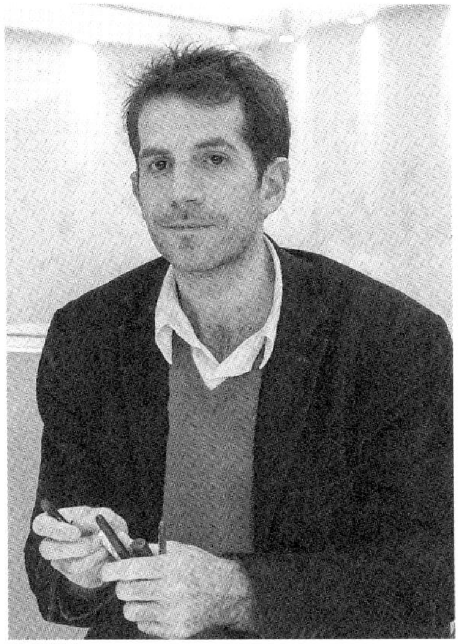

Jul auf dem Festival International de la Bande Dessinée d'Angoulême, 2013

Mein Lieblingsbild: Lucky Luke über den Dächern von Paris, wie man es sich nach gewissen Filmen vorstellt, in denen es sehr viel Akkordeon-Musik gibt.

Un cow-boy dans le coton (Fackeln im Baumwollfeld; 2020)

Lucky Luke erbt eine Baumwollplantage in Louisiana, und will sich das Gut im Süden ansehen, bevor er es möglichst schnell wieder loswird, um seine Streifzüge wieder aufnehmen zu können. Er will die Plantage den schwarzen Arbeitern überschreiben, die zwar von der Sklaverei befreit, aber noch lange keine gleichberechtigten Amerikaner geworden sind. Und das wollen die Plantagenbesitzer in der Umgebung unter Führung von Quentin Quarterhouse und der mit ihnen verbundene Ku-Klux-Klan dringlich so belassen. Lucky Luke tut sich mit seinem alten Kumpel Bass

Reeves zusammen, und Unterstützung finden sie auch bei einer jungen Lehrerin, die wohl nicht zufällig Angela heißt, so wie sich zwei mutige Kinder namens Oprah und Barack in ihren Berufswünschen zeigen: Sie will Journalistin werden und er nichts geringeres als Präsident der Vereinigten Staaten.

Es ist nicht gerade der erste schwarze Westernheld; schon in den dreißiger Jahren hatte es schwarze Cowboyserien-Helden gegeben, und von Woody Strode über Sidney Poitier bis Samuel L. Jackson reicht die Entwicklung des afroamerikanischen Gunslinger. Mario van Peebles setzte dann in POSSE (Posse – Die Rache des Jesse Lee) dem schwarzen Westerner 1993 ein erstes filmisches Denkmal, und Quentin Tarantino ließ in DJANGO UNCHAINED (2012) durch die Rächergeschichte endgültig die Opferrolle vergessen. In den Romanen ist der »Deadwood Dick« des Joe R. Lansdale nicht ganz und gar identisch mit seinem realen historischen Vorbild (so wenig wie Nat Love und Rufus Buck in DJANGO UNCHAINED). Beginnend mit *Paradise Sky* erzählt Lansdale die Geschichte eines schwarzen Cowboys, der, nachdem er mit Mühe einem Lynchmob entkommen ist, zu einer eigenen Outlaw-Legende wird und unter anderem mit Calamity Jane zusammentrifft. Deadwood Dick wurde in Italien für eine Zeit auch zum Comic-Helden, geschrieben von Autoren wie Maurizio Boselli und gezeichnet unter anderem von Corrado Mastantuono. Afroamerikanische Helden treten zum Beispiel in den Comics um *Marshal Bass* von dem kroatischen Comic-Team Darko Macan und Igor Kordey auf, die Geschichte des ehemaligen Sklaven River Bass, der zum US-Marshal wird. Der erste schwarze US-Marshal der Geschichte war Bass Reeves, dem man nachsagte, 14 Banditen getötet, und 3000 Verbrecher verhaftet zu haben.

Bass Reeves erzählt Lucky Luke am Ende seines Traums davon, »dass die Schwarzen eines Tages ebenso behandelt werden wie alle Amerikaner«. Dem Thema angemessen streift der Band etliches von der »Harmlosigkeit« der letzten Jahre ab. Lucky Luke hat am Beginn seiner Karriere eher ungeniert Gewalt angewendet, um die Ordnung an der Grenze zu sichern, hier nun wird deutlich, dass diese Ordnung nichts anderes ist als eine Struktur der Gewalt. Der Terror der vermummten Klansleute gegen die schwarze Bevölkerung und alle missliebigen Fremden hatte direkt nach der Niederlage der Südstaaten und der formalen Abschaf-

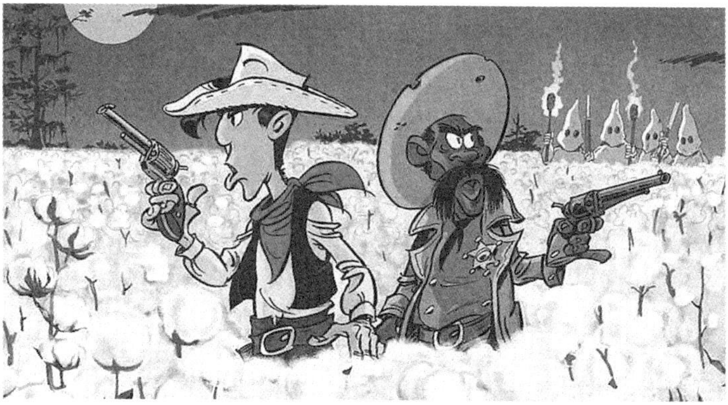

Dem Thema angemessen streift der Band etliches von der »Harmlosigkeit« der letzten Jahre ab: Vermummte Klansleute (im Hintergrund) erhalten Einzug in die *Lucky Luke*-Welt: *Fackeln im Baumwollfeld* (© Jul / Achdé / Lucky Comics / Dargaud)

fung der Sklaverei im Jahr 1865 begonnen und war von der weißen Mainstream-Gesellschaft, wie wir aus dem Film GONE WITH THE WIND (1939; R: Victor Fleming) wissen, zunächst nicht nur negativ bewertet worden. Die Verbrechen dieser rassistischen Terrorgruppe traten erst nach und nach ins kollektive Bewusstsein, doch die Organisation existiert bis heute und findet im Trump-Amerika nach wie vor Zuspruch. Dass in all der Brutalität auch immer wieder makaber-groteske Züge erscheinen, wirkt (mehr oder weniger) als *comic relief* in Filmen wie BLACKKKLANSMAN (2018; R: Spike Lee), DRAGNET (1987; R: Tom Mankiewicz) oder O BROTHER, WHERE ART THOU? (2000; R: Ethan & Joel Coen) – den der Band übrigens sehr direkt zitiert.

Von den Alben der neuen »politischen« Linie hat *Un cow-boy dans le coton* wohl am meisten Zuspruch gefunden. Während René Goscinny seine Gesellschaftskritik feinsinnig und manchmal eher melancholisch aus dem Inneren seiner Figurenwelt entfaltete, setzt Jul sie gewissermaßen von außen ein und scheut dabei nicht die Denunziation einer Klasse (irischer) Grundbesitzer, die sich während des Hummermahls über die Methodik des Auspeitschens von Sklaven amüsiert und das Abscheuliche von »Mischehen« beschwört. »Erstaunlich, wie spannend, witzig und detailgenau Achdé und Jul diese Black-Lives-Matter-Erweiterung des alten weißen Western-Soziotops ausschmücken. Dabei ist der Bruch mit dem frankobelgischen *Lucky Luke*-Urvater Morris und dessen irischen Vorbild John Ford vielleicht gar nicht so groß. Schon Ford selbst hatte ja das enge Figurenensemble seiner frühen Postkutschen-, Siedler- und Armee-Filme in späteren Jahren glaubhaft erweitert und empathisch aus den Perspektiven von schwarzen Sergeants und siechenden Ureinwohnern erzählt« (Christian Buß).[52] Der Haken an den »kritischen« *Lucky Luke*-Bänden besteht freilich darin, dass der einsame Cowboy selbst (und die Daltons noch viel mehr) der eigenen Story nicht ganz gerecht werden. Die Geschichte geht gewissermaßen durch sie hindurch, ohne sie zu verändern, und dabei verlieren sie etwas von ihrer Unverwechselbarkeit.

Mein Lieblingsbild: Während Bass mit den gefangenen Daltons in den Hintergrund davonreitet, macht sich Lucky Luke auf den Weg nach Louisiana (900 Meilen) und pfeift sich (gerührt vom Abschied) was, während Jolly Jumper meint, diesmal sei das Lied vom einsamen Cowboy ja nun auch wirklich deplatziert.

L'Arche de Rantanplan (Rantanplans Arche; 2022)

Wieder einmal ist Lucky Luke zu seinem ursprünglichen Beruf zurückgekehrt. In Cattle Gulch soll er einen Viehtrieb begleiten, doch als er dort ankommt, ist man gerade dabei, Ovide Byrde aufzuhängen. Als Präsident und einziges Mitglied des Tierschutzverbandes ist Byrde den Leuten, die hauptsächlich von Viehzucht leben, ein Dorn im Auge. Lucky Luke wird vom dankbaren Byrde mit auf seinen Hof genommen, auf dem er kranke und alte Tiere pflegt. Sonderbarerweise befindet sich auch Rantanplan unter ihnen, den Byrde gerettet hat, nachdem er in einen Brunnen gefallen war. Rantanplan ist es auch, der durch einen Zufallsfund in einer verlassenen Mine mit einem Schlag Byrde zum reichen Mann macht. Nachdem Lucky Luke den Hund wieder in sein angestammtes Gefängnis zurückgebracht hat, bringt der eben entlassene mexikanische Ganove Tacos Cornseed die Gefängnisleitung dazu, ihm Rantanplan als Begleitung in ein besseres Leben zu überlassen. So erreicht man Cattle Gulch, nicht der Tierliebe, sondern des Goldes wegen. Und hier werden fünf Komplizen angeheuert: Carott Kid, Artichoke Jim, Strawberry Susan, Quinoa Bob und der Chinese Tofu Sam. Sonderliches Interesse wird ihnen allerdings nicht entgegengebracht, ganz im Gegensatz zu dem Papagei, der beständig »Hängt ihn« schreit.

Den großen Tierfreund hat es wirklich gegeben. Es ist der Diplomat Henry Bergh (1813–1888), der 1866 die erste »Gesellschaft zur Verhinderung von Grausamkeit gegenüber Tieren«, der hier mit seinen Ideen seinen Comic-Schatten Ovide Byrde inspiriert. Wieder gelingt es dem Autorenteam ein zeitgemäßes Thema mit der klassischen Western-Story zu verbinden. Doch gegenüber den beiden Vorgängern ist *Rantanplans Arche* deutlich milder und »konservativer« ausgefallen. Mit der Anerkennung des Tierschutzgedankens (der im traditionellen Western selten über den Gnadenschuss für das verletzte Pferd und die Anstrengung hinausgeht, die es dem Helden bereitet, dabei seine Tränen zurückzuhalten) geht ja auch die direkte Warnung vor einer allzu dogmatischen Auslegung einher. Jul selbst bemerkt im Interview: »Lucky Luke wird ja nicht Vegetarier. Zu Anfang verteidigt er zwar einen Vegetarier, aber als die Situation sich umdreht, als dieser Vegetarier zu Reichtum kommt und dann seine Sicht der Dinge durchsetzen will und zu einem Diktator für Tierwohl wird, dreht sich die Sache um und Lucky Luke muss die Sache wieder richtigstellen.«[53]

Der sympathische Naivling Byrde ist dem Komiker Pierre Richard nachempfunden, während unter den Tierschützern eine Frau mit den Zügen Brigitte Bardots erkennbar ist, die in ihren Seniorenjahren ja tatsächlich ihr Herz für Tiere (und leider auch für die politische Rechte) entdeckt hat. Einen Schlenker zur Pandemie der Entstehungszeit erlauben sich die Autoren schließlich in einer besonders dramatischen Szene: »Die Höhe, jetzt muss man auch schon bei Hinrichtungen Abstand halten«, sagt einer aus der Meute beim traditionellen Western-Spaß des Aufhängens. In der nun Veggie Town genannten Stadt werden Falschspieler nicht mehr geteert und gefedert, sondern geteert und belaubt. »Henry Bergh, der Gründer des ersten Tierschutzbundes, hat wirklich eine Reise durch den Far West gemacht, um die Cowboys zu bekehren. Das ist historisch verbürgt und es ist immer eine der Aufgaben von Lucky Luke auch den Finger auf solche Themen zu legen und zu sagen, das hat es auch damals gegeben und damit heute aktuelle Themen anzusprechen« (Jul).[54]

Ansonsten wird *L'Arche de Rantanplan* von den Aficionados nicht nur als eines der schwächeren Bände der *Lucky Luke*-Moderne angesehen, mehr noch wird bedauert, dass die Autoren bei

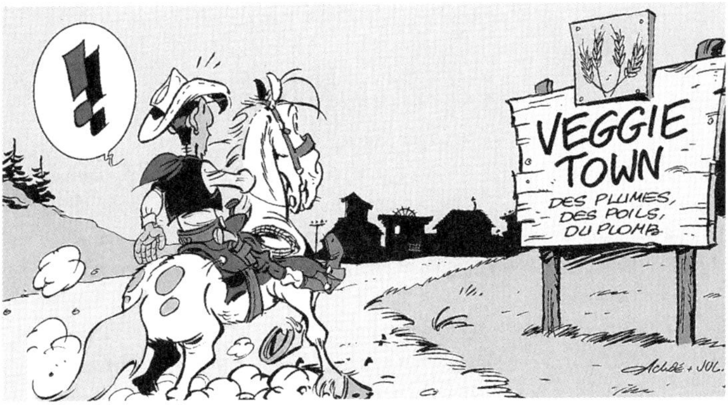

Lucky Luke greift nun in gesellschaftliche Debatten ein: *Rantanplans Arche*.
(© Jul / Achdé / Lucky Comics / Dargaud)

der Zeichnung von Native Americans oder Chinesen wieder in die alten Klischees verfallen seien. »Auf das großartige *Fackeln im Baumwollfeld* folgt ein belangloses Abenteuer, das einmal gelesen schnell wieder vergessen ist« (Tyll Peters).[55] Kann man auch anders sehen: »Die Zeiten ändern sich, auch im alten Westen« (Priscilla Di Thiene).[56] Oder so: »Mit dem Häuptlingssohn ›Flinker Lauch‹, der vor seiner Erweckung ›Hungriger Kojote‹ hieß, wird schließlich der Generationenkonflikt angedeutet, der heute eine große Rolle in Essens- wie Klimaangelegenheiten spielt. Zugleich wird die Gefahr des Fanatismus aufgezeigt, die droht, wenn das Fortschrittliche zu radikal ausgelegt wird. Lucky Luke hat zwar das Rauchen aufgegeben, wird sich aber wohl auch in Zukunft Steaks gönnen dürfen – in Maßen« (RalphTrommer).[57] Dass und wie Lucky Luke nun auch eine Figur ist, die in gesellschaftliche Diskurse eingreift, zeigt der Umstand, dass Egmont den Band in Kooperation mit dem Deutschen Tierschutzbund e.V. (Dachverband der Tierheime und Tierschutzvereine) herausbrachte. Am Rand sei noch erwähnt, dass Juls eigene Tochter konsequente Veganerin ist und man *Rantanplans Arche* insofern auch als eine familiäre Friedensstiftung verstehen (und entsprechend benutzen) kann.

Mein Lieblingsbild: Ein Schock: Lucky Luke beugt sich über Jolly Jumper, der zwischen den Fronten von Indianern und Weißen im Staub liegt, die Augen geschlossen, die Hufe unbewegt.

V. Die Hommage-Bände (*Lucky Luke* vu par ...)

Eine Reihe von Alben außerhalb der Reihe von verschiedenen Autoren und Zeichnern (bislang noch keine weiblichen Beteiligten), in denen die Figur jenseits des Kanons aber doch in ihrem Geist behandelt wird, wobei es, anders als in den Bänden der Hauptreihe, auch gestalterisch und stilistisch Freiräume gibt. Die Comic-Autoren sind hier in gewissen Grenzen frei, vor allem müssen sie sich nicht, wie in der regulären Reihe, an den Zeichenstil von Morris halten.

Zunächst erschien ein Sammelband mit Parodien und Pastiches von vierzig Comic-Künstlern. Unter anderem trat dort ein gewisser *Rocky Luke* als der *Vorstadt Cowboy* auf einem Moped – allerdings mit dem charakteristischen roten Halstuch – auf.

L'Homme qui tua Lucky Luke (Der Mann, der Lucky Luke erschoss; 2016) | Mathieu Bonhomme

Der erste Hommage-Band wurde von Matthieu Bonhomme geschrieben und gezeichnet, der sich durch Abenteuer-Epen wie *Der Marquis von Anaon* und *Esteban* einen Namen gemacht hatte. Zusammen mit Lewis Trondheim hatte er auch eine semi-komische Western-Serie geschaffen, *Texas Cowboys*: die Geschichte eines Journalisten namens Harvey Drinkwater in der Welt der Banditen um den berüchtigten Sam Bass[58] und seiner *Hole in the Wall*-Gang. »Mit Texas Cowboys haben Bonhomme und Trondheim eine ebenso kenntnisreiche wie liebevolle Hommage an die Groschenhefte verfasst und nebenbei die ›Graphic Dime Novel‹ erfunden.« (Peter Nover)[59]

Es treten auf Laura Legs und Doc Wednesday (hustend, wie sein Vorbild Doc Holliday). Der Erfolg dieses Albums trug übrigens auch dazu bei, dass man die Serie *Blueberry* wieder aufnahm, lange nach dem letzten Album und dem Tod seines Schöpfers. Kein Geringerer als Johan Sfar übernahm den Text, gezeichnet von Christophe Blain (die beiden hatten auch die Neuen Abenteuer von Mike S. Donovan alias *Blueberry* gestaltet, und auch hier ging es um eine durchaus eigenständige Arbeit, die sich nicht unbedingt als direkte Fort-

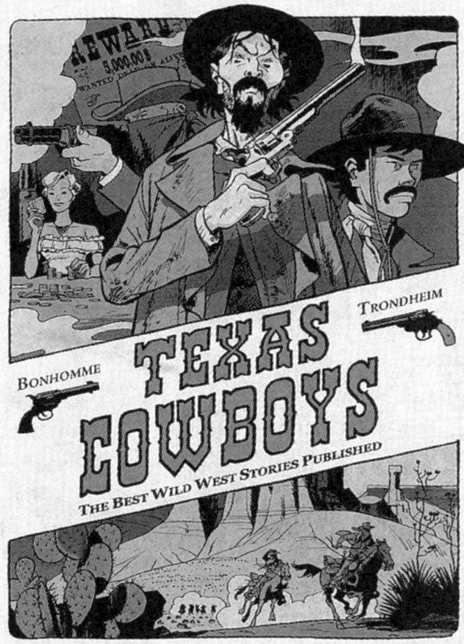

Liebevolle Hommage an die Groschenhefte: *Texas Cowboys* von Matthieu Bonhomme und Lewis Trondheim (© Salleck Publications)

setzung des Klassikers verstehen wollte).

Wie die Spin-offs mit den Nebenfiguren (besonders bekannt: das Marsupilami) so war auch das Projekt der Hommage-Bände, deren Autoren sich nur bedingt an den Kanon der Hauptserie halten müssen, und die auf ein erwachseneres und comicologisch anspruchsvolles Publikum abzielen, bei *Spirou* erprobt worden.

Mein Lieblingsbild: Noch ein Schock: Auf der ersten Seite liegt ein toter Mann im Schlamm der Main Street, und aus dem Off ertönt die Stimme: »Ich hab' Lucky Luke erschossen.«

Jolly Jumper ne répond plus (Jolly Jumper antwortet nicht; 2017) | Guillaume Bouzard

Diesmal wird kräftig mit den Vorgaben des *Lucky Luke*-Universums gespielt: Die Geschichte ist noch einigermaßen »kanon«-treu (Lucky Luke muss zusammen mit den Daltons nach der entführten Ma Dalton suchen), aber in den Einzelheiten wird vieles gegen den Strich gelesen. Da ist das Outfit des Cowboys (ein falsches Hemd, und man erkennt ihn nicht mehr), da ist das Gespräch mit Jolly Jumper (nebst einer Erklärung dafür, warum Lucky ihn eigentlich hören kann) und das Leiden eines Cowboys, dessen Pferd verstummt; da ist der Schatten, der aus seiner Vergangenheit kommt, und bei Averell Dalton hat sich die Verfressenheit endlich auch körperlich ausgewirkt, aber so richtig. Wie im ersten Hommage-Band so findet man auch hier eine Prise von Melancholie in der Satire. Was etlichen Fans der Serie, bei allem Gag-Reichtum des Bandes, weniger gefallen hat, ist der leicht vergröbernde Zeichenstil von Bouzard, der stets so sehr auf das Wesentliche konzentriert ist, dass für den gewohnten Reichtum an Details und »Kleinigkeiten« kein Platz bleibt.

Guillaume Bouzard (geboren 1968 in Paris, was für ein Jahr, was für ein Ort!) begann als Kunststudent in Untergrund-Publikationen und gründete 1986 sein eigenes Fanzine *Caca bémol*. Danach wurde die politische Karikatur sein Gebiet (unter anderem bei *Libération*, aber auch bei *Le Monde*). Zusammen mit Antonio Fischetti veröffentlichte er 2017 eine Sammlung von biografischen Comic-Essays über die bedeutendsten Wissenschaftler der Geschichte.

Mein Lieblingsbild: Lucky Luke verlässt das Büro des Staatsanwalts, der ihn, wie gehabt, auf eine gefährliche Mission sendet, und während er längst die Bühne verlassen hat, bleibt sein Schatten lange auf der Tür; der Staatsanwalt verharrt in Abschiedspose: »Keine Hetze ... Ich hab' Zeit«.

Lucky Luke sattelt um (2021) | Mawil (= Markus Witzel)

Nachdem bei *Spirou* der deutsche Zeichner Flix (= Felix Görmann) mit seiner Hommage *Spirou in Berlin* erfolgreich gewesen war, wurde auch für *Lucky Luke* ein deutscher Zeichner für einen Sonderband engagiert. Mawil wurde bekannt durch seinen Comic *Kinderland*, der seine Jugend in der DDR thematisiert. Schon damals kannte er *Lucky Luke* aus einem geschmuggelten Heft im doppelten Boden eines »Westpakets«, und er begann seine ersten Zeichenübungen auch mit dem Cowboy.

Wie es der Titel verheißt, geht es nun, ausgehend von Traffic Gulch, wo es zuvor 5.807 Einwohner aber 16.392 Pferde gibt, darum, die Potenziale des Fahrrads im Wilden Westen zu belegen. Auch das ist nicht vollkommen ohne historischen Bezug. Tatsächlich wurde das Fahrrad zu Mitte des neunzehnten Jahrhunderts ein wichtiges Fortbewegungsmittel, wenn vielleicht auch nicht gerade in der Prärie. Aber Paul Newman hatte ja schon 1969 in BUTCH CASSIDY AND THE SUNDANCE KID gezeigt, dass Fahrräder und Wilder Westen zusammenpassen. Der Unternehmer Albert H. Overmann setzte am Ende des Jahrhunderts das noch heute

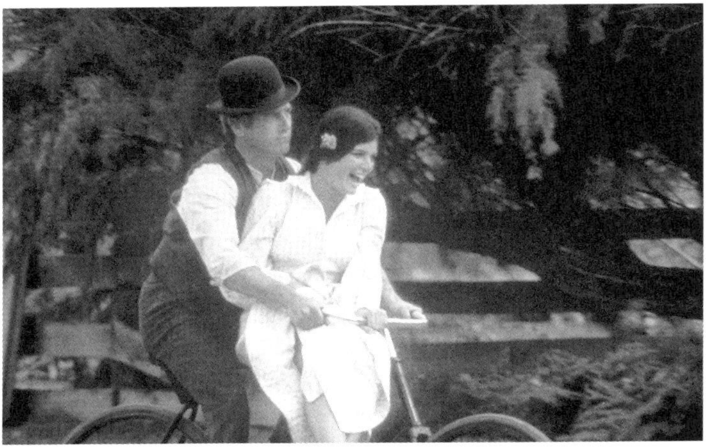

Die Inspirationsquelle (Paul Newman und Katherine Ross in BUTCH CASSIDY AND THE SUNDANCE KID) ...

gebräuchliche Rad gegen die Konkurrenz des Hochrads (das wir aus *Lucky Luke und ›Pille‹* kennen) durch, das von seinem Rivalen Albert Augustus Pope vertreten wird.

Eher widerwillig steigt Lucky Luke auf den Sattel des neuen Verkehrsmittels und muss nun, einmal mehr, eine Reise durch die Landschaften der USA unternehmen. Das bedeutet, nebenbei, zum zweiten Mal eine Beziehungskrise zwischen dem Cowboy und seinem Pferd. Lucky Lukes Widersacher sind diesmal die beiden Schurken Smith und Wesson[60], wobei die Smith-Rolle weiblich besetzt ist, die es auf den Inhalt einer Kiste abgesehen haben: die Bauteile eines neuartigen Fahrrades, das die bis dahin üblichen Hochräder ablösen soll. Allerdings hat man da schon, ganz anachronistisch, Räder mit Schläuchen zum Aufpumpen, während man damals faktisch nur Vollgummireifen kannte. (Aber anders hätten wir keinen Cowboy gesehen, der schneller pumpt als sein Schatten.) Mawils »sehr individuelles Figurendesign und seine plastisch-bunten Farben passen gut zu einer Geschichte, die statt auf Dialogwitz auf rasante Inszenierung setzt« (Heiner Lünstedt).[61] Dass Lucky Luke nach einer gefahren- und intrigenreichen Reise auch noch ein Rennen gewinnt, versteht sich fast von selbst. Weniger schon, dass er auf durchaus aktuelle Probleme stößt, etwa, wenn es um die Mitnahme von Fahrrädern im Zug geht.

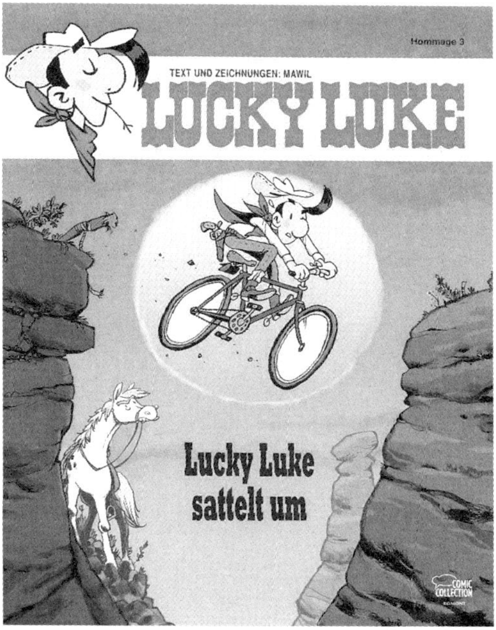

... und das Cover des Hommage-Bandes *Lucky Luke sattelt um* (© Egmont Comic Collection)

»Originell sind Mawils Seitenlayouts, die oft leicht verschobene Panels haben und vor allem in Actionsequenzen überzeugen, etwa wenn eine Schlucht einzustürzen droht und die Panels der Seite ein großes, sich nach unten zuspitzendes V ergeben.« (Ralph Trommer)[62]

Mein Lieblingsbild: Lucky Luke schiebt das Fahrrad durch die sengende Hitze der Wüste. Er kann nur noch auf die Hilfe von Jolly Jumper rechnen, der ihm als Fata Morgana am Horizont erscheint, während Kakteen die Form von Coca-Cola-Flaschen annehmen und an ihren Armen Uhren nach Art von Salvador Dalí hängen.

Zarter Schmelz (2021) | Ralf König

Der zweite deutsche Hommage-Band führt, wie bei dem Zeichner nicht anders zu erwarten, in die Welt der Männerliebe. Voraussetzung für die Arbeit aber war: Lucky Luke selbst durfte nicht schwul sein. Hier begegnen wir auch Calamity Jane, die Lucky vor die Brust klopft: »Und du? Immer noch Jungfrau? Eine Schande ist das«, vor allem aber zwei einander zugetanen Cowboys auf dem Weg über die Bareback Mountains, die, vielleicht zum Unmut mancher Fans der Spencer-Hill-Comedy-Western auch noch Bud und Terrence heißen. Neben deren Lovestory, die den Hauptteil der Geschichte ausmacht, tritt noch der Schwyzer Chokolatier

Sprüngli mit fünf lila Milchkühen in Aktion, und das ist wiederum eine echte Cowboy-Aufgabe für Lucky Luke, der sie zusammen mit Bud ins schöne Dandelion Valley treiben muss. Das Angebot des »Jobcenters« in Straight Gulch kommt ihm nämlich gerade recht, um zu seinen Wurzeln zurückzukehren und sich eine Auszeit von der ewigen Banditenjagd zu nehmen.

Eine Pointe des Bandes ist die Einführung des nicht wirklich zuverlässigen Erzählers. Bud Willis beginnt seine Erinnerungen übrigens damit, dass er – referentiell genug – feststellt, dass Lucky Luke ihm bei der ersten Begegnung »nicht ganz so gutaussehend wie in den Bilderbüchern« erschien, die er, natürlich, als »große Kunst« klassifiziert. Bud erzählt wiederum Lucky Luke von seiner ersten Begegnung mit Terrence McQueen[63], beim Hüten der Hammelherde in den Bareback Mountains, und natürlich ist die ganze Geschichte ein Pastiche zu Ang Lees berühmtem BROKEBACK MOUNTAIN-Film.

In *Zarter Schmelz* hat Lucky Luke schon damit zu tun, dass er zu einem »Bilderbuch-Cowboy« geworden ist. Während also die Hauptgeschichte sich an Ang Lees Film anlehnt, stammt diese Konfrontation mit dem eigenen Medienbild unter anderem aus dem Film THE ASSASSINATION OF JESSE JAMES BY THE COWARD ROBERT FORD von Andrew Dominik.

Mein Lieblingsbild: Eine Badeszene mit wundervoll lebendiger Kolorierung: Lucky Luke und sein rotbärtiger Chronist stehen im Wasser des Dandelion Valley und erkennen ziemlich rasch: Wir werden beobachtet.

Wanted! Lucky Luke (2021) | Mathieu Bonhomme

Der zweite Hommage-Band des Zeichners und Autors bringt Lucky Luke gleich mit drei Frauen in engere Berührung, die sich um den einsamen Cowboy reißen, alle sehr Western-like zwischen Prärie-Madonna und Cowgirl-Toughness: Die Schwestern Angie, Bonnie und Cherry, die mit ihrer Herde feststecken und unter anderem von Indianern bedroht werden. Hinter Lucky Luke selbst sind derweil alle erdenklichen Kopfgeldjäger und Ganoven her: 50.000 Dollar Belohnung verspricht ein Steckbrief. Es gibt ein Wiedersehen mit Versionen von Schurken, die uns aus der klassischen Periode bekannt sind, darunter Joss Jamon und ein Bruder von Phil Steel, genannt Spinnenbein, in dem erneut der Schauspieler Jack Palance zu erkennen ist. In der Geisterstadt Liberty treffen sie alle zusammen, Gauner, Indianer, Kavallerie, ein Verwandter der Dalton-Brüder, der gern so berühmt wäre wie sie, und die drei Schwestern, denen dann vielleicht doch mehr an Geld als an Sex gelegen ist. Am Ende muss Lucky Luke natürlich auch hier einsam bleiben, aber es gibt eine Andeutung, dass da in seinem Leben womöglich eine traumatische dunkle Stelle existiert.

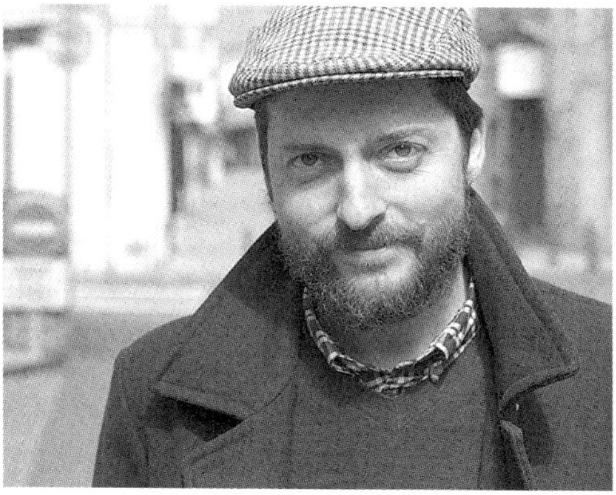

Matthieu Bonhomme, 2016

In mehrfacher Hinsicht ist *Wanted* ein Reflex auf die Erzählmaschinen *Western* und *Lucky Luke*: »Das Grundkonzept wirkt wie ein Versuchsaufbau, denn die Schwestern haben durchgetaktete Vornamen und stehen nicht nur von der Haarfarbe her für drei unterschiedliche Frauentypen. Die taffe schwarzhaarige Angie erinnert mich etwas an Angie Dickinson (jene einst prägende Schauspielerin aus Filmen wie RIO BRAVO oder POINT BLANK, die bei jüngeren Generationen nur noch auf traurige Unkenntnis trifft), und dann ist da noch der Rotschopf Bonnie und die schmalgesichtige Blonde Cherry (die es besonders hart erwischt).« (Thomas Vorwerk)[64]

Wanted ist eigentlich ein dramatischer Western, der sich mit leichten Anklängen an den Semi-Funny-Stil und seinen Rückkopplungen an die Hauptserie knüpft. Was Lucky Luke in den Bonhomme-Bänden einzig fehlt – abgesehen vielleicht von einer größeren Gag-Dichte – ist seine Coolness. Dieser Lucky Luke schaut eher wie ein Candid des Wilden Westens drein, clever und tapfer wie je, gewiss, aber doch ungewohnt involviert, wenn nicht gar berührt … Aber man kann auch diese Seite des Helden lieben, doch das kann man.

Mein Lieblingsbild: Lucky Luke, umgeben von den drei sehr unterschiedlich bewaffneten Frauen, in halber Knieposition und mit gezogener Pistole und mit wirklich zornigem Ausdruck: Eine Studie in gefrorener Bewegung.

VI. Spin-offs

Lucky Kid

1995 legten Didier Conrad als Zeichner sowie Yann le Pennetier und Jean Léturgie (als »Pearce«) den ersten Band mit den Abenteuern aus der Kindheit des Helden vor.

Kid Lucky (Am Fluss der rosa Biber; 1995) | Pearce / J. Léturgie zugeschrieben
Wie bei *Asterix, Isnogud* und *Spirou* versuchte man nun auch bei *Lucky Luke* das kindlichere Publikum anzusprechen, nachdem die Hauptserie mehr und mehr zur Erwachsenenlektüre wurde. Für diese Zielgruppe freilich ergibt sich insofern ein Problem, als man kaum die Kenntnis klassischer Genrefilme voraussetzen kann. Nicht nur die Gags müssen also für sich stehen. Die Zeichnung der »Indianer« geht daher nicht mehr als Parodie der Genre-Klischees durch, was in *Am Fluss der rosa Biber* schon zu Beginn unangenehm auffällt, als die Ogalallas als trunksüchtige und kindisch abergläubische Gestalten charakterisiert sind. Ansonsten wird die Geschichte der von Indianern entführten weißen Kinder variiert – mit einigen durchaus poetischen Seitengeschichten, etwa der zur Squaw gewordenen Tochter des Kavallerieoffiziers, die lieber zu ihrem Stamm zurückkehrt: Als sie auf die Probe gestellt wird, und ihr im Fort ein Klavier hingestellt wird, haut sie nur zornig mit den Fäusten darauf. Später, als sie ein Klavier in der Prärie findet, spielt sie fehlerfrei die kleine Fuge von Bach, nicht ohne sich vergewissert zu haben, dass weder Weiße noch Ogallalla in der Nähe sind. Der Rahmen-Gag besteht darin, dass sich das ganze epische Geschehen in der Zeit abspielt, in der der Oldtimer-Trapper auf seinen Begleiter, den Waisenjungen Kid – alias Lucky Luke – wartet. Ansonsten erfahren wir etwas über den Beginn der wunderbaren Freundschaft zwischen Lucky und Jolly Jumper und davon, woher er das Lied vom »Poor Lonesome Cowboy« hat.
Mein Lieblingsbild: Die Kavalleristen reiten, wie es sich in Ford-Country gehört, in Zweierreihe ins Fort zurück und singen *She Whore a Yellow Ribbon*, während sie von einem Felsen aus von dem Fohlen Jolly Jumper beobachtet werden, der seinem junge Freund Lucky Kid gefolgt ist.

Oklahoma Jim (1997)
Mit diesem Band wurde die Serie 1997 vorläufig beendet, da der Publikumszuspruch ausblieb. Eine Serien-Krankheit: Die ständige nachträgliche Vernetzung von Charakteren und Lebenslinien, bis alles so dicht ist, dass man nicht mehr durchblickt. Oklahoma Jim jedenfalls ist ein Outlaw, der sowohl Lucky Luke als auch den Daltons in frühen Jahren das Schießen beibringt. Jim will die Daltons natürlich als Nachwuchs-Komplizen anwerben, doch da hat schon der junge Lucky Luke was dagegen.

L'Apprenti cow-boy (Lucky Kid; 2011)
Der Neustart der Serie mit dem aus der Hauptserie bekannten Zeichner Achdé, der hier auch als Texter arbeitet, integrierte die Geschichte des Findelkindes aus dem Western mehr mit der Hauptserie. Für den in der Hauptserie etablierten Zeichner war die Doppelfunktion wohl auch eine gewisse Befreiung: »Bei Lucky Kid habe ich dann getextet und gezeichnet. Da war ich der Herr über das Storyboard. Das war so, als würde man einen Film drehen. Ich habe den Schnitt bestimmt. Für mich ist es ein Muss, Kontrolle über meine Bilder zu haben. Aber natürlich arbeiten wir auch als Team. Allerdings akzeptieren sie, was ich mit meinen Zeichnungen erreichen will.«[65]

Bereits das Titelbild ist eine Anspielung auf den berühmten Band *Lucky Luke gegen Phil Steel* und stellt auch sonst bewusste Analogien zum späteren Geschehen dar. In einem Planwagen, dessen Trümmer nach einem Überfall zurückgelassen wurden, findet der Cowboy Sam ein Baby, das sich durch herzzerreißendes Schreien auszeichnet. Martha Pfahl wird auf das Kind aufmerksam und erklärt sich bereit, den Jungen in ihre Obhut zu nehmen. Da der Knabe ein sagenhaftes Glück zu haben scheint, erhält er den Namen »Lucky«, und den Zusatz »Luke« nach dem heiligen Lukas – was insofern etwas widersinnig ist, als dieser Apostel als Schutzheiliger der Ärzte und der Kranken gilt. Nach und nach findet Lucky Kid in seiner Welt Gefährten (und auch schon erste Feinde). Sein erster Freund wird das Fohlen Jolly Jumper, es folgen Lisette, Dopey, der Indianerjunge Kleiner Kaktus oder Paquito. Der kleine Lucky kann mit der Steinschleuder so umgehen wie der erwachsene Lucky Luke mit dem Colt.

Lasso Périlleux (Ein starker Wurf; 2013)
Lucky Kid lernt unter anderem den Unterschied zwischen Kaninchen und Bären.

Im Gegensatz zu den eher anarchistischen Abenteuern des jungen Spirou haben die von Lucky Kid, trotz allem kindlichen Freiheitsdrang des Helden, stets eine moralische, wenn nicht gar pädagogische Botschaft. Wir sehen dem Kind dabei zu, wie es sich aus der Vielzahl von Interessen, Gesetzen und Codes nach und nach jene eigenen Regeln erschafft, nach denen der erwachsene Cowboy handeln wird. Das steckt schon in Lucky Kid: Er ist einer, der sich gewiss nichts gefallen und sich gewiss nichts vormachen lässt. Aber ein Rebell ist er nicht.[66] Er ist viel mehr einer, der die Regeln beschützt, als einer, der sie bricht.

Statue Squaw (Martha Pfahl; 2016)
Hier beginnt die Saga um den kleinen, rebellischen Waisenjungen, der seiner Pflegemutter – eben Martha Pfahl (nicht gerade der meisterlichste Namen-Gag, oder?) – und seinen mehr oder weniger bürgerlichen Mitmenschen das Leben schwer macht, in vielen kurzen Geschichten, die mit einer historischen Anmerkung versehen sind. Reminiszenzen an klassische Lausbubengeschichten wie Tom Sawyer von Mark Twain sind ebenso unerlässlich wie ein Rewriting von Lucky Lukes Lebensgeschichte (was sich dann auch in dem Realfilm mit Jean Dujardin niederschlägt). In der letzten Geschichte begegnet Lucky Luke in einem Traum dem Weihnachtsmann, den Kid mit einem Schneeball gegen einen Indianerangriff verteidigt.
Mein Lieblingsbild: ... und er dreht sich die erste Zigarette (mit absehbaren pädagogischen Folgen).

Suivez la flèche (Mitten ins Schwarze; 2018)
Achdé war auch hier wieder Texter und Zeichner. Der Band versammelt Kurz- und Kürzestgeschichten, die mit einer Rahmenhandlung verbunden sind, in der der erwachsene Lucky Luke auf einen Waisenjungen trifft, gleichsam ein Alter Ego seines eigenen Lebens. Wenn am Ende Lucky sich auf sein Pferd schwingt und mit dem Lied *I'm a poor lonesome cowboy* in den Sonnenuntergang galoppiert, wäre gleichsam der Kreis geschlossen.

Kid ou double (Volle Fahrt voraus; 2020)
Wieder werden die Kurzgeschichten aus dem *Lucky Kid*-Universum mit dem Westen des erwachsenen Lucky Luke verbunden. Und wieder erinnert sich dieser an seine Kindheit, als er für einen jugendlichen Pferdedieb eintritt, der gehängt werden soll, obwohl er sich das Pferd nur ausleihen wollte.

Rantanplan

Dass Rantanplan der Hund ist, der dümmer ist als sein eigener Schatten, wird illustriert durch ein Bild, in dem sein Schatten über eine Mülltonne springt, während Rantanplan selbst dagegen kracht.

Dieser Hund, der seiner Heimat, dem Gefängnis mit sehr beschränkter Haftung, so sehr entspricht, hat seit 1987 seine eigene Serie, deren Stammautoren – Jean Léturgie, Bob de Groot und Vittorio Leonardo – sich gelegentlich mit Gastautoren abwechselten.

La Mascotte (Das Maskottchen; 1987) von Morris/Jean Léturgie: Der Hund Fifi VI., das Maskottchen der 7. Kavallerie, ist verschwunden und Rantanplan muss, äh, einspringen.

Le Parrain (Der Pate; 1988) von Morris/Léturgie/Xavier Fauche: Kann jemand Banknotenbündel mit Blätterteigkuchen verwechseln? Einer kann es. Rantanplan wird reich und gesucht.

Rantanplan otage (Die Geisel;1992) von Morris/Léturgie/Xavier Fauche: Einmal mehr liebt Rantanplan eben jenen Menschen heiß und innig, der ihm ans Leder will.

Le Clown (Der Clown; 1993) von Morris/Michel Janvier – Léturgie/Xavier Fauche: Colonel McWeston hat die nicht besonders clevere Idee, seinen Enkel Douglas über die Ferien im uns wohlbekannten Gefängnis unterzubringen. Douglas hat nur einen Gedanken: Er will zum Zirkus. So flieht er zusammen mit Rantanplan, um sich beim Zirkus ZAMPANO (wir erinnern uns natürlich an Federico Fellinis LA STRADA) zu verdingen. Nachdem er zusammen mit dem Hund eine grandiose Clownsnummer entwickelt hat, steigt er zum Star auf, während sich Pawlow wieder einmal auf eine Suchaktion begibt.

Le Fugitif (Der Flüchtling; 1994) von Morris/Léturgie: Die Welt außerhalb des bekannten Gefängnisses ist voller Gefahren.

Le Messager (Der Bote; 1995) von Morris/Léturgie/Fauche: Cactus Joe ist entflohen und Pawlow macht sich mit dem jungen übereifrigen Wächter Younger und Rantanplan auf die Jagd nach ihm. Das ganze löst einen Indianerkrieg aus und statt seine genreübliche Rettungstat zu vollenden landet Rantanplan bei einer Truppe von Tänzerinnen.

Les Cervaux (Die Genies; 1996) von Morris/Vittorio Leonardo – Bob de Groot, Niels Søndergaard: Die Wissenschaftler Frank und Stein testen ihr Mittel zur Intelligenzsteigerung an den beiden Wesen, die man mit Fug als die Dümmsten der Dummen ansehen kann: Averell Dalton und Rantanplan. Die beiden werden wirklich zu wahren Intelligenzbestien und drohen mit ihren neuen Fähigkeiten üble Dinge anzustellen.

Le Chamoux (Das Kamel; 1997) von Éric Adam, Xavier Fauche: Statt eines Esels wird dem wohlbekannten Gefängnis ein Kamel zugeteilt, das unter Zeitdruck aus Yuma abgeholt werden muss.

Le Grand voyage (Die große Reise; 1998) Auch Rantanplan darf einmal Paris sehen.

La Belle et le bête (Die Schöne und die Bestie; 2000) von Bob de Groot: Wer außer Rantanplan kann jemanden, der niemals lacht, heilen?

Die querformatige Serie *Rantanplan-Strips* besteht aus kurzen Gag-Episoden ohne größeren Zusammenhang – zuerst unter dem Titel *Bétisier* (1-5; 1993–2000) zusammengestellt, dann unter einzelnen Titeln, von *Le Noël de Rantanplan* (2001) bis *Carré d'Os* (2011) – aber mit einem

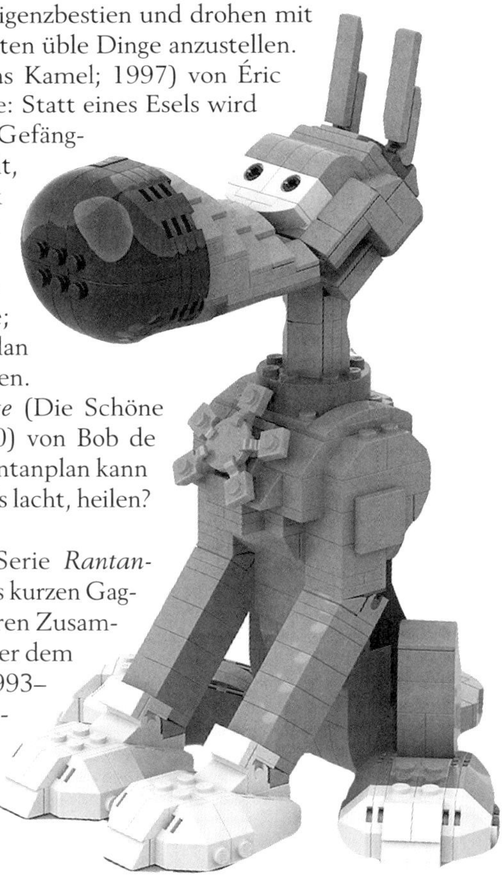

Rantanplan als Legofigur

wachsenden Arsenal von Neben- und Gegenfiguren, allesamt dazu geschaffen, die geradezu poetische Dummheit der Hauptgestalt zu untermauern. Drei dieser Bände von Xavier Fauche und Jean Léturgie erschienen auf Deutsch:

Hundeleben / Die Intelligenzbestie
Hundstage / Das Fettnäpfchen
Hundekuchen / Der Wache Hund

Im Gegensatz zu den epischen Alben ist die Rantanplan-Edition hierzulande eher mosaikhaft: So heißt es auf der Seite *SPLASH Comics* zu Band 2 »Eine Gesamtausgabe der Strips liegt aber mit diesem Band nicht vor. So klafft irgendwann eine Lücke zwischen Nummer 776 und 806 – interessanterweise ist dies die Stelle, an der sich die zeichnerische Qualität erheblich verändert. Zwar ist es noch immer Morris gewesen, der diese Strips gezeichnet hat, aber man hat gemerkt, dass er in späteren Jahren weitaus unsauberer gezeichnet hat, vielleicht auch, weil ihm die Hände gezittert haben dürften. Jedenfalls sind die Strips ab der Nummer 806 deutlich zu unterscheiden. Dem allgemein vorhandenen Witz, der dank Bob de Groot und V. Leonardo bestens gepflegt wurde, tut dies aber auch keinen Abbruch.«[67]

Im Grunde sind die *Rantanplan*-Serien Fragmente einer eigenen Welt, die ganz im Gegensatz zu der von *Lucky Luke* gerade durch ihre Geschlossenheit so komisch wirkt. Dazu gehören die drei stationären Hauptfiguren neben dem Hund selbst: Der Direktor, ein Karrierist, der nur an seinem eigenen Fortkommen interessiert ist, und der als Objekt für den »Überraschungsinspekteur« immer wieder in denkbar peinliche Situationen gerät. Sein Werben um die junge Gladys ist nicht weniger ineffektiv. Der Koch Pawlow ist eine zentrale Figur nicht nur für Rantanplan, für den man ihn verantwortlich macht: Wenn etwas schief geht – eigentlich geht alles schief – dann gibt der Direktor stets Pawlow die Schuld. Natürlich weiß Rantanplan nie, was eigentlich los ist.

Apokryphes, Fälschungen, Entweihungen und Liebeserklärungen

Eine Reihe kürzerer Arbeiten wurden in verschiedenen Magazinen auch außerhalb von Frankreich und Belgien veröffentlicht – und später in die deutsche Gesamtausgabe integriert. Bemerkenswert etwa:

Vas-y, Rantanplan (Fass, Rantanplan; 1980)[68] | Dom Domi (= Dominique Vandael) / Morris
Rantanplan soll endlich zum richtigen Wachhund erzogen werden, und dazu setzt man auf die Hilfe des deutschen Hundezüchters und -trainers Rittmeister Max von Stephanitz (komplett mit Pickelhaube, Orden und Kaiser-Wilhelm-Bart). Der echte Max von Stephanitz (1864–1946) ist der Gründer des »Vereins für deutsche Schäferhunde« und überhaupt »Erfinder« dieser Hunderasse, deren Stammvater ein gewisser Rüde namens Horand von Grafrath war. Eine Reise in den Wilden Westen ist von von Stephanitz allerdings nicht überliefert. Tatsächlich aber hat er auch einige neue Aspekte in die Hundeerziehung eingeführt und sich vor allem gegen die Zwingerhaltung ausgesprochen, wie er in seinem auch heute noch nachgedruckten Standardwerk *Der Deutsche Schäferhund in Wort und Bild*[69] ausführt: »Wird der Hund aber, um nicht Schaden anzurichten – oder gar, um seines hohen Kaufpreises wegen nicht Schaden zu leiden – im Zwinger gehalten, dann verkommt er nicht bloß körperlich, wird steif, ungelenk und träge, er geht dort auch geistig zugrunde, verliert Mumm und Schneid«.

Zum 25-jährigen Jubiläum von *Lucky Luke* im Jahr 1971 stifteten alle Zeichner und Autoren von *Pilote* ihre persönlichen Varianten, dazu gehören etwa Philippe Druillet, Jean Giraud, Marcel Gotlib oder Claire Bretécher, die ein weibliches Gegenbild ersann: Lucky Lucy kommt in einen Ort namens Women's Lib Gulch geritten, in dessen Saloon Männer nicht erwünscht sind und Patty Poker den Besucherinnen buchstäblich das letzte Hemd abgewinnt. Unsere Heldin fasst dann dem Mann, den sie aus Pattys Klauen befreit, ungeniert an den Hintern, was diesen moralisch entrüstet, und ebenso die anderen Frauen, die unsere Heldin aus dem Saloon schmeißen. Es bleibt ihr nichts anderes, als in die untergehende Sonne zu reiten: »I'm a poor lonesome cowgirl far away from home ... «[70]

Der immer etwas derbe Philippe Vuillemin ließ Lucky Luke mit einem anderen berühmten Cowboy das Bett teilen, dem Marlboro-Mann. Allerdings drohte er ihm mit der Aufkündigung der Liebschaft, wenn der nicht mit seiner verdammten Qualmerei aufhöre. Auf der Parodie-Seite von *Comic-Forum* (Nr. 25/26) lässt René Lehner eine Dame zu Blueberry sagen: »Kommt da nicht dieser berühmte Erdberry?« – »Der Mann, der General Grant erschießen wollte, 200.000 $ gestohlen und mit Chihuahua Pearl geschlafen hat!« Als Blueberry verlegen antwortet »Ich glaube, Sie verwechseln den Mann, Miss« kommt niemand anderes als unser armer einsamer Cowboy ins Bild geritten.

Morris selbst schuf 1966 eine Satire (*Lucky Luke se défoule*) auf alles, was sein einsamer Cowboy normalerweise nicht, nein, ganz bestimmt nicht tut: Er trinkt Whisky, erschießt einen Sheriff, der ihn entwaffnen will, fängt sich mit dem Lasso eine Saloon-Tänzerin und ... »censuré«. Sodann entreitet Lucky Luke mit dem Lied auf den Lippen: »Cigarettes, Whisky et p'tites pépées«. Das war gewiss eine kleine Rache für die vielen Eingriffe, die man beim (katholischen) Verlag Dupuis an der Serie vorgenommen hatte: Billy the Kid durfte nicht an seiner Pistole nuckeln, beim (drohenden) Hängen durfte kein Strick zu sehen sein, und in den Saloons durften keine Bilder mit halbnackten Frauen über dem Tresen hängen.

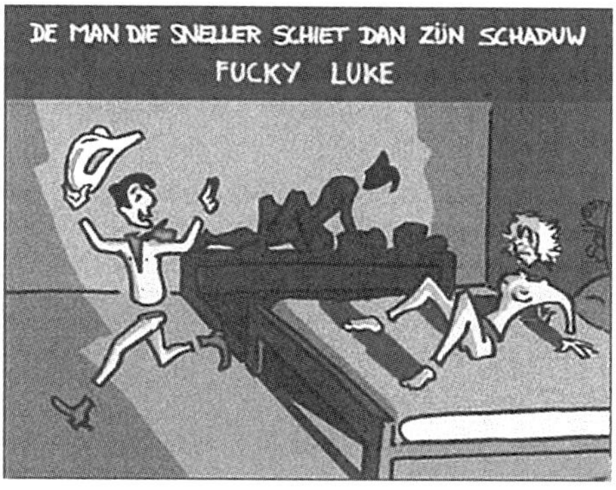

Auch das noch: *Lucky Luke* als Porno

Natürlich durfte auch eine echte Porno-Version nicht fehlen: *Fucky Luke*, der »Mann, der schneller spritzt als sein Schatten«. Beim Festival BD Lyon 2016 dagegen wurden 22 Comic-Autoren und -Autorinnen aufgefordert, die populärsten Comic-Helden neu, und zwar weiblich, zu besetzen. Und eine besondere Ableitung des einsamen Cowboys ist der Vorstadt-Biker *Rocky Luke* in *Banlieue West* (in Deutschland *Vorstadt Cowboy*); an diesem Band waren unter anderen Maurice Tillieux und Frank Margerin beteiligt. Kurzum: An *Lucky Luke* ist noch niemand vorbeigekommen, der irgendetwas mit Comics in Europa zu tun hat.

Maskottchen, Märkte, Monumente

Spätestens mit seinem Übertritt von gezeichneten Abenteuern in die Welt des haptischen Spielzeugs wurde *Lucky Luke* zu einem ikonischen Teil der Kinderkultur. Schon in den achtziger Jahren vermarktete man *Lucky Lukes* Konterfei bei 70 Unternehmen mit 450 Produkten im Merchandising. In etwa dürfte diese Zahl konstant geblieben sein. Zu den Merchandising-Artikeln gehören neben Plastikfiguren, *Lucky Luke*-Kostümen, T-Shirts und Tassen auch eine Hörspielaufnahme von *Daisy Town* mit keinem geringeren als Marcel Bozzuffi als Stimme von *Lucky Luke*. Eine deutsche Country-Band nennt sich Daisy Town (von der Hamburger Ska-Band Rantanplan war schon die Rede, die Platten unter Titeln wie *Kein Schulterklopfen [Gegen den Trend]* oder *Tresenthesen* veröffentlichte).

Am Strand von Middelkerke (Belgien) stehen überlebensgroße Figuren von Lucky Luke, Rantanplan und Joe Dalton; in Brüssel ist eine Hauswand mit der Szene eines Banküberfalls der Daltons geziert und natürlich mit Lucky Luke, bereit, die Verfolgung aufzunehmen, Rantanplan eher nicht so bereit – ein grandioser *eyecatcher*. Im Comic-Museum der Stadt[71] treffen wir, wenn wir durch die berühmte Saloon-Schwingtür treten, auf den Schatten von Lucky Luke.

Plastikfiguren zum Selberspielen gibt es von *Plastoys* und von *OPO*, eine Plüsch-Serie von *Barrado* umfasst Lucky Luke, Joe Dalton und Rantanplan, *Playmobil* hat selbstverständlich den einsamen Cowboy und die vier Daltons im Angebot, und auf den Flohmärkten dieser Welt ist die Jagd auf eine Elfenbein-Imitation von Rantanplan oder auf eine Lulu-Carabine-Figur komplett mit Geldkassette offen. Für eine Rarität wie den Duell-Lucky-Luke nach Bonhommes *L'Homme qui tua Lucky Luke* muss man bei *ebay* schon über 500 Euro anlegen, eine andere Seltenheit, die Katze von Ma Dalton, ist dagegen schon für unter zehn Euro zu ergattern. *Lucky Luke*-Figurensammler haben jedenfalls ein weites Feld für ihre Passion. Eine Original-Filzstiftzeichnung von *Lucky Luke* mit dem Morris-Signet (eher flott dahin skizziert als

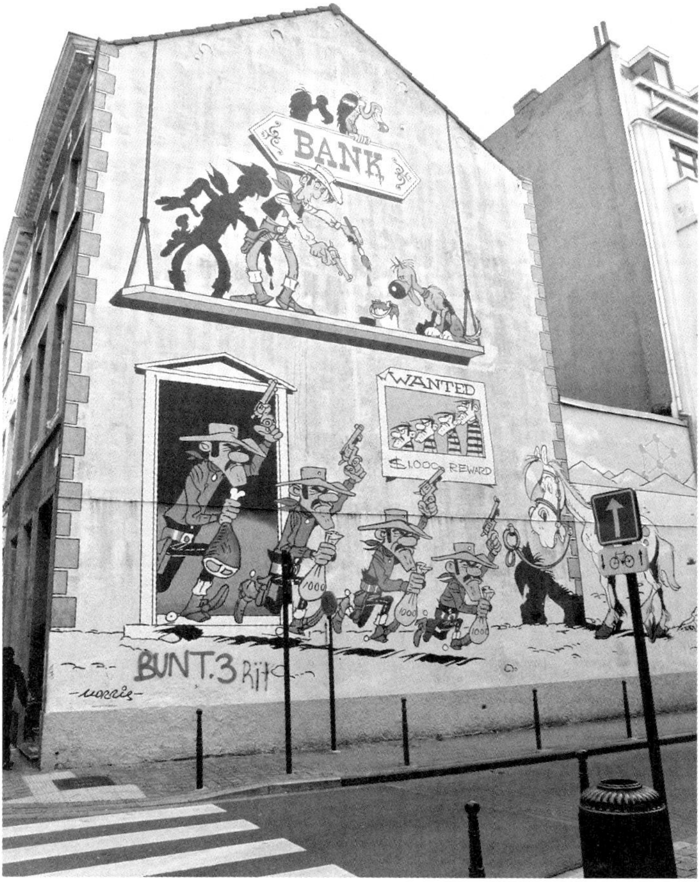

Lucky Luke & Friends und die Daltons auf einem Wandgemälde in Brüssel (© Morris)

ausgeführt) erzielte im Jahr 2021 beim Auktionshaus Koller den nicht unstolzen Preis von 3.750 Schweizer Franken (inkl. Aufgeld).

Für den Kinderkarneval sorgen Sets mit Lucky-Luke- oder Daltons-Outfit, für den Alltag tun es T-Shirts mit den Hauptfiguren der Serie, und der Start in den Tag gelingt nicht zuletzt durch Frühstücksbrettchen und Kakaotassen mit Zitatbildern aus den Comics. Für die Erwachsenen gibt es XL-Kaffeetassen mit Luke und der sinnigen Aufschrift »Ich trinke Kaffee schneller als mein Schatten«. Natürlich gibt es auch mehrere Generationen von Computerspielen, Versionen für den Gameboy, Atari- und Nintendo sind dabei, eine App (*Lucky Luke – Transcontinental Railroad*) zum Unterwegs-Daddeln, ein *Hasbro*-Spiel für die analoge Welt (*Lucky Luke und die Dynamitbande* – dahinter verbergen sich selbstverständlich die Daltons) sowie ein Labyrinth-Spiel (*Escape Game – Lucky Luke* – man kann sich denken, worum es dabei geht). Wenn man sich im Jahr 1985 für die Luxus-Sammlerausgabe des Horizont Verlages aus Filderstadt entschied (machte sich in der Tat gut zwischen Goethe und Reader's Digest) erhielt man einen »täuschend echten« Goldbarren als Gratiszugabe – pro Band nur 39,50 DM.

Es gibt Sticker der Marke *ZigZag*, Lucky-Luke- und Joe-Dalton-Schlüsselanhänger, und die belgische wie die französische Post geben mit schöner Regelmäßigkeit *Lucky Luke*-Sondermarken heraus. Eine Wanddekoration, Schachfiguren, eine Model-Druckdatei, das Poster von Luckys Duell mit dem eigenen Schatten, Gürtelverzierungen, Anoraks, Porzellan-Editionen, Nachtlichter, eine »robuste *Lucky Luke*-Handy-Tasche«, Tortenaufleger mit *Lucky Kid*, hölzerne Garderoben mit Lucky und den Daltons, ja sogar, Schreck lass nach, ein Feuerzeug mit einem *Lucky Luke* drauf,

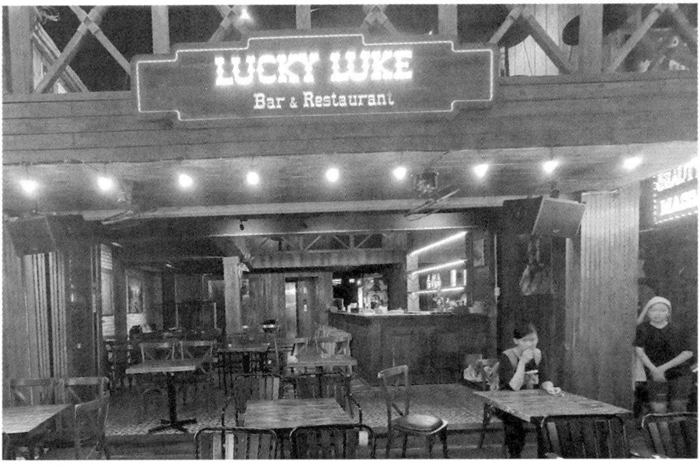

Die *Lucky Luke*-Bar in Ho-Chi-Minh-Stadt wartet auf Kundschaft (© D.F. Bertz)

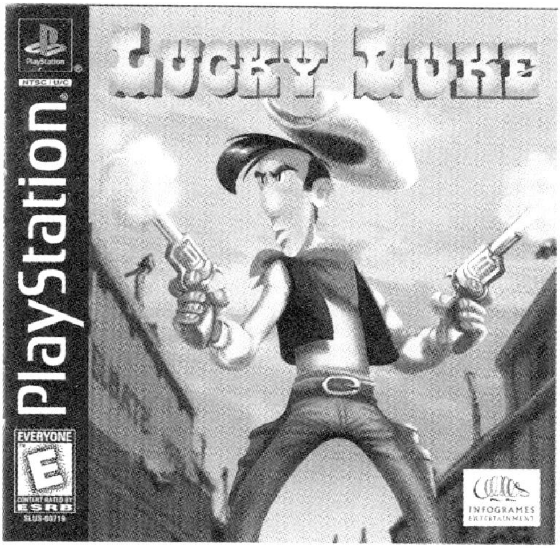

Lucky Luke als PlayStation-Game (© Sony)

der sich ungeniert eine Zigarette dreht, die sein Schatten schon mal anzündet. Nicht minder jugendgefährdend: ein Satz *Lucky Luke*-Pokerkarten (dann doch lieber das wertvollere LL-Quartett von *F. X. Schmid*) – und bei *Etsy* kriegst du gar einen *Lucky Luke*-Duftbaum.[72] *Lucky Luke* war schließlich auch ein Held der Kinderkassetten-Kultur der achtziger Jahre (komplett mit der Hintergrundmusik von Claude Bolling, der nicht nur die Musik zum ersten *Lucky Luke*-Film beigesteuert hat, sondern vor allem den jazzigen Soundtrack zu den Gangsterfilmen von Jacques Deray und den zu Jerry Lewis' mysteriösem, nie öffentlich gezeigtem THE DAY THE CLOWN CRIED). Zu Beginn des Jahrtausends gab es eine weitere Serie mit *Lucky Luke*-Hörbüchern, die sich direkt an die Comic-Alben anlehnten, und so konnte ein »totales« Ereignis für alle Sinne erzeugt werden. Es war und ist ein Leichtes, ein Leben mit *Lucky Luke* zu füllen.

Und, wir wollen es nicht verhehlen: *Lucky Luke* ist ein veritabler Cash-Cowboy.

Die Schöpfer von Lucky Luke

Maurice de Bevere, genannt Morris

Es gibt wenige Künstler der neunten Kunst, die ihr Leben so nachhaltig und offenbar glücklich einer einzigen Kreation gewidmet haben wie der Zeichner (und manchmal Autor), der sich »Morris« nannte. Er gehörte zu jenen Künstlern, die gleichsam mit dem Zeichenstift im Mund geboren wurden: »Alle Zeichner werden Ihnen erzählen, dass sie schon in der Schule kleine Zeichnungen an den Rand ihrer Hefte gemalt haben. Ich habe Zeichnungen in der Mitte gemacht und die Aufgaben an den Rand gekritzelt.«[73] Als Maurice de Bevere 2001 mit 77 Jahren starb, hatte er mehr als fünfzig davon mit dieser einen Figur verbracht: *Lucky Luke*. Dabei war er alles andere als ein limitierter Geist; unter seinen Kolleginnen und Kollegen galt er als »Intellektueller« mit einer Vielzahl von Interessen und Talenten. Nicht zuletzt interessierte er sich auch für die eigene Szene. In den sechziger Jahren arbeitete er an einer Artikelserie über die Comic-Künstler aus Frankreich und Belgien mit, und wenn man der Legende glauben darf, dann war er es, der den Comics die Bezeichnung »neunte Kunst« verlieh. »La Neuvième Art« war jedenfalls der Titel der Serie über Comic-Titel und -Künstler*innen, die er zusammen mit dem Journalisten Pierre Vankeer schuf. Als neunte Kunst bezeichnete Morris die Comics übrigens, weil er, nachdem der Film schon als siebente Kunst Anerkennung gefunden hatte, das Fernsehen als achte Kunst betrachtete. (Von dieser achten Kunst freilich ist weniger geblieben als von der neunten.) Aber Morris war auch einer von denen, die persönlich ganz gern im Hintergrund bleiben. Fast alles, was Morris über sich und die Welt zu sagen hatte, sagte er mit und durch *Lucky Luke*.

Maurice de Bevere wurde am 1. Dezember 1923 in dem Städtchen Courtrai geboren. Das liegt im flämischen Teil Belgiens und heißt deshalb auch Kortrijk (westflämisch Kortryk, französisch Courtrai/Courtray, früher auch Cortrick); seine Sehenswürdigkeiten sind ein Burgunderschloss, die Marienkirche und ein Bahnhof, dessen Bedeutung heute von einem Autobahnkreuz übertroffen wird. Seine wohlbehütete Kindheit und die Jesuiten-Schule verbrachte Maurice zu einem großen Teil in einer Fantasiewelt und mit dem Zeichnen. Das von den Eltern verlangte Jurastudium brach er dann aber doch ab. Es hatte ihn am Zeichnen gehindert.

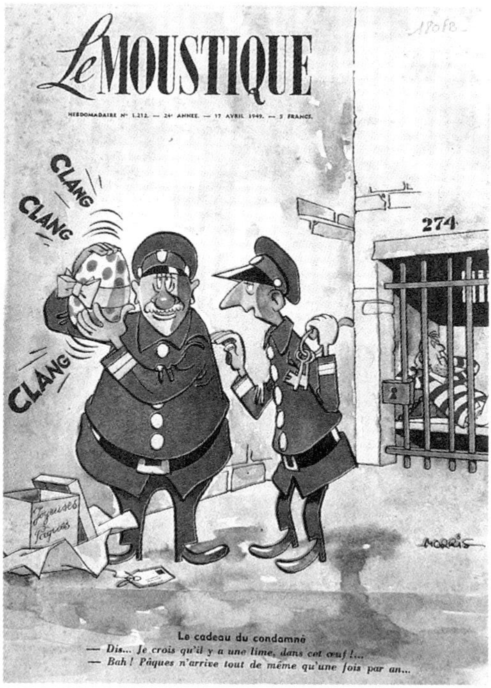

Cover von *Le Moustique*, April 1949 (© Morris)

Eine traditionelle Ausbildung als Zeichner hat Maurice de Bevere indes nicht absolviert (sieht man von einem kurzen Besuch eines Illustrationskurses in einer kleineren Kunstschule ab), er erlernte seine Kunst durch das Kopieren seiner Vorbilder – unabdingbar beginnend mit dem *Tintin* von Hergé – und durch unermüdliche Praxis. Seine berufliche Karriere begann er dann beim Trickfilmstudio C.B.A. (Compagnie Belge d'Actualités), wo unter anderem auch Eddy Paape und André Franquin arbeiteten, und das, nebenbei bemerkt, nicht immer die saubersten Geschäftspraktiken pflegte. »Die Atmosphäre war sehr gut und die Arbeit sehr angenehm. Wir sangen, lachten, diskutierten ... Alles, lief sehr gut. Bis zu dem Tag, als der Krieg zu Ende war und die Amerikaner den Trickfilmmarkt in ihre Hände nahmen.«[74] 1945 begann de Bevere für das Magazin *Le Moustique* Titelbilder zu zeichnen, aber das Ziel war schon damals eine eigene Serie, eine Westernserie, genauer gesagt. *Le Moustique* (= Die Mücke) war eigentlich eine Radio-

Programmzeitschrift, Artikel und Illustrationen waren eher das lockere Beiwerk. Der Verlag (Dupuis) hatte seinen Sitz in Marcinelle, und neben Bevere waren etwa Sempé und André Franquin im lockeren Mitarbeiterstab, der ansonsten für das jüngere aber bekanntere Comic-Magazin *Spirou* wirkte. Die Bergbaustadt Marcinelle war im Übrigen durch ein tragisches Unglück in die Schlagzeilen der Welt gelangt. 1956 war es in der Mine *Bois du Cazier* zu einem verhängnisvollen Brand gekommen – von den 275 anwesenden Kumpel fanden 262 den Tod, viele davon italienische »Gastarbeiter«. Marcinelle – oder flämisch Mârcinele – ein Teil der Gemeinde Charleroi, wurde schließlich für die »École Marcinelle« bekannt, einerseits ein Zeichenstil, der sich durch mehr skizzenhafte Dynamik und variantenreiche Perspektiven von der Schule der »Ligne Claire« abhob, der klaren Linie im Stil von Hergé, der die Produkte des Konkurrenz-Verlages Lombard in Brüssel und die dort verlegte Zeitschrift *Tintin* prägte, andererseits aber auch ein ganz spezieller Sinn für Humor, den man im Brüsseler Jargon »zwanze« nennt, ein etwas rauerer und manchmal durchaus kritischer Reflex auf die Lebensbedingungen dieser Gegend. In der École Marcinelle war der Geist der Karikatur lebendig, die in *Le Moustique* entwickelt wurde, und die jungen Autoren und Zeichner nutzten den gestalterischen Freiraum, der ihnen bei Dupuis im Gegensatz zu Hergés Diktat gegeben wurde.

École Marcinelle oder Ligne Claire, das sollte in späteren Zeiten die Schlüsselfrage für Liebhaber*innen der frankobelgischen Comics werden. In Wahrheit freilich waren und sind die Grenzen zwischen diesen beiden Schulen der grafischen Dynamik eher fließend. Im Mainstream haben sich schließlich die Vertreter der École Marcinelle als dominant erwiesen, doch es gibt, auch und gerade im Bereich der künstlerisch anspruchsvollen oder experimentellen Comics immer wieder Versuche, zur Reinheit der Ligne Claire zurückzukehren. Der vermutlich bekannteste Künstler dieser Richtung ist der Niederländer Joost Swarte, der neben seinen Comic-Serien auch Möbel und Architektur gestaltet, wo er, wie in seinen Zeichnungen, die Hommage an Hergé mit Referenzen an Bauhaus und De Stijl verbindet. Ein typischer École-Marcinelle-Strip wie *Lucky Luke* wirkt dagegen fast anti-konstruktivistisch, die Linie ist so wenig klar wie das Leben selbst, und mehr als auf die objektive Realität kommt es auf Wahrnehmung und Subjektivität an. Und was mit der Ligne Claire nur schwer zu erreichen ist, das gelingt den Künstlern und Künstlerinnen der École Marcinelle umso leichter: Figuren der Ambivalenz. Der Einfluss, den Morris nicht nur mit seiner Figur, sondern mehr noch mit seinem Zeichenstil auf spätere Generationen der neunten Kunst ausübte, lässt sich an der Aussage von Ralf König belegen: »Dieser lockere, kritzelige Strich von Morris, der hat mich schon in der Kindheit gefesselt und macht bis heute meine Faszination von Zeichnungen aus«.

Den grafischen Stil von *Le Moustique* ebenso wie von *Spirou* bestimmte maßgebend seit 1939 der Zeichner Joseph Gillain alias Jijé, der es sich überdies zur Aufgabe gemacht hatte, neue Talente zu entdecken. Er ist einer der wahren Begründer der frankobelgischen Comic-Kultur: »Was Hergé für die belgischen Semifunnies ist Jijé für die klassischen Abenteuer-Comics« (Andreas C. Knigge).[75] Jijé ist den Western-Aficionados durch seine Serie *Jerry Spring* bekannt, die sich, wie seine ganze Arbeit, durch eine besondere Botschaft von Toleranz und Mitmenschlichkeit drastisch von anderen Serien des Genres abhebt. Aber seine Philosophie strahlte auch aus. *Le Moustique* wurde dabei zum Medium der Erprobung und Entwicklung der Zeichner und Zeichnerinnen, und zum Übergang von Illustration und Cartoon zu dem damals noch neuen Medium Comic. Nach der Zeit, in der die deutschen Besatzer das Magazin verboten hatten, durchlief auch Bevere diese Schule und konnte bald schon einige Titelbilder fertigen. Die Inspirationsquellen aus den USA waren offensichtlich. Bald zeigte sich das Interesse für amerikanische Landschaften im

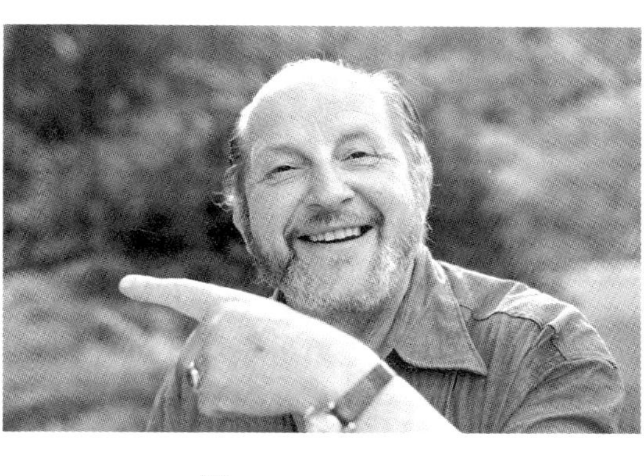

Jijé (= Joseph Gillain), 1975

Allgemeinen und den Western im Besonderen. Insbesondere die charakteristische Cowboy-Haltung hatte es ihm wohl angetan: 1948 zeigte er einen o-beinigen Cowboy, der seine Schwierigkeiten damit hat, mit Schlittschuhen auf dem Eis zu bestehen. Ein Titelbild aus dem Jahr 1949 zeigt o-beinige Cowboys in einer typischen Western-Town, die sich über einen Mann mit eindeutigen X-Beinen lustig machen: »Der Kerl ist neu hier im Westen«. (Die O-Beinigkeit des Reiters wird auch im Titelbild von *Lucky Luke et le 20ème de cavalerie* in etwa so hervorgehoben wie in den erwähnten Cartoons. Seiner eigenen Aussage nach war die Darstellung von O-Beinigkeit ebenso wie die des Gesangs von der Einsamkeit dem Vorbild der Vermieterin des Zimmers in Brüssel verpflichtet, in dem de Bevere in seinen weniger wohlhabenden Zeiten lebte: Sie pflegte auf ihren O-Beinen mit dem Lied *Je suis seul ce soir* durch die Wohnung zu rauschen und hatte dabei wie Lucky Luke in seinen frühen Tagen stets eine Zigarette zwischen den Lippen. (Den etwas rauen Humor aus Belgien habe ich bereits erwähnt, oder?) Auch während seines langen Aufenthalts in den USA gestaltete »Morris«, wie er sich nun nannte, weiterhin Titelbilder für *Le Moustique* – insgesamt wurden es über 250. Andere regelmäßige Beiträge waren Karikaturen angesagter Hollywoodstars – eine gute Schule der Charakter-Darstellung. Daneben begann die Arbeit für die eigene Serie, *Lucky Luke*.

1947 erschien im *Spirou Almanach* die erste *Lucky Luke*-Geschichte, die schon im Titel andeutete, dass es um mehr als eine kindgerechte Funny-Serie ging. Sie hieß *Arizona 1880* und war zunächst noch gar nicht als Serie angelegt. Im Juni 1947 aber war der Serienstar *Lucky Luke* mit dem Abenteuer *La Mine d'or de Dick Digger* auf die Piste geschickt. Die beiden mittlerweile klassischen Abenteuer. *Lucky Luke et Phil Defer* und *Lucky Luke et Pilule* mussten allerdings wieder in *Le Moustique* erscheinen, weil sie dem Verlag für die Kinderzeitschrift *Spirou* zu brutal erschienen.

Diese Geschichte war im Übrigen schon mit Morris unterzeichnet. 1948 folgte dann ein langer Trip ins gelobte Land von Western und Comics, zusammen mit Jijé und André Franquin, dem Meister des *Spirou*-Universums und Schöpfer von *Gaston*. In New York lernte Morris René Goscinny kennen, der dann 1955 die bereits erwähnte Folge *Lucky Luke et Pilule* textete.

Übrigens war man während des insgesamt sechs Jahre dauernden Aufenthalts in den USA auch mit den Masterminds der satirischen Zeitschrift *Mad*, Harvey Kurtzman und Jack Davis, in Kontakt, die ihre eigene, etwas schrille Art von Genre-Parodien entwickelt hatten, für die *Mad* dann so populär wurde: Bei bestimmten Filmen musste man weder ins Kino gehen noch die entsprechenden Kritiken lesen, es genügte, die *Mad*-Satire zu studieren, um zu wissen, was einen erwartete. Es entwickelten sich persönliche Freundschaften und kreative Verbindungen, aber wirklich Fuß fassen konnte keiner aus dieser Franzosen-Truppe im gelobten Land des Entertainment und der neunten Kunst; einer nach dem anderen kehrte zurück.

Jedenfalls erwiesen sich nicht nur diese Lehr- und Wanderjahre als ausgesprochen fruchtbar, sondern auch die Zusammenarbeit von Morris und Goscinny, die von 1955 bis zu dessen Tod im Jahr 1977 andauerte. Es gibt allerdings nur eine einzige gemeinsame Arbeit, die nicht im Universum von *Lucky Luke* angesiedelt ist: *Du raisiné sur les bafouilles*, 1956 in der französischen Zeitschrift veröffentlicht, war ein Versuch, den parodistischen Ton ins Krimi-Genre zu übertragen, aber Morris war da schon viel zu sehr mit der Arbeit an *Lucky Luke* eingedeckt, um eine weitere Serie realisieren zu können. Goscinny war es auch, der mit der Zeitschrift *Pilote* ein Comic-Magazin begründete, das zunehmend auch eine ältere Leserschaft ansprach. 1963 hatte der Herausgeber Georges Dargaud das persönliche Interesse an dem Magazin verloren und setzte, eher aus Desinteresse, Uderzo und Goscinny als Herausgeber ein. Und Goscinny vor allem war es, der nicht auf Bewährtes – »historische« Comics plus ein wenig Material zu Chanson und Beat – setzte, sondern Talente für die Zukunft der Bandes Dessinées um sich sammelte. Damit konnte auch *Lucky Luke* immer mehr »sophisticated« werden, satirische Anspielungen (wie sie auch in *Asterix* zu finden sind) und vor allem das Spiel mit den historischen und filmischen Vorlagen bestimmten in den sechziger und siebziger Jahre die Serie, die das Kunststück fertig brachte, bei den Kindern ebenso beliebt zu sein wie bei einem erwachsenen Publikum, soweit es sich zum Western als Genre und zum Comic als Medium zu bekennen imstande war. Lucky Luke wurde nun auch nur nach dem Willen seiner Autoren verändert, während er zuvor immer wieder Opfer von Zensur geworden war: Szenen um das Ritual des Hängens wurden ebenso entfernt wie die Kostüme der Saloon-Tänzerinnen »züchtiger« werden sollten (es blieben vor allem Netzstrümpfe, immer wieder Netzstrümpfe) – überhaupt gab es in der Vor-*Pilote*-Geschichte des frankobelgischen Comic eine Abneigung der Redaktionen gegen das Auftreten von Frauen, und schon gar solchen, die die Gedanken der jugendlichen Leser und Leserinnen in eine falsche Richtung lenken würden. Das war vielleicht einer der Gründe dafür, dass in allen Klassikern des Mediums, und so auch in *Lucky Luke* weibliche Figuren vor allem als komische Matronen erscheinen – eine Art struktureller Misogynie, die sich nicht zuletzt aus einer fast vollständig männlich bestimmten Szene entwickeln konnte.

Zur Mitte der siebziger Jahre war die Popularität des einsamen Cowboys so groß, dass man ein eigenes Magazin startete. Bemerkenswerterweise erschienen in *Lucky Luke* neben neuen Geschichten des Titelhelden auch einige realistische Westernserien wie zum Beispiel *McCoy* von Jean-Pierre Gourmelen (Szenario) und Antonio Hernández Palacios (Zeichnungen), die eindeutig von der Entwicklung des Italowestern beeinflusst waren, zugleich aber bemüht, sich mit der historischen Wirklichkeit des amerikanischen Westens auseinanderzusetzen. Vor allem in *McCoy* sehen wir nicht nur einen schlammigen, schmutzigen Westen, sondern auch Charaktere, die so von diesem Land geprägt sind, dass sie mit den »unschuldigen« Helden der Vorläufer nur noch wenig zu tun haben. Wir erleben hier eisige Kälte und glühende Hitze und begegnen den verschiedensten Gruppen von Einwanderern. Hier geht es um erwachsene Menschen in erwachsenen Situationen. Ein Kontrast, vielleicht aber auch eine gute Ergänzung zu *Lucky Luke*. Übrigens hatte auch Morris selbst einmal einen »realistischen« *Lucky Luke* gezeichnet, und zwar als Titelillustration der Dupuis-Zeitschrift *Les Bonnes Soirées* im Oktober 1953 (jedenfalls war unser Held an seiner typischen Kleidung und dem Schimmel, auf dem er saß, wiederzuerkennen).

Das Magazin brachte es allerdings nur auf zwölf Nummern, danach wanderte *Lucky Luke* gar zum einstigen publizistischen Gegenpol, dem Journal *Tintin*, wo seine Abenteuer in den Jahren 1975 und 1976 erschienen. Die Bedeutung der Comic-Magazine für die Vorabdrucke nahm freilich schon in dieser Zeit allmählich ab, sodass man dazu überging, die Folgen in den Beilagen von Ta-

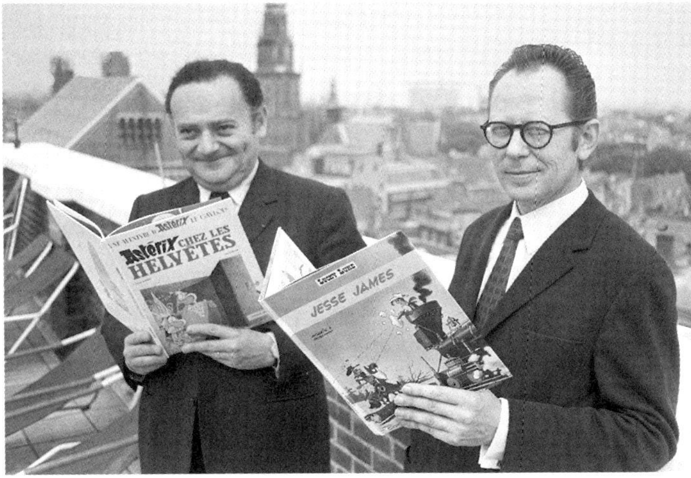

René Goscinny und Morris, 1971 in Amsterdam

geszeitungen wie dem *Nouvel Observateur* abzudrucken, bevor sie im bevorzugten Albenformat herausgebracht wurden.[76] Heute ist ein Album vollständig eine Novität: Ein neues *Lucky Luke*-Album geht mit derselben Mischung aus Hype und Erwartung an den Start wie eins von *Asterix*.

Goscinnys Tod 1977 bedeutete eine schlimme Zäsur. Es gab zunächst eine schreckliche, eine *Lucky Luke*-lose Zeit, und dann versuchten sich mehrere Texter mit wechselndem Erfolg an der Zusammenarbeit mit Morris. Es ist dies die Zeit, in der *Lucky Luke*-Alben zu texten ein zwar nicht schlecht bezahltes, aber karrieremäßig riskantes Unterfangen war, denn natürlich wurde man immer an René Goscinny gemessen, und das konnte eigentlich nie gut ausgehen, während an den Zeichnungen von Morris Kritik zu äußern kaum jemand wagte. Aber ganz sicher litt auch der nicht nur unter dem persönlichen Verlust seines Partners. Es war alles okay, nur dieser kleine feurige Funke fehlte, der wohl entstand, wenn Goscinny und Morris sich gegenseitig ihre Ideen unterbreiteten.

Anders als einige seiner Kollegen arbeitete Morris Zeit seines Lebens mit so wenig Assistenz wie möglich. Das verleiht der Serie eine einzigartige Konsistenz. Gleichzeitig aber gehörte seine unglückliche Liebe dem Animationsfilm, und es gab Zeiten, in denen sich Morris mehr um die Verfilmungen als um die Comic-Alben sorgte (eine weitere Parallele zu *Asterix*), mit durchwachsenen Ergebnissen, wie man so sagt. Für die Liebhaber des reinen Lukeismus jedenfalls waren die meisten Versuche, seine Abenteuer ins Filmmedium zu übertragen, höflich gesagt, verzichtbar. Maurice de Bevere allerdings hatte sich seine Liebe zum Medium Trickfilm bewahrt und einen entsprechenden Ehrgeiz entwickelt. Der erste »große« *Lucky Luke*-Film entstand 1972 in Zusammenarbeit mit Pierre Tchernia, mit DAISY TOWN (aus dem Film wurde später wiederum ein Comic-Album). 1977 (LA BALLADE DES DALTON; Lucky Luke – Sein größter Trick) und 1982 (LES DALTON EN CAVALE; Das große Abenteuer) folgten Filme, die noch deutlich Morris' Handschrift zeigten – und dennoch kein glückliches Beispiel für Multimedialität einer Comic-Figur sind. Immerhin konnte LA BALLADE DES DALTON neben einigen Slapstick-Einlagen und einer famosen Parodie von Hollywood-Musicals mit der Musik von Claude Bolling punkten: Der französische Jazzmusiker hat den Soundtrack für amerikanische wie französische Filme geliefert, darunter einige der mittleren Belmondo-Filme wie BORSALINO (1970; R: Jacques Deray) und LE MAGNIFIQUE (1973; R: Philippe de Broca).

In den 90er Jahren war Maurice de Bevere einer der ganz Großen in der internationalen Comic-Landschaft. 1990 hatte er *Les éditions Lucky Productions* gegründet, um seine Schöpfungen weitgehend selbst kontrollieren zu können. (Aus dieser Firma ging die spätere Agentur *Lucky Comics* hervor.) Relativ spät wurden die Verdienste von Morris bzw. Maurice de Bevere auch offiziell anerkannt: 1992 wurde er mit dem Grand prix spécial du vingtième anniversaire du Festival International de la Bande Dessinée d'Angoulême ausgezeichnet und 1998 zum Officier de l'ordre des Arts et des Lettres ernannt.

Kurz nachdem er die Arbeit an *La Légende de L'Ouest* abgeschlossen hatte, starb Maurice de Bevere 2001 nach einem Unfall in seinem Haus in Brüssel. Wenige Tage zuvor hatte er noch in der ihm eigenen Art verkündet: »Nie habe ich mich besser gefühlt als jetzt, nie habe ich besser gearbeitet, nie war ich ein besserer Liebhaber. Nie habe ich besser gelogen als jetzt.«[77] Ganz im Gegensatz zu Zeichner-Autoren wie Hergé hatte er testamentarisch ausdrücklich verfügt, dass seine Serie auch nach seinem Tod weitergeführt werden solle. 1988 hatte Morris bei der Eröffnung einer *Lucky Luke*-Ausstellung in Hannover gemeint: »Und wenn ich beerdigt werde, dann bitte mit Papier – könnte ja sein, dass ich wieder Lust zum Zeichnen habe.«[78] Ob dieser Wunsch erfüllt wurde, ist nicht bekannt.

Morris folgte dem Stilprinzip des »Semi-Funnies«, das heißt nicht nur, dass es neben den zahlreichen Pointen und Anspielungen auch eine dramatisch-spannende Story gibt, sondern auch, dass sich die karikaturhaften Verzerrungen in einem strengen Rahmen bewegen. Es geschieht nichts physikalisch Unmögliches (sieht man einmal von Lucky Lukes Schießkünsten ab), und die Proportionen von Körpern und Dingen »stimmen« so sehr, dass schon die kleinen Abweichungen (Spinnenbeins Gestalt, Big Nose Kate's Nase, die Größenunterschiede der Daltons usw.) für komische, groteske Effekte sorgen. Realismus herrscht auch bei der Gestaltung der Details und der Dimensionen von Raum und Zeit vor. Wie bereits erwähnt gehört zu Morris' Kunst der Bildgestaltung ein großes Vergnügen an räumlichen Wirkungen, die sehr nahe an den filmischen Vorbildern sind. Panoramatische Einstellungen wechseln sich mit subjektiven ab, und wo Zeit nicht durch die Entfernungen ausgedrückt wird, da findet sich ihre Wiedergabe in der Reihung von Bildern in gleicher Perspektive und mit gleichen Elementen, bei denen sich nur ein Teil verändert, der andere aber gleich bleibt. Diese serielle Darstellung (die bei Morris' grafischem Vorbild Hergé bereits zum Stilmittel geworden war) gehört zu den sehr speziellen Gags, mit denen Morris sich einen Spaß mit der Semantik des Comics selbst erlaubt.

René Goscinny

Goscinny, einer der französischsten unter den französischen Satire- und Comic-Autoren, war ursprünglich ein eher nomadischer Weltbürger. 1926 in Paris geboren, verbrachte er seine Jugendzeit in Argentinien, bis er 1945 in die USA übersiedelte. Seine ursprüngliche Idee war es, Zeichner bei Walt Disney zu werden. Weil es dort keinen Job gab, verlegte er sich auf die Kreation von Kinderbüchern, doch nach der Begegnung mit Morris und Jijé kam Goscinny zum Schluss, sein Glück als Comic-Autor in Europa zu versuchen. Sein Englisch hatte nie ausgereicht, seinen überbordenden Sprachwitz umzusetzen. Der Rest ist, wie man so sagt, Geschichte. Nach den ersten Versuchen, bei belgischen Tageszeitungen Strips als Zeichner und Texter zu etablieren (darunter die Detektiv-Parodie *Dick Dicks*) erkannte er, dass sein Talent als Texter das für das Zeichnen bei weitem übertrifft. So entsteht die Zusammenarbeit mit verschiedenen Zeichnern, darunter Eddy Paape (die Anthologieserie *Les Histoires de l'Oncle Paul*), Morris und ein gewisser Albert Uderzo (*Luc Junior*). Mit Uderzo realisierte er den Prä-Western *Oumpah-Pah* (ganze sieben Jahre brauchten die beiden, um ihre Kreation endlich veröffentlichen zu können), die Piratengeschichte um *Jehan Pistolet* und dann *Asterix*. Im mehr oder weniger realistischen Western hatte er bei Jijés *Jerry Spring* Erfahrung gesammelt. Die Anzahl seiner Textarbeiten – zeitweilig neben seiner Tätigkeit als Redakteur – sind Legion, herausragend etwa *Modeste et Pompon* von Franquin, *Isnogud* für den Zeichner Jean Tabary (eine der »wildesten« Comic-Satiren) oder die Geschichten um *Le petit Nicolas*, die von Jean-Jacques Sempé illustriert wurden, und eine eigene literarische Form fanden, nachdem der Zeichner von einer reinen Comic-Serie gelangweilt war. Aber in seiner Zeit, in der er zwischen Belgien und den USA hin- und herreisen musste, meistens um von einer Niederlage zur anderen Unternehmung zu gelangen, hatte er auch jahrelang Jobs übernommen wie etwa die Texte einer imaginären »Briefkastentante« – einer gewissen Liliane d'Orsay, und selbst als er mit Uderzo und Morris zusammenarbeitete, war sein Name noch lange nicht in den Publikationen vermerkt.

Goscinny war zweifellos eine Schlüsselfigur in der Entwicklung der frankobelgischen Comic-Szene in der Blütezeit der sechziger und siebziger Jahre. Dazu gehörte auch sein ungemein präziser Arbeitsstil: Die Zeichner konnten sich auf pünktliche Lieferung seiner Szenarios ebenso verlassen wie auf die Genauigkeit seiner Angaben. Man wird kaum übertreiben, wenn man sagt, Goscinny habe den Beruf eines modernen Comic-Szenaristen eigentlich erst richtig erfunden. Aber auch seine Arbeit als Mentor und Moderator veränderte die Szene fundamental. Insbesondere als Redakteur bei *Pilote* findet er die ideale Balance, mit der sowohl jugendliche als auch erwachsenere Leser angesprochen werden. Es ist nicht zuletzt Goscinny zu verdanken, dass in den Jahren um 1968 auch in Europa Comics zu Lektüre in der Protest- und

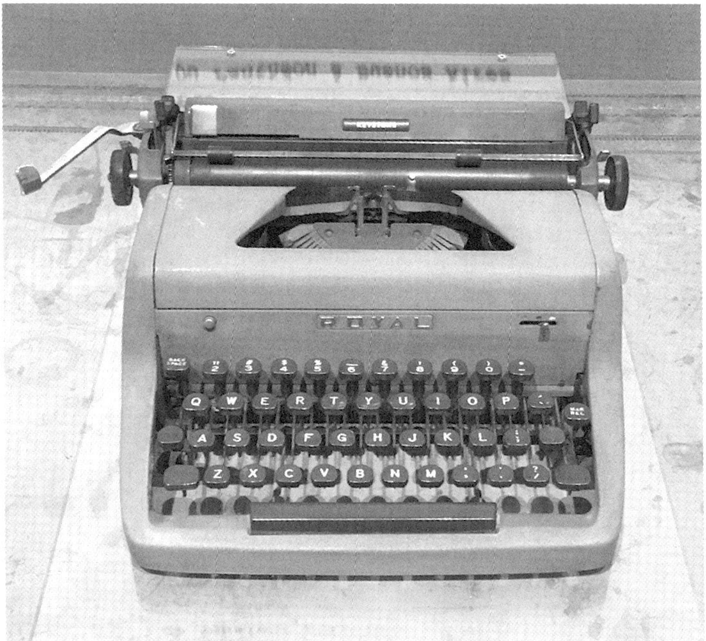

René Goscinnys Keystone Royal-Schreibmaschine in der Ausstellung »Au-delà du rire« im Musée d'Art et d'Histoire du judaïsme, Paris, 2018

Gegenkultur werden. Aber zugleich bringt diese Zeit auch einen neuerlichen Umbruch in der Comic-Szene, deren Vertreterinnen und Vertreter sich nicht mehr so viel Autorität und Einmischung gefallen lassen wie bei Goscinny gewohnt.

Übrigens muss René Goscinny damals selbst einer etwas bizarren Comic-Figur entsprochen haben. Er lebte mit seiner betagten Mutter zusammen und keiner seiner Mitarbeiter erfuhr je etwas von einer Liebschaft oder auch nur einer romantischen Anwandlung; niemand erwischte ihn ohne korrekte Kleidung, ohne Jackett oder Krawatte; seine Mitarbeiter pflegte er, selbst nach Jahren der Zusammenarbeit, mit einem distanzierten »vous« anzusprechen, und schließlich pflegte er einen veritablen Kult um alles, was mit den fünfziger Jahren in den USA zu tun hatte: Auf seinem Schreibtisch fand sich die *Pall Mall*-Zigarettenschachtel neben dem *Waterman*-Füller und der *Keystone Royal*-Schreibmaschine. Ein Mann ohne »wirkliche« Eigenschaften. Aber einer, der für kurze Zeit so erschien, als würde ihm nun (nach so vielen Niederlagen) einfach alles glücken. Aber so war es nicht.

1972 kommt es zum Aufstand und zur Abspaltung bei *Pilote* – Claire Bretecher, Gotlib (das ist Marcel Gottlieb) und Nikita Mandryka heben das Satiremagazin *L'Écho des Savanes* aus der Taufe. Auch mit dem Verlag Dargaud kommt es zum Zerwürfnis, und so gründen Goscinny und Uderzo – die weltweiten Erfolge mit *Asterix* verschaffen ihnen dazu die Mittel – ein eigenes Unternehmen: Les Éditions Albert René.

Die erste »offizielle« Zusammenarbeit von Goscinny und Morris bei der *Lucky Luke*-Serie fand bei dem Abenteuer *Des rails sur la prairie* im Jahr 1955 statt (aber schon zuvor hatten die beiden Freunde Ideen und Gags ausgetauscht). Und damit fand die Serie nicht nur ihren inneren Geist, sondern auch ihr äußeres Format. Ab da waren die Abenteuer des einsamen Cowboys hauptsächlich auf das Albenformat von 44 Seiten konzipiert. Das ist gewiss keine rein verlegerische Formalie, sondern erfordert einen bestimmten dramaturgischen Spannungsbogen, eine Balance zwischen den epischen und den episodischen Elementen einer Story. In den folgenden 22 Jahren sollten insgesamt 36 solche Alben der gemeinsamen Morris/Goscinny-Autorenschaft entstehen, für die Fans der Serie sicher der »harte Kern« ihres Kults. Aber es verhielt sich keineswegs so, dass Morris nun auf die Position des »Illustrators« beschränkt blieb: Goscinnys Textvorlagen ließen immer noch genügend Spielraum für den Comic-Künstler Morris und seine Lust an den Genre-Bildern, vor allem nachdem ihm seit Beginn der sechziger Jahre die Last der ständigen schlecht bezahlten Terminillustrationen genommen war. *Lucky Luke* war zu dieser Zeit schon ein wahres Zugpferd für die verschiedenen Publikationen von Dupuis geworden, sodass er auch das Branding zu gestalten hatte: *Lucky* als Reklamefigur.

Die Zusammenarbeit von Goscinny und Morris verlief einigermaßen reibungslos und partnerschaftlich. »Zuerst sprechen wir zusammen. Dann schreibe ich eine Synopsis, die ich dem Zeichner schicke, damit er mir seine Meinung sagt« (Goscinny). »Wollte ich etwas ändern, habe ich es geändert. Oder ich finde einen Gag, der mir gefällt, und dann nehme ich ihn mit rein. Die Grundidee jedoch war gegeben, teils durch mich, teils durch ihn« (Morris).[79]

Wie bei den *Asterix*-Filmen so schrieb Goscinny auch bei *Lucky Luke*-Animationsfilmen die Drehbücher oder war als Ko-Autor beteiligt. Beide, Morris wie Goscinny, hatten ja ihre Erfahrungen mit dem Medium Film und dachten immer schon bei den Konzeptionen ihrer Arbeit eine gewisse »Filmischkeit« mit. Allerdings bedeutete die Übertragung immer auch einen Verzicht auf einen Teil von *sophistication* und Doppeldeutigkeiten. *Asterix*- und *Lucky Luke*-Filme waren eindeutig an ein kindlicheres Publikum gerichtet als die Comic-Alben. Goscinny war auf dem Höhepunkt seiner Karriere eine Schlüsselfigur nicht nur in der Kunst, sondern auch im Business der *bandes dessinées*. Niemand hatte ihn gefragt, ob er das auch wollte: »Ich habe immer das Gefühl, dass ich in einer falschen Identität lebe. Ich sage den Leuten, dass ich fröhlich bin, und sie glauben es gern. Und dass ich diese Rolle einmal nicht mehr spielen kann, das beunruhigt mich sehr. Das ist keine Pose, es ist ein tiefes Gefühl der beständigen Missverständnisse. Immer mal wieder gelingt es mir, die anderen und mich selbst zu überzeugen: He, ich bin doch der glücklichste Mensch der Welt. Das dauert vier Sekunden an, maximal fünf.«[80]

Am 5. November 1987 starb René Goscinny bei einer ärztlichen Vorsorgeuntersuchung. Sein Tod wurde weit über die Comic-Szene in Frankreich hinaus betrauert. Alle großen Zeitungen und Magazine brachten Nachrufe, die von ihm begründete Zeitschrift *Pilote* verabschiedete ihn mit einem *Asterix*-Titel und der Unterzeile »Le Journal de René Goscinny«.

1985 würdigte eine Ausstellung im ersten Stock des Eiffelturms Goscinnys Lebenswerk; der »Goscinny-Preis«, der in Angoulême vergeben wird, betont den Anteil der Szenaristen an den Comic-Erfolgen. Eine ganz andere Ausstellung, 2018, »Au-delà du rire« im Museum für jüdische Kunst und Geschichte in Paris, wagte den Blick hinter die Erfolgsgeschichte und präsentierte einen Mann, der mit den traumatischen Erinnerungen an den Holocaust leben musste, der Ermordung einiger Mitglieder seiner Familie, mit einem Leben auf der Flucht und in unsichersten Umständen, einer, der hart zu kämpfen hatte und der lange Strecken von Misserfolg und Ausbeutung hinter sich bringen musste, um *der* Goscinny zu werden. Wer noch nichts davon verstanden hatte, der konnte es sich hier nahebringen lassen, dass René Goscinnys Humor auch einen Hintergrund von Verzweiflung und Melancholie hatte.

Die Erben, die Erneuerer und die Bewunderer

Achdé (= Hervé Darmenton)

Der Zeichner Hervé Darmenton wurde am 30. Juli 1961 in Lyon geboren. Sein Künstlername Achdé entspricht der französischen Aussprache der Initialen seines Namens. Er träumte seit Kindertagen von einer Karriere als Comic-Gestalter, wurde aber zunächst zum Röntgenspezialisten ausgebildet (wir spekulieren nicht über die Verwandtschaft eines Comic- mit einem Röntgenblick) und arbeitete zunächst in einer Werbeagentur. Daneben konnte er schon Zeichnungen in verschiedenen Zeitungen veröffentlicht und erlebte 1988 sein Album-Debüt mit *Destins croisés*. Die Qualität machte den Verlag Dargaud auf ihn aufmerksam, wo er schließlich unter Vertrag genommen wurde, und mit der Semi-Funny-Serie *C.R.S. = Détresse* um eine Spezialeinheit der französischen Polizei (Szenario: Raoul Cauvin) begann sein Aufstieg zu einem der erfolgreichsten Zeichner seiner Generation. Seinen Weg in das *Lucky Luke*-Universum fand er über eine Hommage.

Achdé übernahm nach dem Tod von Morris die Serie und blieb dem Stil Morris' treu, hatte aber gerade bei den karikaturhaften Elementen auch einen eigenen Ansatz. Mittlerweile indes dürfte es wohl selbst einem treuen Fan der Serie nicht leicht fallen, eine Morris- von einer Achdé-Zeichnung zu unterscheiden. Seine Philosophie: »Ich will gerne der Linie von Morris folgen. Allerdings hat sich auch Morris weiterentwickelt. Das war eine langsame

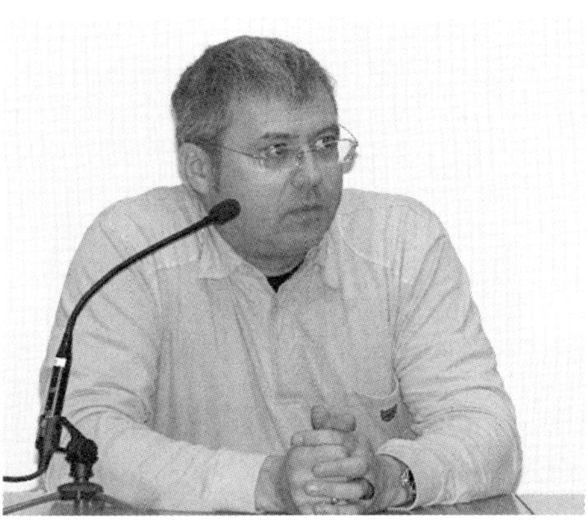

Achdé (= Hervé Darmenton) auf dem Comicfestival in Tampere, Finnland, 2007

Weiterentwicklung. Er hat sich sehr am Medium Film orientiert. Wenn man sich die *Lucky Luke*-Comics ansieht, die Morris gezeichnet hat, merkt man, dass sie so aufgebaut sind wie ein Film. Er hat sich dabei sehr an den Western orientiert. Und das mache ich ebenfalls. Allerdings ändert sich auch die Art, Filme zu machen, und das wurde auch nach und nach in den *Lucky Luke*-Stories eingeführt, etwa andere Blickwinkel. Ich will, wie Morris, die Comics behutsam weiterentwickeln. Aber ich will sie nicht revolutionieren.«[81]

Xavier Fauche und Jean Léturgie

Fauche und Léturgie, die sich später trennten, sind als Duo die meist beschäftigten Autoren der Post-Klassik der *Lucky Luke*-Serie. Daneben wurden sie vor allem durch ihre gemeinsame Arbeit an der Fantasy-Serie *Percevan* (Tassilo) mit dem Zeichner Philippe Luguy bekannt.

Jean Léturgie (Jahrgang 1947) war seit 1976 Mitarbeiter der Comic-Fachzeitschrift *Les Cahiers de la bande dessinée* und arbeitete dann für das leider nicht allzu langlebige Magazin *Circus*. Neben seiner Tätigkeit als Pressevertreter arbeitete Léturgie mit Luguy und mit Marie-Christine Demeure (*Cédric Lehiban – Anticyclone sur les Açores*), bevor seine Partnerschaft mit Xavier Fauche und im Jahr 1982 beider Arbeit an der *Lucky Luke*-Serie begann. Léturgie und Fauche entwickelten schließlich die Grundideen für die Spin-off-Serie *Rantanplan*.

Auch Xavier Fauche (Jahrgang 1946) war eher ein Seiteneinsteiger ins Szenario-Fach; er begann als Kulturmanager beim Theater, war Radioautor und -produzent. Als er 1980 Léturgie kennenlernte, hatte er noch keine Erfahrungen (außer der persönlichen Passion) auf dem Comic-Gebiet. Nach seiner Arbeit im *Lucky Luke*-Universum (sieben Alben und etliche Kurzgeschichten) kehrte der gelernte Wirtschaftswissenschaftler 1992 zum Management zurück und gründete eine Firma, die sich mit der Kommunikation in Unternehmen über das Medium Comic befasst.

Fauche und Léturgie waren gewiss keine »schlechten« Autoren. Doch – womöglich sind ihre Karriereverläufe dafür typisch – fehlt es an der bedingungslosen Hingabe, wie sie Goscinny und Morris verkörperten: Man meint immer ein wenig, den Autoren bei der Konstruktion ihrer Geschichten und Gags zusehen zu können, und kaum etwas kommt aus einer biografischen Tiefe, die man bei den wahren Comic-Künstlern spüren muss.

Bob de Groot

Robert (Bob) de Groot (Jahrgang 1941) war ein produktiver Mitarbeiter in der post-klassischen Phase der Serie und ein Pionier der frankobelgischen Comics. Seinen Bezug zum Western hatte er in der – allerdings eher simpleren Parodie-Serie um *Les Tuniques bleues* (Die blauen Boys – also die Kavalleriesoldaten im Westen) gesammelt. (Die Reihe wurde übrigens zu Beginn der achtziger Jahre unter dem Titel *Bud & Chester* in Deutschland im Heftformat weitergeführt). Die Serie hatte eine seltsame Mischung zu bieten: Sie war im Funny-Stil gehalten, und ihre Protagonisten waren auch immer für den einen oder anderen Gag gut, aber der Hintergrund war durchaus realistisch, und es gab – für eine solche Serie vollkommen ungewöhnlich – auch Tote, außerdem wurden die historischen Verfehlungen nicht verleugnet. Wie bei *Lucky Luke* tauchen auch hier immer wieder reale Gestalten aus der Geschichte auf, darunter etwa General Ulysses S. Grant oder William T. Sherman.

Groots Meisterschaft lag als Zeichner und Texter eher in Gag-Serien wie *Robin Dubois* (Robin Hut, Robin Ausdemwald) als Robin-Hood-Parodie (zusammen mit Turk=Philippe Liégeois), *Leonardo* als Hommage an den großen Maler und schließlich in der langlebigen Krimi-Funny-Serie *Percy Pickwick*. Entsprechend ist seine *Lucky Luke*-Version eher simpler und kindgerechter als gewohnt; die Pointen stehen im Vordergrund, die von Goscinny so gepflegten »Kleinigkeiten« werden wenig weiterentwickelt.

De Groot ist ursprünglich Grafiker, weshalb seine Arbeit vom Visuellen mehr geprägt ist als vom Literarischen. Das zeigt sich vor allem in seiner engen Zusammenarbeit mit Turk, bei der sich beide Text- und Zeichenarbeit teilen.

Laurent Gerra

Laurent Gerra, Jahrgang 1967, Schauspieler und Kabarettist, prägte die Phase nach dem Tod von Morris. Er hielt sich in den Grundkonstruktionen und Gags weitgehend an die Klassiker. Gerras eigentliches Talent ist die Imitation von Stimmen und Sprechweisen bekannter Persönlichkeiten, vor allem von Politikern – aber

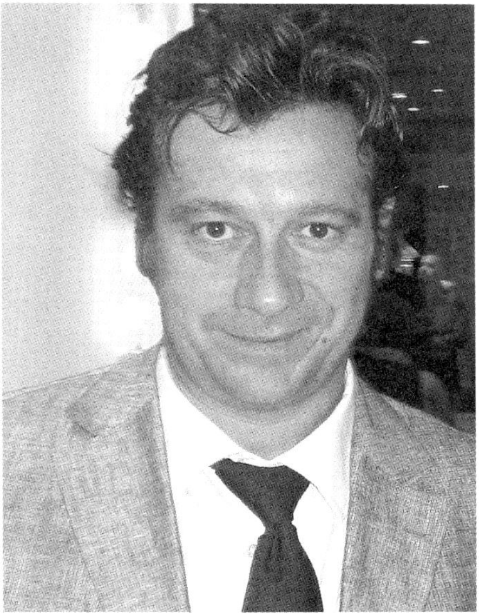

Laurent Gerra in Deauville, 2007

auch sein Charles Aznavour ist umwerfend. Zwar spielt er auch in Filmen und Fernsehserien, zur größten Form aber läuft er regelmäßig in seinen Improvisationsshows auf. *Lucky Luke* zu texten sei die Erfüllung eines Kindheitswunsches. Aber das sagen natürlich alle.

Ins *Lucky Luke*-Universum kam er im Jahr 2004 und übernahm die schwere Aufgabe, nach dem Tod von Morris die Serie gemeinsam mit dem gesetzten Zeichner Achdé in würdiger Weise fortzuführen. Gerra wuchs gewissermaßen erst in seine Rolle hinein, denn zuerst war er eher zögerlich und wollte nur einen kleinen Beitrag zum Fortbestehen der Figur leisten, die er so geliebt hatte, aber offenbar funktionierte die Zusammenarbeit mit Achdé so gut, dass sich daraus eine kontinuierliche Linie entwickelte. Schon mit *La Belle Province* zeigte sich sein Vergnügen daran, die Beziehungen zu Nebenfiguren zu vertiefen (in diesem Band ist ja Jolly Jumper eine Schlüsselfigur) und in der liebevollen Charakterisierung seiner ursprünglichen Heimat Québec steuert er biografisches Material bei. Auch in seinem zweiten Band, *La Corde au cou*, der sich um die Amnestie durch Heirat für die Daltons dreht, geht Gerra einen eigenen Weg und gibt den (diesmal zahlreichen) Nebenfiguren viel Platz. Überdies lässt er neben den üblichen Verdächtigen aus dem amerikanischen Film (Kirk Douglas, Elizabeth Taylor etc.) auch seine Comic-Kollegen Raoul Cauvin und Willy (Lambil) auftreten (sie sind u.a. die ursprünglichen Schöpfer von *Les Tuniques bleues*). Nach zwei Alben war aber schon wieder Schluss und Gerra konzentrierte sich auf seine Arbeit als Moderator und Live-Performer mit der »Big Band« von Frédéric Manoukian. Die Gerra-Episode von *Lucky Luke* bildet daher leider nur eines der kurzen, aber interessanteren Intermezzi der Serie.

Michel Janvier

Michel Janvier, Jahrgang 1954, kam aus der Fanzine-Szene und arbeitete dann lange Zeit als Illustrator (zum Beispiel für die Touristik-Führer von Michelin oder diverse Enzyklopädien von Larousse), was sicher eine gute Schule für Landschaft und Architektur war. In den frühen achtziger Jahren zeichnete er für die französischen Versionen bekannter Kid-Comics wie *Biene Maya* oder *Tom und Jerry*. 1984 begann seine Zusammenarbeit mit Morris – erst einmal nicht mehr als bloße Assistenz, die sich indes rasch weiterentwickelte.

Michel Janvier blieb zunächst auch bei den Spin-off-Serien im Hintergrund, da er die Arbeit von Morris an der Serie *Rantanplan* unterstützte und dabei auch Frédéric Garcia als zweitem Zeichner assistierte, bevor Morris ihm 1986 die Gestaltung von vier *Lucky Luke*-Kurzgeschichten überließ (zusammengefasst in *Le Ranch maudit*). Zusammen mit den Szenaristen Xavier Fauche und Jean Léturgie, entwickelte Janvier nicht weniger als 544 Gag-Strips um den Hund, der dümmer ist als sein Schatten, dann auch längere Geschichten. Auch Janvier gehört eher zu den Bewahrern als zu den Erneuerern. 1997 überließ er die Arbeit an *Rantanplan* dem Szenaristen Bob de Groot und dem Zeichner Vittorio Leonardo. Er selbst widmete sich in der Folgezeit verstärkt realistischen Serien wie etwa einer Comic-Adaption von Flauberts *Madame Bovary* für die Serie *Romans de Toujours*. Zu seinen größten Post-Rantanplan-Erfolgen gehört *Rob, Wed & Co*, die gemeinsam mit Véronique Brissaud und Gilles Ratier geschaffene satirische Serie um ein paar Typen, die unbedingt große Rockstars werden wollen. Auch einen zusammen mit *Lucky Luke*-Autor Jean Léturgie entwickelten Promotion-Comic für die französische Version der *Prinzenrolle* (*Prince de Lu*) wollen wir nicht verschweigen.

Vittorio Leonardo

Zum kreativen Team um Morris gehörte der aus Neapel stammende Vittorio Leonardo (Jahrgang 1938), der ursprünglich vor allem als Kolorist tätig war – neben *Lucky Luke* (insgesamt 22 Alben) und dann *Rantanplan* arbeitete er für *Gaston* und *Les Schtroumpfs* (Die Schlümpfe). 1968 folgte seine erste eigene Serie, *Barbotine,* für *Spirou.* Danach arbeitete er auch eine Zeit an der Serie *Hultrasson.* Seiner langjährigen Freundschaft mit Morris verdankte er es schließlich, dass er sowohl bei den *Rantanplan Strips*, als auch bei den Alben eine wichtige Position einnahm, die über das Kolorieren und nur gelegentliche Mit-Autorenschaft hinausging. In seinem »Studio Leonardo« entwickelte er vor allem Software für die Computer-Farbgebung der Comics.

Jul (= Julien Lucien Berjeaut)

Der Impuls, ein populäres Format wie den Comic zu benutzen, um damit neben schierer Unterhaltung auch politische und gesellschaftliche Einsichten zu vermitteln, ist in Berjeauts Lebenslauf und beruflichem Werdegang fest verankert. Geboren 1974 und aufgewachsen in Champigny-sur-Marne als Sohn eines engagierten, linksorientierten Lehrerpaars wollte auch er zunächst Lehrer werden. Von 1995 bis 1998 absolvierte er in Paris ein Lehramtsstudium und unterrichtete danach ein Semester lang chinesische Geschichte. Aber nebenbei veröffentlichte er schon eigene Karikaturen und Comics in verschiedenen regionalen Zeitungen und wechselte zu Beginn des neuen Jahrtausends ganz ins Comic-Fach mit der politischen Serie *Il faut tuer José Bové* (José Bové muss getötet werden), die sich explizit gegen reaktionäre Nationalismen wandte. Ab 2009 war er beim Verlag Dargaud unter Vertrag und gab 2016 mit *Das gelobte Land* seinen *Lucky Luke*-Einstand.

Der Szenarist Jul wandert zwischen klassischen Kinderbüchern und Comics. In Frankreich ist er vor allem auch für die Serie *Silex and the City* bekannt: Die Erlebnisse der Familie Dotcom in der Altsteinzeit als Spiegel aktueller Ereignisse wurden neben den Comics noch in einer Fernsehserie verarbeitet, die 2012 auch in Deutschland ausgestrahlt wurde. In der Reihe *Spirou & Fantasio Special* erschien von ihm der Band *Spirou und das Heldensyndrom*. In allen diesen Arbeiten ist das gesellschaftskritische Engagement ein wichtiger Aspekt der Dramaturgie.

Der Texter brachte neue Themen in die Serie. Luckys erste Mission war die Begleitung der jüdischen Siedlerfamilie von Moishe

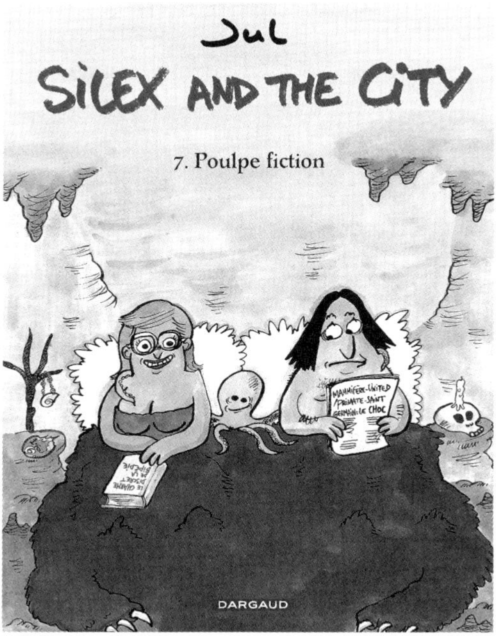

Juls *Silex and the City: 7. Poulpe fiction* (© Jul / Dargaud)

Stern in den Westen. Wie in den Morris/Goscinny-Ausgaben wird auch hier jedes Klischee zuerst bedient und dann ins Liebenswerte verschoben oder unterlaufen. »Wir versuchen, mit Feingefühl zu erzählen, gestützt auf einwandfreie Dokumentationen und in dem Geist absoluten Wohlwollens, das schon Goscinnys Markenzeichen war. Goscinny war auch jüdischen Glaubens. Und wir setzen auf die Intelligenz des Lesers.«[82] Unter den Fans der Serie gelten Achdé und Jul als das neue Dreamteam, das sie zu altem Glanz zurückführt. Das Projekt dieses Teams ist theoretisch einfach und praktisch anspruchsvoll: Mit jedem Band zugleich die Tradition wahren und thematisch Neuland betreten. Ob man nun von jedem Band begeistert ist oder nicht, dieses Konzept hält auch eingefleischte Fans der *Lucky Luke*-Klassik in Spannung. Juls Credo für die Serie ist jedenfalls so einfach wie wirkungsvoll: »Lucky Luke ist immer in der Gegenwart verankert«. Natürlich gibt es an einem solchen Konzept auch Kritik; so moniert Andreas Platthaus, die Serie werde politisiert, »indem sie zwanghaft als aktuell empfundene Themen in den Kosmos der Serie integriert«.[83] Der klassische »Gut gemeint ist nicht gleich gut«-Vorwurf trifft aber vielleicht den falschen Menschen zur falschen Zeit. Denn einerseits arbeitet Jul mit Achdé zusammen durchaus achtsam und präzis auch im Sinn der Tradition von »Zeitlosigkeit« im Ambiente, und zum anderen: Wer sollte denn den schwierigen Kampf für Güte und Respekt in der Welt noch führen, wenn nicht *Lucky Luke*?

Last but not least soll auch die für den Erfolg in Deutschland wichtige Übersetzerin **Gudrun Penndorf** gewürdigt werden, die für den Verlag Egmont Ehapa mehr als 60 *Lucky Luke*- Bände (und die Bände 1 bis 29 von *Asterix*) ins Deutsche übertrug und dabei stets behutsam die Originale mit deutschen Sprechweisen verband. Im Jahr 2021 erhielt sie dafür den Deutschen Jugendliteraturpreis in der Kategorie Sonderpreis Gesamtwerk Übersetzung. »Comics sind eine Textsorte für sich! Die Übersetzung ist alles andere als einfach. Man muss die Sache auf den Punkt bringen, den Informationsfluss wahren, die dichtgedrängten Pointen retten, keine Chance, sich seitenlangem Geschwafel hinzugeben« (Gudrun Penndorf).[84] Für den Carlsen Verlag übersetzte Gudrun Penndorf, die Jahrgang 1938 ist, auch die *Isnogud*-Geschichten von René Goscinny und Jean Tabary. 2023 erhielt sie den Münchner Comicpreis PENG! für ihr Lebenswerk. Ihr Nachfolger bei *Lucky Luke* wurde der *Asterix*-erprobte **Klaus Jöken** (Jahrgang 1958), der sich gelegentlich auch die Freiheit nimmt, Anspielungen und Zitate zu verwenden, die speziell dem deutschen Lesepublikum gelten (etwa wenn der Gefängnisdirekter in *Ein Cowboy in Paris* seine Memoiren *Die Leiden des jungen Wärters* nennt). Sein Studium der Geschichtswissenschaft dürfte ihm nicht nur bei *Asterix*, sondern gerade auch bei den jüngeren *Lucky Luke*-Bänden durchaus zupass kommen. Mittlerweile gilt Jöken als Koryphäe bei der Übertragung von frankobelgischen Comics: Zu den über 400 Comic-Bänden, die er bislang übertragen hat, gehören die dramatische Fliegerserie *Buck Danny*, die Reportergeschichte *Luc Junior* und die Funny-Serien *Isnogud* und *Jehan Pistolet* (Pitt Pistol) aus den frühen Tagen des Duos Goscinny und Uderzo.

Lucky Signs: Kleine Abschweifung über Zeichen und Zeichnungen

Es gibt gute Comics, und es gibt gute Comic-Serien. Gute Comic-Serien zeichnen sich durch eine Balance von Verlässlichkeit und Erweiterung aus. Es geschehen Dinge, die immer wieder geschehen, aber sie geschehen in diversen Zusammenhängen und mit diversen Folgen. Und es gibt Zeichen, deren Bedeutung uns klar ist, die aber ihren Bedeutungsgehalt und ihren Bedeutungsradius verändern können. Die fünf Ebenen der Bedeutung in einem *Lucky Luke*-Comic stehen in zugleich verlässlichem und variablem Zusammenhang miteinander:

Ebene 1: Das allgemein Menschliche. In *Lucky Luke* kommen Figuren vor, die sich verhalten wie deine Nachbarn oder Familienmitglieder (die schließlich auch verschiedene Positionen auf der Sympathie/Antipathie-Skala haben), und es kommen Situationen vor, die man irgendwie kennt: déja vu. Sie sind entweder »gegenwärtig« (was durch direkte Abbildungen von prominenten Menschen der Gegenwart bekräftigt wird) oder »zeitlos« (insofern sie allgemein menschliche Schwächen und Konventionen formulieren).

Ebene 2: Das Western-Genre als Code (die »Erzählmaschine«, die wir am Anfang kennengelernt haben). Im semiotischen Modell ist dann jedes *Lucky Luke*-Abenteuer ein Text, der sich zu einem Code verhält wie etwas Gesprochenes zu einer Sprache. Voller Abschweifungen, Aneignungen, Manierismen, Neuformen und, na klar, »Fehlern«.

Ebene 3: Spezifische Westernmotive und -geschichten (wie wir sie aus dem erweiterten Genre-Kanon kennen) werden in den *Lucky Luke*-Kosmos »übersetzt«. Oft sind das einzelne Filme oder Film-Serien, Subgenres oder Themenentwicklungen. Im semiotischen Modell also wird Text 1 in Text 2 (Bild 1 in Bild 2) übersetzt, wobei die Beziehung zur Sprache, also zum Genre und seinen Regeln und Konventionen so locker ist, dass es keine direkte Rückübersetzung von Text 2 in Text 1 geben kann. Wir

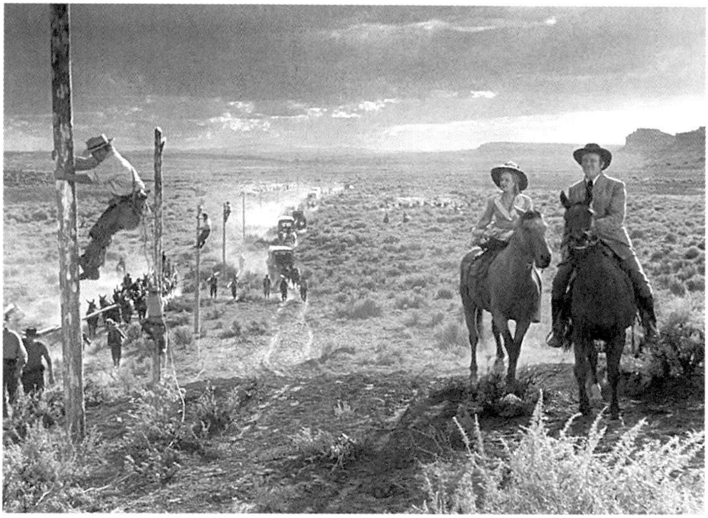

Die Übersetzung von Zeichen in Zeichnungen: WESTERN UNION und ...

wissen zwar, dass es, sagen wir, bei *Der singende Draht* einen Ursprungstext gibt (sagen wir, Fritz Langs Film WESTERN UNION), aber es ist dennoch ein neuer Text (ein neues Bild). Man nennt das formal »Innovation« oder allgemeiner »Kreativität« (eine Melange aus Kritik, Satire, Anverwandlung, Hommage, Widerspruch, Erweiterung, Poesie usw.). Es geht also nicht allein um die Übersetzung eines filmischen in einen grafischen Code, sondern sehr direkt um die Übersetzung von Zeichen in Zeichnungen. Das Zeichen (wie ein Ortsschild) bekommt eine neue narrative Bedeutung (es wird Element einer Struktur der sich komisch-poetisch überbietenden Drohungen an Fremde, die den bezeichneten Ort betreten), aber mehr noch geht es bei dieser Übertragung von Zeichen in Zeichnungen darum, den Dingen vermittels eines persönlichen Strichs Leben einzuhauchen. Bei Morris geschieht dies vor allem durch die enorme Dynamik, seine »Striche« scheinen immer bereits in Bewegung. (Man kann dies sehr gut studieren, wenn man Originalzeichnungen, wie sie gelegentlich in Ausstellungen zu sehen sind, oder Vergrößerungen betrachtet.) Die dreifache Übersetzungsarbeit – Film in Comic, Drama in Komödie, Mythologie in Struktur – schafft der Serie einen begrenzten, aber

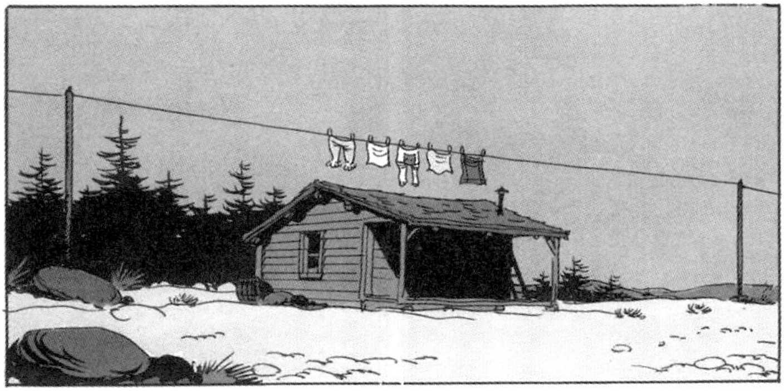

... *Der singenden Draht* (© Morris / Dargaud)

doch weit gesteckten Raum der Kreativität. (Wir erinnern uns an Phasen unserer *Lucky Luke*-Lektüre, in denen wir mit einem gewissen Missbehagen zu bemerken meinten, dieser Raum sei nun verengt, die Motive erschöpft, was im Übrigen zur primären Charakterisierung einer, sagen wir, nicht-so-guten Serie führt: zur Redundanz. Und mit noch mehr Schauer erinnern wir uns an Serien wie *Asterix*, bei denen gleichsam mit Gewalt versucht wurde, aus der Redundanz-Falle auszubrechen.) Dass also die gute Serie – ein heimatlicher Raum, der zugleich abenteuerlich ist, und ein Abenteuerraum, der zugleich heimatlich ist – solches Vergnügen bereitet, ist nicht zuletzt ein semantischer Prozess.

Ebene 4: Die Geschichte. In *Lucky Luke* ist es nicht nur eine Applikation, die etwas Mehrwert fürs mehr oder weniger gebildete bürgerliche Lesepublikum erzeugt, es ist vielmehr ein substanzieller Teil der Erzählung, dass historische Wirklichkeit als Resonanzraum eingefügt ist. Natürlich imitiert *Lucky Luke* damit das Verhältnis des Genres Western zur Geschichte (Wirklichkeitspartikel, um die herum gelogen wird, dass sich die Saloon-Balken biegen), und wird, wiederum *Asterix* vergleichbar, zu einem Modell für den Umgang mit Geschichte. In beiden Serien wird auf das Prinzip der »oral history« Bezug genommen, das heißt, wir sprechen weniger von objektiven Ereignissen und Gestalten (neuerlich: dem Code), sondern davon, was sie in Erinnerungen, Empfindungen, Sprechweisen ausgelöst haben – blinde Flecken inklusive. Geschichte wird als Pre-Text erkennbar, die in ihrer Vermenschlichung nicht nur die Abstraktion, sondern auch die Autorität verliert (Abraham Lincoln, der in Freudengeheul ausbricht, das er sich zuvor im politischen Kontext versagt hat, als er erfährt, dass seine Frau ihm sein Lieblingsgericht servieren wird). Doch während sich in *Asterix* die historischen Größen – allen voran natürlich Cäsar – als eitle und manische Fatzkes erweisen, die sich ihren Bezeichnungen manchmal ganz buchstäblich als unwürdig erweisen, erringen die entsprechenden Figuren in *Lucky Luke* eher eine mittlere Menschlichkeit. Da es im Western (neben »Eroberung« und »Kapitalismus«) immer auch um »Demokratie« geht, verhält sich auch die Beziehung von Zeichen und Bezeichnetem entsprechend: Am Ende wird sich zeigen, dass »alle aus dem gleichen Holz« sind. Zeichen der Autorität (Sheriffstern, Uniform, Bürgerfrack ...) werden als äußerlich und austauschbar charakterisiert. Ein wiederkehrender Gag zeigt *Lucky Luke*, der statt seines ikonischen Cowboy-Outfits geschniegelt und auf bürgerlich-vornehm getrimmt ist (wegen eines politischen Empfangs, wegen einer Hochzeit oder im Undercover-Einsatz), was Jolly Jumper einerseits zu Heiterkeitsausbrüchen verführt, ihn andererseits aber auch zum Komplizen macht (wenn er zum Beispiel rosa Schleifchen am Zaumzeug tragen oder mit einen neckisch-minimalen Sattel Vorlieb nehmen muss). Wenn in *Asterix* das Lächerliche hinter dem autoritären Ritual (wie dem Chef auf dem Schild) gezeigt wird, dann wird in *Lucky Luke* das Zeichen als solches entlarvt. Gegenüber *Luckys* Lakonie wirkt *Asterix* gelegentlich fast altklug und rechthaberisch, aber in beiden Serien geht es auf jeweils eigene Art um einen Grundwiderspruch: Das Sein und das Scheinen. Die Zeichen werden in den Zeichnungen durchaus kritisch erkannt, sie

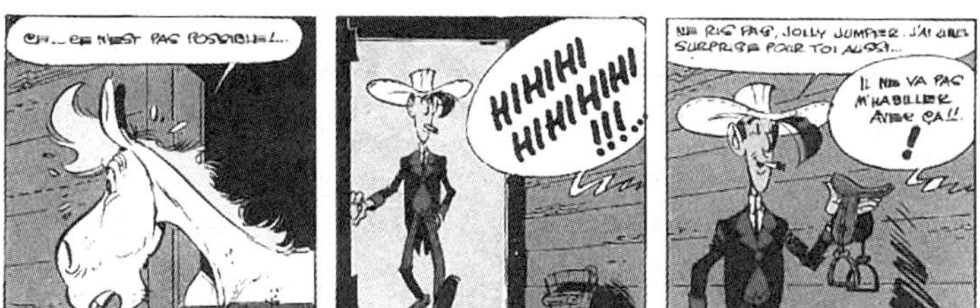

Die Zeichen der Autorität sind äußerlich und austauschbar: Lucky Luke im Bürgerfrack wird von Jolly Jumper ausgelacht (*Die Daltons bewähren sich* / © Morris / Dupuis)

gehören zu einem oder eben nicht. Jolly Jumper fühlt sich ohne Sattel so nackt wie sein Cowboy ohne Colt. Es gibt Dinge, die zu Teilen der Person werden, aber eben auch Personen, die nur durch Zeichen und Namen sind, was sie sind, wie Billy the Kid, der an der Pistole nuckelnd schon sein Drama ausdrückt: Dass er nie erwachsen werden kann, so wie die Daltons nie wirklich aus ihrer Sträflingskleidung herauskommen. Die Sträflingskleidung ist Teil ihrer Person (ohne sie werden sie ja auch gar nicht erkannt, folgerichtig nicht gefürchtet, folgerichtig verlacht).

Ebene 5: Das Medium Comic erklärt/kommentiert/parodiert sich selbst. Rantanplan, auch sonst der vierbeinige Meister der Verkennung, verwechselt immer wieder Erzählung und Erzähltes (wenn er sich über die Blasen verwundert, die aus seinem Mund kommen).[85]

Wie alle klassischen Western, so erzählt auch *Lucky Luke* horizontal, von links (dem Raum der Vergangenheit) nach rechts (dem Raum der Zukunft). Dass *Lucky Luke* im Schlussbild stets nach rechts in die Sonne davonreitet – geografisch (natürlich) nach Westen, symbolisch aber in die (eigene) Zukunft –, ist daher, nun ja, sonnenklar. Und ebenso klar ist die notwenige Bewegungsrichtung der Schurken und Widersacher, die entweder hinter unserem Helden her sind oder sich ihm entgegenstellen. Früher oder später müssen sie zurück. Mögen die Daltons auch immer wieder einmal nach Westen entkommen, ihr Schicksal steckt schon in Joes Wutanfällen, die ihn immer wieder nach Osten orientieren, in die Richtung der Unfreiheit.

Vom filmischen Western übernimmt *Lucky Luke* die beiden prinzipiellen Erzählebenen: Was in der Horizontalen geschieht gehört in den Bereich der Natur und der Geschichte (also im Großen und Ganzen: der »Eroberung« des Landes); was in der Vertikalen geschieht, entspricht dem Sozialen und dem Psychologischen. Als letzte Dimension dient die Tiefe schließlich der Beschreibung von Beziehungen. Tiefe gibt es nur insofern, als sich jemand entfernt oder nähert. Nähe und Entfernung haben stets ihre Bedeutungen. Der *Lucky Luke*-Comic ist dreidimensionaler als es ein Film je sein kann.

Allerdings ist es gerade die Tiefe, die über die Abstraktion hinauszugelangen hilft, in der es in einem Bild nur die Aktion der Hauptfiguren und den Hintergrund gibt. Vorne die Tat, im Hin-

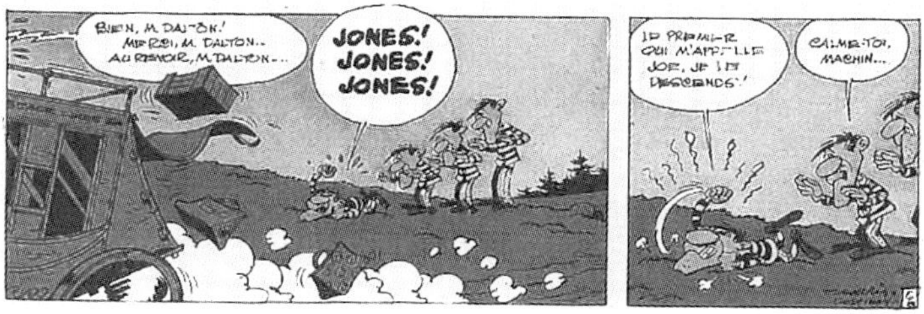

Joes Wutanfälle orientieren ihn immer wieder nach Osten, in die Richtung der Unfreiheit (*Die Daltons im Blizzard*; © Morris / Dupuis)

tergrund die Welt. Es ist überdies der Unterschied zwischen dem bedeutenden und dem konventionalisierenden Zeichen: Die Helden stehen einander mit abgewinkelten Armen gegenüber, bereit ihren Colt zu ziehen und damit auf den anderen zu schießen – dahinter die Mainstreet einer Westernkleinstadt die erklärt, dass das Verhalten der beiden Kontrahenten vollkommen in Ordnung ist, eben weil es auf der Mainstreet einer Western Town stattfindet und zwar regelmäßig oder Code-konform. (Man würde sich übrigens wundern, in wie wenigen Western ein solcher Showdown tatsächlich stattfindet; das Code-Bild hat sich also mehr durch seine Wirkung und damit seine Potenzialität – es könnte jederzeit stattfinden – als durch seine Quantität eingebrannt. In vielen Western, in denen ein Showdown auf der Mainstreet stattfindet, wird es bereits als Zitat – buchstäblich als Show – oder als manieristische Abwandlung – im Italowestern – eingesetzt. *Lucky Luke* ist also auch insofern eine Aufhebung des Western, als in ihm noch Elemente existieren, die im Hauptstrom des Genres als überkommen oder ausgereizt gelten: Diese »Übersetzung« verleiht demnach auch bereits abgestorbenem semantischem Material neues Leben.) Und wann ist das erste (und wahrscheinlich einzige) Mal, da *Lucky Luke* wirklich Angst gehabt hat und Jolly Jumper fürchten musste, ein armes, einsames Pferd zu werden? Genau, der Tag an dem Ma Dalton ihn zum Duell herausforderte.

Gerade das konventionalisierende Zeichen ist es, das die Aufmerksamkeit auf das Geschehen im Vordergrund lenken kann. Es dient dazu, den Zweifel an der Glaubwürdigkeit des Umgangs mit den *bedeutenden* Zeichen (der Verengung der Augen, dem Blinken eines Blechsterns etc.) zu bestätigen, ebenso wie die Inszenierung eines Umfeldes: Blicke von nicht unbedingt unschuldigen Zeugen des Geschehens. Spannung wird durch Blickwechsel gesteigert. Die Zeit wird dabei paradox: Immer schneller wechseln die Blicke zwischen den Kontrahenten und den Zeugen – auch zwischen subjektiven und objektiven Einstellungen – und zur gleichen Zeit zieht sich das Ritual in die Länge. Bei *Lucky Luke* wird diese Paradoxie einer zugleich gedehnten und gestauchten Zeit (die Regisseure des Italowestern haben solche Rituale mit manieristischer Lust ausgekostet) nicht nur parodiert, sondern in aller Regel auch mit einer Anti-Klimax abgeschlossen: Die Regel wird durchbrochen, etwa weil zur rechten Zeit Jolly Jumper eingreift oder weil sich Psychologie mit Legende trifft – und Billy the Kid statt erschossen einfach verhauen wird. Eine besondere Wirkung tritt natürlich bei den wiederkehrenden Duell-Situationen mit den Daltons ein: Da tritt *Lucky Luke* eine Einheit aus Vieren gegenüber, die im entscheidenden Moment doch wieder ihre Einheit verlieren – sei es, weil der eine (Joe) seine Gefühle nicht unter Kontrolle hat, sei es, weil der andere (Averell) seine Gedanken nicht auf die Reihe bringt. Das Duell (als größtmögliche Verdichtung der Konflikte im Western) ist ein regelbasiertes Geschehen, das wie alle regelbasierten Geschehen darauf hinausläuft, dass die Regeln so gut wie nie eingehalten werden. Das Duell ist eine Sprache, die vom Gesprochenen nie erfüllt wird, weil die beiden Impulse, Fairness und Tötungswunsch, einander in die Quere kommen. Der »Humanismus« unseres Helden (und einiger seiner Vorbilder im dramatischen Western) besteht darin, dass er die Tötungsabsicht unterläuft (auch wenn man es dann mit der Fairness nicht so genau nehmen darf).

Nehmen wir für den Comic fünf Kategorien von Zeichen an: 1. Das *Handlungs*zeichen: etwas, das im Fortgang der Erzählung eine Rolle spielt, wie etwa eine Waffe, bzw. ein Ding, das in eine Waffe verwandelt werden kann. 2. Das *beschreibende* Zeichen: etwas, das den Charakter oder die Funktion einer Person oder einer Konstellation bestimmt, wie der Stern den Sheriff oder die rote Nase den Säufer. 3. Das *signalisierende* Zeichen: etwas, das einen entscheidenden Hinweis auf einen Tatbestand oder eine Beziehung gibt; kriminalistisch gesprochen handelt es sich um »Indizien«, sozial gesprochen um »Verkehrs-Zeichen«. 4. Das *bedeutende* Zeichen: das Zeichen, das auf einen höheren Status hinweist (zum Beispiel ein religiöses Zeichen, oder, weniger schwer, die Erscheinung des Geiers in *Lucky Luke*-Comics, die auf eine – verdrängte – Gegenwärtigkeit des Todes in der Welt verweist. 5. Das *konventionalisierende* Zeichen: das Zeichen, das zumeist im Verbund mit anderen, auf eine soziale, kulturelle und nicht zuletzt semantische Struktur verweist; das Zeichen, das vor allem aussagt, dass es hier so die Gewohnheit ist und dass dies und jenes einfach dazugehört, wie der Spucknapf zum Saloon oder die Glocke zur Kirche.

Das konventionalisierende Zeichen, das zunächst nichts anderes sagt, als dass es so ist, wie es immer ist, oder so, wie es gewesen sein soll, bestimmt recht eigentlich die Sprache einer Erzählwelt bzw. eines Genres. Es sind die Dinge, die »einfach dazugehören«. Der Trick besteht nun darin, ein Zeichen von einer Kategorie in die andere zu verschieben (aus einem Stück Papier, das irgendwo herumliegt, wo Papierstücke herumzuliegen pflegen, wird ein wesentliches Indiz; aus einem beschreibenden Zeichen wird ein Handlungszeichen usw.). Das funktioniert dramatisch innerhalb eines Code-Systems und surreal oder komisch, wenn ein Zeichen-System auf das andere transformiert wird, wie etwa Verkehrsschilder der Gegenwart auf die Kriegsbemalung von Prärieindianern des Jahres 1870.

Auch im Comic freilich gibt es das, was man im Film »Tiefenschärfe« nennt und womit die klare Struktur von Vordergrund und Hintergrund, eine Hierarchie von bedeutenden, konventionalisierenden und Handlungszeichen durchbrochen wird: Etwas, was nicht im Vordergrund steht, wird durch andere Mittel so betont, dass es mit (fast) der gleichen Aufmerksamkeit betrachtet wird. Es findet, zum Beispiel, im Hintergrund etwas statt, was sich möglicherweise erst später als bedeutend erweisen mag oder was als zweite Geschichte parallel zu der ersten abläuft oder was eine fabel-hafte Widerspiegelung der Haupthandlung vermittelt. Auch was das anbelangt, war Hergé gewiss ein Meister, etwa wenn er in *Tim in Tibet* im Hintergrund die Verbreitung eines semantischen Missverständnisses beim Grüßen ablaufen lässt. Im Vordergrund erfahren wir, dass Kapitän Haddock die tibetische Grußformel des Zungezeigens missverstanden und mit dem Drehen einer langen Nase beantwortet hat, was wiederum dazu führt, dass die tibetanischen Kinder das Nase-Drehen für eine europäische Begrüßungsformel halten. Diese milde Form des Culture Clash hilft uns womöglich, das Innere des Konflikts zu verstehen, ohne dass sie in die eigentliche Handlung eingreift oder von den Hauptfiguren überhaupt thematisiert wird. (Das unterscheidet sie von einer bloßen »Nebenhandlung«.) In *Lucky Luke* dient die Tiefenschärfe vor allem der Verbundenheit des Helden mit seiner Welt; während *Tintin* sich immer überdeutlich von seiner Umgebung abhebt, ist *Lucky Luke* in der Verbindung von offener Linienführung, dynamischer Perspektive und grafischer Tiefenschärfe mit der seinen stets verknüpft. Lucky Luke ist niemals so einsam wie Tintin.

Die Kunst des Comic-Erzählens beginnt also damit, dass man Geschichten aus dem Hintergrund heraus, aus der Tiefe oder aus einer zweiten Ebene, beeinflussen kann. Eine solche Beziehung von Erzählebenen macht die Geschichten um vieles lebendiger – jedenfalls wenn man es nicht bei einer der üblichen Formeln – Held und Sidekick, oder Kriminalfall und Privatleben in einem deutschen Serienformat – belässt. Als Comic-Anfänger kann man diese Erzähltechnik übrigens beim Klassiker *Petzi* erlernen, wo hinter der Haupthandlung der sprechenden Helden Petzi, Pelle, Pingo und Seebär, eine stumme Hintergrundhandlung der »Kleinen« – Vogel und Schildkröte – abläuft.

Bei *Lucky Luke* ist diese »Tiefenschärfe« natürlich um einiges subtiler. Neben dem Running Gag, also die komische Situation, die sich in unzähligen Variationen und manchmal unter unvorhergesehenen Umständen wiederholt (der Cowboy, der unweigerlich aus dem Saloon in die Pferdetränke fliegt), tritt die Hintergrund-Pointe (der Saloonwirt, der stets vergebens versucht, Spiegel, Bilder oder anderes Mobiliar vor einer Schlägerei in Sicherheit zu bringen). Die dritte Variante der Hintergrund-Pointe ist das »Wimmelbild«, also jenes, in der eine Vielzahl von Personen und ihrer Beziehungen dargestellt wird (ein Fest, die Einweihung eines Unternehmens, das Treffen der beiden Eisenbahnlinien), bei dem man erst Bedeutungen herausfinden muss (Ein Kerl mit zwei Pistolen, der auf der Lokomotive hockt, die Verletzung eines Reisenden, die an gewisse Umstände der Durchsetzung des »eisernen Pferdes« erinnert, der Umstand, dass eine der beiden Lokomotiven schon über eine Dampfpfeife verfügt, die andere nur über eine Glocke, die obendrein von Hand betätigt wird ...). Und in der vierten Kategorie spielt das Off gegenüber den Panels seine

Rolle. Wir begegnen Ma Dalton bei ihrem Weg vom Raubzug in der Stadt nach Hause durch die staubige Prärie. Sie zieht ihren Colt aus der Handtasche und schießt. Nächstes Bild: Sie wandert weiter, der Colt raucht in ihrer Tasche. Nächstes Bild: Sie wandert weiter, der Colt hat aufgehört zu rauchen, ein Zaun säumt nun ihren Weg. Nächstes Bild: Nun sind Bäume im Hintergrund zu sehen, der Weg hat sich geändert. Auf der Seite der Straße liegt eine tote Klapperschlange. Ma Dalton grimmig: »Ich mag Tiere. Aber die hier nicht«. Im nächsten Bild ist sie nahe an ihrem Häuschen zu sehen, und dann begrüßt sie ihre Katze. Es ist schwer zu sagen, wovon der Gag eigentlich »handelt«. Von der Treffsicherheit der alten Dame über weite Strecken. Von der Relativität der Tierliebe. Vom Widerspruch des Images der netten alten Dame (der man die Schrulle verzeiht, mit dem Revolver einkaufen zu gehen) und der Gefährlichkeit der Ma Dalton. Oder einfach nur von der Zeit, die sich als Raum, und vom Raum, der sich als Zeit offenbart, von Geschwindigkeit, Langsamkeit und Rhythmus. Vom Erzählen in Comic-Panels selber vielleicht.

Allmählich verstehen wir, dass die eigentliche Kunst des (Serien-)Comic nicht so sehr in der Anwendung eines semantischen Verfahrens zur Verwandlung der Zeichen und Zeichnungen (und beim Lesen rückwärts) besteht, sondern in der Überlagerung und Spiegelung mehrerer solcher Bild/Text-Techniken. Natürlich gibt es Erzählelemente, die fast ausschließlich auf der einen oder der anderen Ebene funktionieren, also zum Beispiel rein verbale Pointen oder rein optische Pointen (Slapstick-Effekte zum Beispiel). Sowohl in dramatischen wie in komischen Comics gibt es Passagen, in denen auf das eine oder das andere nahezu vollkommen verzichtet wird, Dialogpassagen, in denen sich Bilder (nahezu) wiederholen, um dem Dialog eine Zeitdimension zu verpassen, vor allem aber Passagen, die nahezu vollständig auf Sprechblasen und natürlich auch auf Begleittexte verzichten. Solche Augenblicke reiner Visualität können einerseits durch die Handlung bedingt sein (französische Gangsterfilme haben sich eine Zeitlang darin überboten, Ein- und Ausbrüche, Überfälle oder sonstige Coups dialogfrei zu inszenieren), andererseits können sie aber auch eine besondere Emotionalität vermitteln. Das Glück der Bewegung, anders herum: Einsamkeit, der Augenblick der Erhabenheit usw. Auch in *Lucky Luke* gibt es immer wieder Passagen solcher reinen

Visualität, in denen Morris sich so ganz der Lust des Zeichnens (jenseits der Zeichen) widmen kann. Man spürt in solchen Panels, die nichts als Dynamik, Komposition, Gewicht und Gleichgewicht enthalten, die Körperlichkeit der grafischen Kunst. Der Strich eines Zeichners (und natürlich anderswo einer Zeichnerin) ist wahrhaft eine Lebenslinie.

Das Comic-Bild hat also drei Bewegungsdimensionen, die zugleich die Struktur der Aufmerksamkeit entwickeln: rechts-links, oben-unten und vorn-hinten. Jede dieser Bewegungen hat eine syntagmatische Bedeutung (das heißt: sie ist maßgeblich für den Fortgang der Handlung) und eine paradigmatische Bedeutung (das heißt: sie entspricht Gefühls- und Empfindungswerten). Nur zum Beispiel ist eine Bewegung von links nach rechts positiver als eine in umgekehrter Richtung – weshalb *Lucky Luke* als Reiter des Pony Express auch diese Richtung bevorzugt, »oben« ist besser als »unten«, und hinten ist mehr »Es« als »Ich«, das den Vordergrund für sich in Anspruch nimmt. Solche Bildzuordnungen haben weder Filme noch Comics erfunden, sie scheinen vielmehr inneren Codes – selbst über einschneidendere Kulturgrenzen hinweg – zu entsprechen und tragen daher einiges zur Universalität dieser Medien von Bild und Bewegung bei. Man kann sich das vergegenwärtigen, indem man gewisse Bilder »kontert«. Wenn *Lucky Luke* auf dem Backcover seiner Alben von links nach rechts seinen eigenen Schatten erschießt, dann sagt das etwas anderes aus, als wenn er es in die umgekehrte Richtung täte (dann nämlich erschösse er mit seinem Schatten wohl ein Gespenst, das ihn aus der Vergangenheit verfolgt). Die Daltons klopfen ihre Steine schließlich meistens nach links hin, wenn sie wieder eingefangen wurden. Solche Regeln sind keineswegs fixe Codes, manchmal verlangt die Auflösung einer Szene oder die Räumlichkeit einer Architektur ein zweites Recht, aber wir können ziemlich sicher sein, dass sich die Emotionalität einer Zeichnung auch in der Richtung der Zeichen im Raum entfaltet.

*Lucky Luke*s »historische« Bewegung ist natürlich horizontal; seine Stories sind schließlich Elemente der großen Bewegung der »Eroberung« des Westens, und seine mythische Größe besteht darin, dass diese Bewegung zugleich Teil der Eroberung und Flucht vor ihr ist. Seine individuelle Bewegung ist dagegen eher vertikal, was vielleicht auch damit zusammenhängt, dass er beständig irgendwo hinaus oder hinein muss. Die Beziehung zu Jolly Jumper ist eine wechselvolle Unten-/Oben-Geschichte. Und hey, seht euch einmal die Beziehung unseres einsamen Cowboys zu Frauen an. Und in dramatischen (und eben: meistens textfreien) Bewegungen bilden der Cowboy und sein Pferd eine Diagonale. Senkrecht/Waagerecht »bedeutet« Ruhe, Langsamkeit, Bedacht, Diagonale »bedeutet« Bewegung, Geschwindigkeit, Spannung. Man kann eine Comic-Seite komponieren, indem man Senkrecht/Waagerecht zu Diagonale in serielle Beziehungen setzt, ohne noch Zeichnungen bereits auszuführen. (Natürlich haben Zeichner und Zeichnerinnen mit einer gewissen Erfahrung solche »Bewegungs-Skelette« im Kopf und müssen sie nicht »konstruieren«.)

Man kann schließlich *Lucky Luke*s Abenteuer auch geometrisch fassen: Die Linie – bei allen Verkehrswestern natürlich: Die Heldenreise unseres Cowboys ist stets der Versuch, eine klare Linie zu finden, die sich an die Gegebenheiten anpasst. Ein wiederkehrendes Bild: Reiter, Planwagen, Postkutschen, Kavalleristen, Goldsucher, die eine Linie bilden. Indianer und Banditen bilden in der Regel eine Gegenlinie im 90-Grad-Winkel. Sie wollen also eine Grenze gegen die Bewegung errichten, was eigentlich immer schiefgehen muss: *Lucky Luke* ist der Kerl, der ganz buchstäblich die Linie durchzieht, welche Kurven auch dabei verlangt werden. Letztendlich gibt es die drei Linien durch das Land: Die Spuren der einzelnen Reiter-Nomaden, die Verbindungslinien (Postkutsche, Eisenbahn, Telegrafen) und schließlich die Grenzlinien (den Stacheldraht, die Umzäunung des Claims, die Staatsgrenze, im Fall von USA–Mexiko der Fluß Rio Grande, den auch Lucky Luke und Jolly Jumper – trotz seiner Sorge um die Hufeisen – mehrfach überqueren). Diese Linien durch das Land verhalten sich zueinander widersprüchlich, aber sie gehen auch ineinander über: *Lucky Luke*s Abenteuerlinien verwandeln sich in die Linien des Fortschritts, und die wiederum verwandeln sich in Einzäunungen. Wie schnell das gehen kann, zeigt ein Panel aus *Der singende Draht*, wo beim Verlegen des Telegrafenkabels kurzerhand ein »Indianer«-Dorf eingezäunt wird und die Prärie am Ende ein Drahtnetz durchzieht.

Das Pendant zu den beiden Linien ist der Kreis, den im Übrigen die »Indianer« nicht nur beim Umzingeln von Bleichgesichtern, bei rituellen Tänzen (um den »Marterpfahl«) oder bei Pow

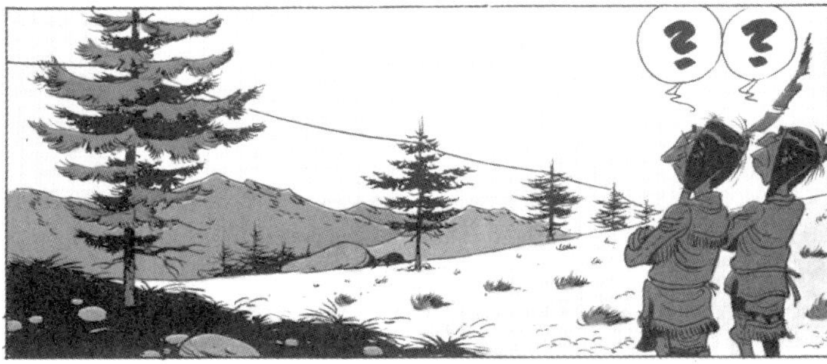

Man kann *Lucky Luke* auch geometrisch fassen: Die Linie des Fortschritts …

Wows bevorzugen. Ihr ganzes Leben, von der Behausung über das Kriegsmal bis zum Lebensentwurf, ist kreisförmig geprägt – was im Übrigen auch dazu führt, dass sie in ihrer tragisch-komischen Geschichte am Ende stets wieder gerade da sind, wo sie am Anfang waren. Auch die Daltons befinden sich in einem solchen Kreis, doch anders als die »Indianer« versuchen sie ständig, daraus auszubrechen. Die »Indianer« scheitern daran, dass ihre Kreise beständig gestört werden, die Daltions umgekehrt daran, dass sie aus dem ihrigen einfach nicht herauskommen. Die Verbindung von beidem ist die Linie, die *Lucky Luke* durch das Land zieht. Oft genug ist dies gleichsam die Tangente, die die Bewegung der Kreise bestimmt. Und schließlich gibt es das Rechteckige, das sich sozusagen als Prinzip der Eroberung und als Prinzip der weißen »Zivilisation« am Ende gegen die Linie wie gegen den Kreis durchsetzt: Die Rechteckigkeit (wenngleich in unvollkommener Windschiefe hier und dort, der Square Dance als rechteckiger Gegenentwurf zum runden Indianertanz, die Rechteckigkeit von Gefängnissen und Maschinen, der Plakate, Zeitungen und Straßen). In *Der Apachen-Canyon* bemerkt Lucky Luke, als er an einem Tanz um den Totempfahl teilnimmt: »Im Grunde genau das Gegenteil von einem Square Dance«.

Wenn wir da von einer urtümlichen »Zeichenlehre« ausgehen, Linien, Kreise, Rechtecke und alles, was sie verbindet, und was sie stört, so kann man das vielleicht auch insofern wörtlich nehmen, als es ja auch der Beginn alles Zeichnens ist, und in einer Welt wie der von *Lucky Luke* steht ganz direkt zwischen dem Zeichen und dem Bezeichneten das Zeichnen, die Bewegung von Körper,

Armen und Fingern eines Zeichners, der einerseits etwas darstellen, dann etwas »bewirken« will (das Komische, das Vertraute, das Sympathische usw.), der aber vor allem sich selber ausdrückt. Im Gegensatz zu den Apologeten der »Ligne Claire« gibt es bei Morris keinen vollkommenen Kreis, kein vollkommenes Rechteck und nun eben auch keine vollkommene Linie. Bei aller Stilisierung kommt doch alles zuerst einmal aus dem Körperlichen. Nichts ist. Alles geschieht. Jean-Marie Floch hat in seiner semiotischen Untersuchung über *Tintin in Tibet* die horizontale Bildkonstruktion als die Darstellung der materiellen Wirklichkeit und die vertikale als Darstellung der spirituellen Dimension analysiert. Diese Aufteilung gib es wohl bei *Lucky Luke* nicht (oder jedenfalls nicht mehr, als durch die Zitierung von Vorbildern von Frederic

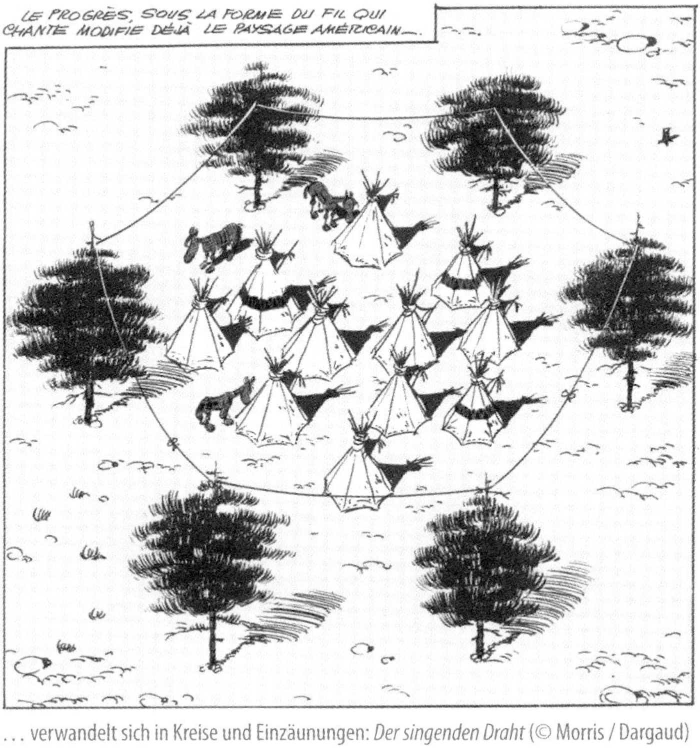

... verwandelt sich in Kreise und Einzäunungen: *Der singenden Draht* (© Morris / Dargaud)

Remington bis John Ford gegeben ist): Der Hauptwiderpruch in den Handlungen scheint eher der zwischen Bewegung und Stillstand und zwischen Einzelnem und Kollektiv. Menschen in Gesellschaft sind prinzipiell komisch (und eben nicht selten komisch in ihrer Boshaftigkeit, ihrem Opportunismus und ihrer Feigheit). Sie sind komisch, weil sie Strukturen, geometrische und soziale Formen, Riten und Wiederholungen erzeugen, deren Redundanz durch eine »Persönlichkeit« im Guten wie im Schlechten stets zugleich bestätigt wird (denn in den Western-Städten der *Lucky Luke*-Welt wird alles, was geschieht, erst einmal als willkommenes Spektakel betrachtet, um das das soziale Ornament sich gruppiert) und schließlich gestört wird (denn nun zeigt sich, wie fragil der Kreis oder das Rechteck in Wahrheit sind).

Die Sympathie der Autoren, und daher auch die unsere, gilt zweifellos den Außenseitern und Individualisten, die ihre Linien ins Land ziehen. Sie alle, die Bösen sowieso, auf subtilere Weise aber auch die Guten, scheitern an der Struktur der Gesellschaft, die offenbar nach den immer gleichen Codes funktioniert oder nicht funktioniert, wie man es nimmt.

Wenn man sagt, die Szenenauflösung in einzelne Panels sei »filmisch« könnte man ebenso gut sagen, die Einstellungswechsel in Film seien comichaft. Es ist klar, dass wir eine äußere (eine »objektive«) und eine innere (eine »subjektive«) Einstellung haben, wobei in der ersten die Information (Wo sind wir? Wer ist am Geschehen beteiligt? Wie viel Platz haben wir?) und in der zweiten Spannung und Gefühl vermittelt werden (A schaut grimmig, und B schaut grimmig zurück; mit den Helden sehen wir, was andere nicht sehen). Der Raum im Comic wird nicht nur durch die Bildelemente und ihre Beziehungen, sondern mehr noch durch die Blickachsen der Protagonisten definiert. Nicht was ich sehe, sondern was jemand sieht, ist Teil der Handlung. Der Westerner – und *Lucky Luke* im Besonderen – ist einer, der etwas sieht, ohne dass man sieht, dass er es gesehen hat. Spannung entsteht indes generell durch Unterschiede des Sehens und des Gesehenwerdens. Handlung ist nichts anderes als eine Beziehung zwischen dem Sichtbaren und dem (noch) Unsichtbaren. »Es geschieht« ist nahezu gleichbedeutend mit »Es wird sichtbar«. Das (noch) Unsichtbare schon im Sichtbaren gegenwärtig sein lassen (und mit etwas mehr Subtilität als im Schatten) gehört zur Kunst der grafischen Erzählung. Eine visuelle Pointe besteht im verzögerten Zeugenblick: Wir sehen erwartungsvolle Gesichter, »hören« ein »Klops«, und *Lucky Luke* hat seinen Gegner schneller bezwungen als der Zeichner ein entsprechendes Panel gestalten konnte. Etwas ist geschehen, ohne sichtbar zu werden, weil es entweder zu schnell oder zu vorhersehbar (oder beides) ist. Zeit wird gerafft durch das Auslassen von Bildern und gedehnt durch Quasi-Wiederholungen eines Bildes. Unter anderem.

Was den Text anbelangt haben wir drei grundsätzliche Möglichkeiten (von Erzählkästen und Lautmalereien abgesehen), nämlich Dialog oder auch mal Monolog, Gedanken oder auch mal innerer Monolog (die Bläschen unter der Blase) und schließlich Gesprochenes – sehr praktisch wenn es um Drohungen oder um das Belauschen geht – aus dem Off. Ein Panel nämlich ist nicht nur ein Rahmen für das Arrangement von Informationen, die für den Augenblick und den Fortgang der Handlung wichtig sind, sondern auch ein Ausschnitt der Welt, an deren Existenz man immer wieder erinnert werden muss. Wenn in einem Panel nur der (redende) Kopf eines Menschen zu sehen ist, dann heißt das eben nicht, dass dem armen Menschen der Kopf abgeschnitten worden ist. Sichtbare Elemente haben immer auch die Aufgabe, unsichtbare Elemente zu suggerieren. Wenn wir ein Bild eines Innenraumes sehen, wissen wir, dass es auch einen Außenraum gibt – und eine Beziehung zwischen beidem. Genauer gesagt: Wir haben das Unsichtbare zu sehen »gelernt«, und dies wiederum entspricht einer kulturellen Codierung. Ein Panel kreiert also immer auch seine eigene Beziehung zur Außenwelt. Das Sichtbare enthält (am einfachsten im Blick eines Sichtbaren) das Unsichtbare. Die westernklassische Bewegungsmelodie zwischen dem viel zu engen Innen und dem viel zu weiten Außen (jüngst radikalisiert von Quentin Tarantino in THE HATEFUL EIGHT), erscheint nun als semantisches Inferno. Eingesperrt werden oder verloren gehen. Oder, semiologisch gesprochen, an einem Übermaß oder einem Mangel an Information zugrunde gehen. Die einzige mögliche Reaktion ist Bewegung zwischen den Extremen. Und auch dies zelebriert *Lucky Luke* mit wundervoll lakonischer Komik. Bilder die (fast) zu viel an Information enthalten, folgen auf Bilder, die (fast) zu wenig Information enthalten. (Kein Wunder, dass Semiologen wie Umberto Eco so begeisterte Comic-Leser sind.)

Das Glück der ewigen Wiederkehr: Lucky und seine Welt

Wie bei allen großen Comic-Serien so gehört auch und besonders bei *Lucky Luke* das Wiedererkennen und das Spiel mit Variationen zum besonderen Vergnügen.

Die Daltons. Die vier Brüder waren ursprünglich eine von vielen direkten Anspielungen auf reale Westernfiguren und ihre cineastische Wiedergabe. Die Brüder Robert, Bill, Emmett und Grattan Dalton gehören zur Spätzeit des Wilden Westens. Berühmt-berüchtigt wurden sie durch einen Eisenbahnraub im Sommer 1891, der furchtbar schief ging und bei dem sie einen Heizer der Linie San Francisco – Los Angeles erschossen hatten. Die nächsten Überfälle ihrer anwachsenden Bande brachten indes erhebliche Beute, so reichlich, dass sie sich schließlich, zusammen mit der Schwester eines ihrer früheren Bandenmitglieder in ein bürgerlich-familiäres Leben zurückziehen konnten. 1892 gingen sie wieder auf Raubzüge, und schließlich wurden Grattan und Robert bei dem Versuch, gleich zwei Banken einer Stadt auszurauben, von den Bürgern in einer wilden Schießerei getötet; Bill Dalton, zu jener Zeit im Gefängnis, wurde zwei Jahre später erschossen. Emmett hingegen ging nach seiner Begnadigung im Jahr 1907 nach Hollywood und veröffentlicht dort seine Memoiren, *Beyond the Law*, die später auch Grundlage von Filmen wie WHEN THE DALTONS RODE (1940; R: George Marshall) wurden (siehe die Anmerkungen zu *Hors-la-loi*). Emmett blieb bis zu seinem Tod im Jahr 1937 ein viel beschäftigter Experte für die Westernproduktion der Traumfabrik. Er betonte stets, dass er und seine Brüder bei weitem nicht die schrecklichen Banditen waren, die die »Skandalpresse« aus ihnen gemacht hatte. Aber echte Ehrenmänner des Westens waren sie gewiss auch nicht.

Morris selbst: »Tja, die Daltons haben ja tatsächlich existiert, wie Sie sicher wissen. Ich glaube, seit dem 10. Album habe ich sie mehr oder weniger regelmäßig eingesetzt. Ich hatte mal einen

Film gesehen, der von diesen vier schweren Jungs handelte. Und ich fand diese Familie eigentlich sehr amüsant, so miteinander vereint zu einem schlechten Zweck. Es hatte einen gewissen komischen Aspekt. Und in der Zwischenzeit mag ich diese vier Daltons am liebsten. Sie haben die interessantesten Eigenschaften.«[86] Allerdings sind die Daltons nicht nur die gewöhnlichen Schurken, die man irgendwie auch sympathisch finden kann. Morris: »Sie sind blöd *und* gefährlich. Eine ausgesprochen explosive Mischung.«

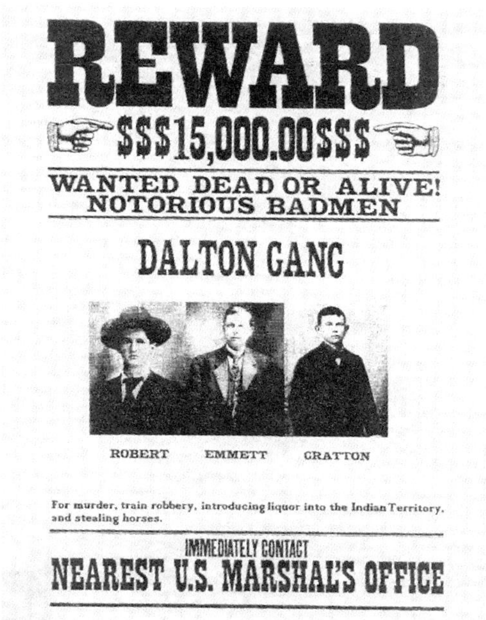

Notorious Badmen: Plakat zur Fahndung nach der Dalton Gang

In den *Lucky Luke*-Comics gewinnen die vier Brüder, die alle gleich aussehen aber verschieden groß sind, ein gagreiches Eigenleben. Der cholerische kleine Joe und der trottelige Lulatsch Averell mit seinem wahrhaft unstillbaren Appetit, bilden die Extreme, die beiden mittleren Brüder versuchen immer (vergeblich) zwischen den Wutausbrüchen des Kleinen und den Dummheiten des Großen zu vermitteln, der im Übrigen der besondere Liebling von Ma Dalton ist.

Ma Dalton. Sie erscheint als liebenswürdige alte Dame, komplett mit Kompotthut und Strickzeug, aber wenn es um ihre Kinder geht, wird sie zur Furie. Ihr erklärter Liebling ist Averell, was Joe, den Erstgeborenen (jedenfalls nach Lesart der meisten Bände), jedes Mal wieder zur Weißglut bringt. Ma Dalton hat eine Katze und lebt in einem beschaulichen kleinen Häuschen.

Ma Dalton hat (bislang) sechs große Auftritte (*Ma Dalton, Gedächtnisschwund, Belle Starr, Die Daltons in der Schlinge, Auf eigene Faust, Meine Onkel, die Daltons*), aber seit ihrem Debüt in *Ma Dalton* ist sie auch sonst der Bezugspunkt für die Brüder, die durch ihre Mutter auch als Produkte der depravierten Backwoods-Familie interpretiert werden können, von denen es in der amerikanischen Popkultur mindestens so viele gibt wie die positiven Bilder à la »Waltons«.

Die Familie Dalton ist weit verzweigt, wir begegnen etwa dem Schweizer Marcel Dalton, oder auch Henry Dalton, der den Brüdern ein reichlich vergiftetes Testament hinterlässt: Sie sollen alle Geschworenen und den Richter beseitigen, die seine Verurteilung bewirkten (*La Ballade des Dalton*).

Jolly Jumper. Jolly Jumper ist das treue Pferd von *Lucky Luke*, das sich über seinen einsamen Cowboy, seine Gefährten und Widersacher so seine Gedanken macht. In der Tat ist es nicht ausgemacht, ob es sich bei dem Paar um einen Cowboy und sein Pferd oder doch eher um ein Pferd und seinen Cowboy handelt. Ob Jolly Jumper wirklich »sprechen« kann, wie in einigen Filmen insinuiert, ist, was die Hauptserie anbelangt, vollkommen zweitrangig, denn das Tier und der Mensch verstehen sich so gut, dass jeder von beiden weiß, was der andere denkt. Jedenfalls erfahren wir seit 1960 und der Episode *Sur la piste des Dalton* vom Gedankenaustausch zwischen Cowboy und Pferd bzw. von den Gedanken, die sich das Pferd über die Abenteuer seines Cowboys und den Rest des Westens macht. Jolly Jumper ist seinem Cowboy treu ergeben, was ihn nicht daran hindert, das eine oder andere Mal romantische Anwandlungen in Bezug auf besonders rassige Stuten zu entwickeln oder auch einmal deren Hochnäsigkeit zu erfahren, und manchmal kann Jolly Jumper auch herzhaft über ein Missgeschick seines Cowboys lachen. Ein paar Dinge gibt es, die Jumper nicht leiden kann: Wenn man seine Tränke verschmutzt, wenn man vor lauter Abenteuer nicht zum Essen kommt, und wenn man ihn zwingt, mit Rantanplan, dem dümmsten Hund des Westens, für den er sich ein paar deftige Bezeichnungen ausgedacht hat, zusammen zu reisen.

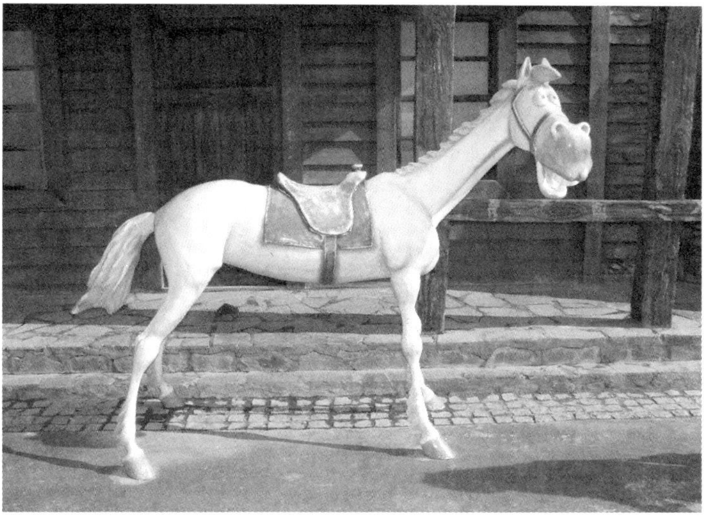

Jumper in einem Freizeitpark in Ankara, 2007

Jolly Jumper ist auch zeichnerisch eine Herausforderung, geht es doch um eine Balance zwischen Karikatur, Realismus und »filmischer« Dynamik: »Franquin sagte, ein guter Zeichner ist jemand, der Hände, Füße und Pferde gut zeichnen kann. Entweder man ist ein realistischer Zeichner, dann kann man nach Fotos arbeiten, oder man ist ein Genie wie Morris und in der Lage, eine Pferdekarikatur zu skizzieren, an der trotzdem alles stimmt: Erscheinungsbild, Haltung, Vorderbeine, Hinterläufe, bei ihm ist alles richtig. Morris war in doppelter Hinsicht ein Genie, weil es ihm gelang, eine Synthese aller schönen Stellungen zu finden. Ich habe alle Zeichnungen mit Pferden und Reitern aufgelistet und so festgestellt, dass Morris nie Zwischenstellungen dargestellt hat. Und zwar mit Grund, weil so etwas nicht funktioniert, es sieht einfach nicht gut aus. Zum Beispiel sieht man in den *Lucky Luke*s nie Pferde im Passgang, eine etwas spezielle Sache, insbesondere der Moment, in dem Vorder- und Hinterbeine gleichzeitig nach vorn zeigen. Morris hat es geschafft, alles zu analysieren und herauszufinden, was funktioniert. Danach kann man natürlich nicht mehr viel dazuerfinden.« (Achdé)[87]

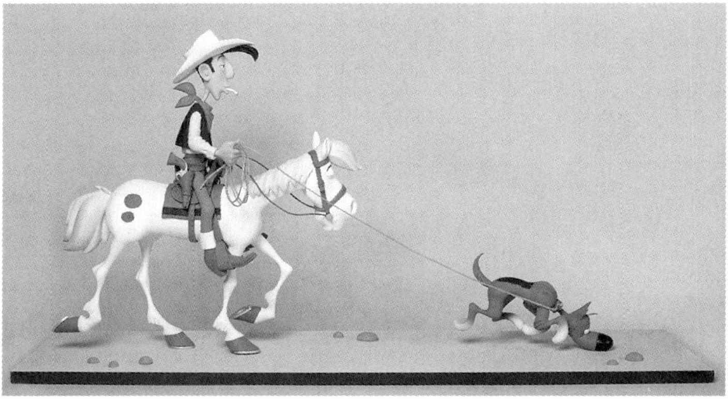

Rantanplan, sein Herrchen und Jolly Jumper als Sammelobjekt

Rantanplan. Der dümmste Hund im Westen ist von Berufs wegen Gefängnishund dort, wo die Daltons mit schöner Regelmäßigkeit ihre Ausbruchsversuche unternehmen. Er wird dann immer zum Begleiter von *Lucky Luke*, sehr zum Unwillen von Jolly Jumper. Umgekehrt verhält es sich mit seiner Beziehung zu Joe Dalton: Der kleine Choleriker hasst den Hund mit aller Inbrunst und will ihn immer wieder umbringen, aber Rantanplan sieht darin immer nur die Beweise einer unendlichen Zuneigung. Rantanplan vertauscht beinahe mechanisch jeden Impuls mit seinem Gegenteil: Zutraulichkeit versteht er als Aggression, Zornausbrüche als Liebesbeweis, wird er gelobt, fühlt er sich getadelt und umgekehrt, und seinem Spürsinn kann man insofern folgen, als er stets in die Gegenrichtung zum verfolgten Objekt drängt. Ansonsten scheint es auch mit seinem Personengedächtnis nicht allzu weit her zu sein.

Wie populär die Figur auch hierzulande ist, zeigt etwa die Band, die sich einfach Rantanplan nannte, und aus deren Nukleus in Gestalt von Marcus Wiebusch und Reimer Bustorff 2001 eine der populärsten Gruppen des deutschen Indie-Rock hervorging: Kettcar.

Der Totengräber. Natürlich gibt es in jeder Westernstadt einen. Aber das Vergnügen von Morris besteht offensichtlich darin, immer wieder neue Variationen zu entwickeln. Morris hat selbst behauptet, den Fundus dafür lieferten ihm die in seiner Schulzeit bei den Jesuiten entstandenen heimlichen Karikaturen; vielleicht sind die Totengräber der *Lucky Luke*-Comics sogar direkte Abbildungen des Lehrpersonals. Fast immer wird der Totengräber von einem Geier begleitet, fast immer sehen wir ihn an einem lebenden Menschen Maß nehmen, der dann doch nicht sein »Kunde« wird.

Totengräber sind feste Figuren im Italowestern, nicht immer nur komisch. In der Comic-Serie *Stern* der Brüder Frédéric (Text) und Julien Maffre (Zeichnungen) wird ein Totengräber zum eigentlichen Helden: Nach dem Bürgerkrieg geht es in dem Städtchen Morrison um die Begleichung alter Rechnungen. Elijah Stern, der Totengräber des Ortes, obduziert die Leiche eines Bordellkunden und kommt so einem Mordkomplott auf die Spur. Auch in dem eigenwilligen Westernfilm NEVER GROW OLD (2019; R: Ivan Kavanagh) spielt ein Tischler und Bestatter eine Hauptrolle: Patrick Tate (Emile Hirsch) gerät zwischen die Fronten in einer Stadt, die sich dem Saloon- und Bordellbetrieb öffnet und ihm deshalb mehr Arbeit verschafft, als er sich in der vordem so ruhigen Ort vorstellen konnte. Wie bedeutsam die Figur in der Spätzeit des Genres geworden war, ist auch daran zu erkennen, dass in der Westernserie von Playmobil ein »Undertaker« mit Wagen, Sarg und Spaten zur Grundausstattung gehört.

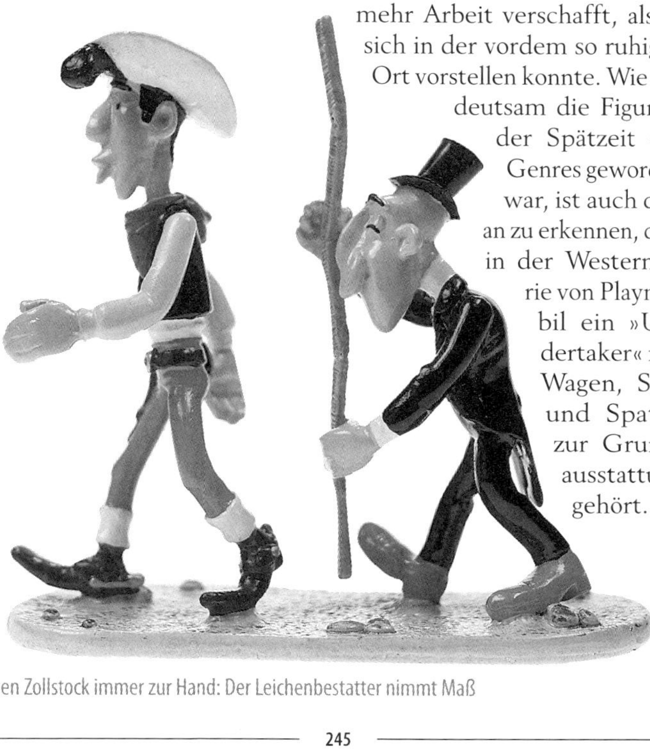

Den Zollstock immer zur Hand: Der Leichenbestatter nimmt Maß

Die Saloon-Sängerinnen und -Tänzerinnen. Ach, Frauen im Western, und Frauen bei *Lucky Luke* – das ist ein weites Feld. Der (klassische) Western, um es mit den Worten von Wim Wenders zu sagen, ist nicht ein Genre, das die Frauen ausschließt, sondern eines, das von ihrer Abwesenheit handelt. Vielleicht ist es auch eines, das von »Bindungsangst« handelt, die man natürlich auch unserem Helden zuschreibt. Daher sind im Genre die Frauengestalten geteilt in die unerreichbaren oder die Opfer (wie viele Frauen müssen in diesem verdammten Genre sterben, nur damit der männliche Held ausreichend Motivation und Spielraum für seine Geschichte hat) und in die öffentlich erreichbaren, bei denen es nicht einfach nur um Huren geht, sondern auch um Frauen, die Weiblichkeit darstellen, so flüchtig wie die »Feathers« der Angie Dickinson vielleicht. Im Saloon also ist die Frau als (lebendes) Bild anwesend: Die voluminöse Sängerin in den *Lucky Luke*-Comics hat in Figur und Gestik oft Ähnlichkeit mit Mae West. Daneben gibt es genregerecht die ein bisschen verhuschte Lehrerin, die tüchtige Farmerin und die Matrone, unter der immer wieder gern etwas zu klein geratene Männer zu leiden haben. Das Frauenbild auch und gerade in der klassischen Periode von *Lucky Luke* ist, gelinde gesagt, zweifelhaft. Auf die Frage, warum in seinen Geschichten die Frauen im-

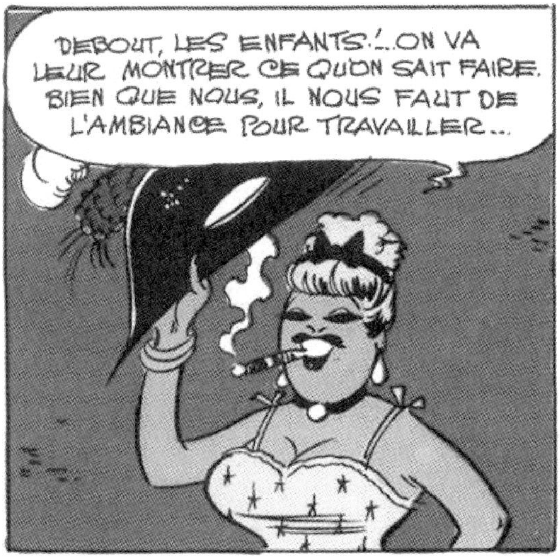

Lulu Carabine in *Dalton City* (© Morris / Dargaud) und ...

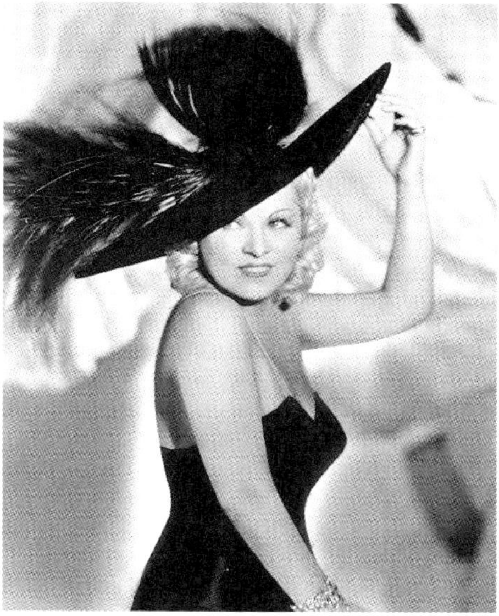

... ihre Inspirationsquelle Mae West

mer nur einen Platz im Hintergrund haben, antwortete René Goscinny einst eher ausweichend: »Ich schätze die Frau zu sehr, als dass ich sie in groteske Situationen versetze und so von ihr ein falsches Bild zeichne.«[88] Nun ja …

Zu den »Matronen« gehört zum Beispiel auch »Living Gloria«, die in *Die Daltons in der Schlinge* gerade zum sechzehnten Mal ihr lebenslanges *love interest* Buffalo Bill heiratet, auch hier wie vermutlich jedes Mal unter Einsatz ihrer Lassokünste gegenüber einem sichtlich misslaunigen Buffalo Bill. In ihren Gesangsdarbieteungen bietet Lulu Carabine, die mit ihrer Tanztruppe unter anderem in *Dalton City* auftritt, eine perfekte Parodie auf Mae West und ihren unnachahmlichen Hüftschwung, die in ihren Songs immer wieder legendäre weibliche Biografien verewigt, wie etwa »Cattle Kate«, Cowgirl und Viehdiebin (mit wirklichem Namen Ellen Watson). Lulu Carabine verweigert sowohl sich als auch ihre Mädchen jeglicher Zwangs- oder Zweckheirat, schon gar wenn sie mit den Daltons zusammenhängt (sie ist schließlich mit ihrem Pianisten Wallace verheiratet).

Niemand anderes als Sarah Bernhardt »versteht« *Lucky Luke* wirklich, lässt sie doch in ihrer Widmung vom »Cowboy, der einsam ist, weil er es sein will« – eine fast schon existentialistische Anschauung erkennen. Andere Frauen indes wären durchaus bereit gewesen, die Einsamkeit des Helden zu beenden, wenn es auch selten so nahe an eine Verbindung kam wie in *Die Verlobte von Lucky Luke* oder *Das gelobte Land*.

Auch in seinem Verhältnis zu Frauen entspricht *Lucky Luke* am ehesten dem James Stewart, wie ihn Pia Horlacher beschreibt: »Ein Abbild des Macho von der klassischen Sorte ist er nie gewesen, weder ein im Umgang mit Frauen verlegen unterspielter wie John Wayne, weder ein bösartig-protziger wie James Cagney, noch ein frech-ironischer wie Clark Gable.«[89]

Der Oldtimer. Immer wieder taucht ein Veteran im Rollstuhl auf, der sich tatkräftig und lautstark ins Geschehen mischen will. (Natürlich erinnert er in seiner Vielgestalt auch an den Methusalix in *Asterix*, einer der immer so gern noch mitmachen will, und es nach dem Willen der Gemeinschaft doch nicht soll.) Manchmal muss der Oldtimer wie ein Möbelstück auf einen Planwagen gepackt werden, manchmal, wie in der Familienfehde, ist er aber auch der verbitterte Quell des Übels. Wir wissen es, der Westen ist »No country for old men«, und zugleich sind alte Männer der Kern des ganzen. Die Pioniere, die Gründerväter, die erste Generation auf dem neuen Land. Der Oldtimer ist freilich auch einer, der sich weniger um Moral und Vernunft kümmern will; wie ein Kind kann er vor allem nach Spaß verlangen. Nach Würstchen, nach Whisky, nach Musik und vor allem nach Teilhabe, egal an was – zum Beispiel am Lynchen. Eine tragende Rolle spielen die Oldtimer als unversöhnliche Gegner in *Familienkrieg in Painfull Gulch*.

Die Bank und die Banker. Der Wilde Westen ist unter vielem auch eine Geschichte der Finanzpolitik. Die Banken, die sich hier entwickelten, waren mehr als Aufbewahrungsorte für die Schätze von Viehbaronen und Goldschürfern. Hier wurde immer auch Politik gemacht. 1863 und 1864 wurde in zwei Schritten der National Bank Act in Washington auf den Weg gebracht, um ein einheitliches System der Garantien und der Kontrollen zu ermöglichen. In den folgenden Jahren wurden weitere staatliche Maßnahmen durchgeführt, unter anderem ein System der Besteuerung, das den Banken de facto den Umgang mit anderen Währungen als den nationalen Banknoten untersagte. Die Konstruktion des amerikanischen Finanz- und Bankensystem in ihren Grundzügen beschloss schließlich die Gründung der Nationalbank Federal Reserve im Jahr 1913. Freilich war das alles kein linearer und konfliktfreier Prozess; neben den Banken die sich dem nationalen System angeschlossen hatten, existierten immer auch solche, die eher eigenen Interessen folgten. Ohne die Banken wäre die »Zivilisierung« (das heißt Kapitalisierung) des Westens kaum vonstattengegangen, und natürlich mussten sie zum Objekt der Begierde sowohl der gewöhnlichen als auch der »Volkshelden«-Banditen werden. Dabei spielte zunehmend auch ein Element der Rache mit, denn die Banken waren schon früh ein Instrument von Enteignungen und Umverteilungen. Bankräuber konnten auf die klammheimliche Sympathie der »alten« Westerner rechnen, die ohnehin nichts zu verlieren hatten und denen die bürgerliche Atmosphäre in den entsprechenden Gebäuden Unbehagen bereitete.

Politik und Politiker. Die größten Aufträge erhält *Lucky Luke* natürlich direkt in Washington. Politiker rauchen Zigarren, erheben gern ihre Zeigefinger und sind natürlich alt, weiß und männlich. Politiker in *Lucky Luke* sind stets Männer mit einiger Beleibtheit, Dreiteilern und Uhrenketten, die versuchen, besonders würdevoll zu erscheinen. Sie verkörpern ein Jenseits zur Welt des Wilden Westens, aber *Lucky Luke* erkennt ihre Autorität stets an und lässt sich (manchmal gern und manchmal nicht so gern) in ihren Dienst nehmen. Die Autorität wird nicht mit solcher Vehemenz aufs Korn genommen wie, sagen wir, der Bürgermeister in Franquins *Spirou*, vielmehr geht es da bei den Darstellungen von Politikern und anderen »Ehrenmännern« um eine freundlich sarkastische Parodie. »Wichtige« Männer in *Lucky Luke* pflegen ihre Hände an die Jackett-Aufschläge zu halten, wenn sie sich in Positur werfen.

Erstaunlicherweise scheinen sie stets zu wissen, wo unser einsamer Cowboy gerade zu erreichen ist – ebenso wie die gemütlichen Aufseher eines uns wohl bekannten Gefängnisses. Das unterscheidet ihn von einem seiner Vorgänger, dem *Lone Ranger*, über den sein Mit-Erfinder Fran Striker 1936 schrieb: »Niemand wusste, woher er kam und niemand wusste, wohin er hinterher verschwand.«[90] *Lucky Luke* hat kein geheimes *hideout*, keine verborgene Hütte im Deadwood, kein stilles Tal in den Rockys; er ist immer präsent, wenn ihm ein Auftrag übertragen werden soll, und das heißt auch: ein treuer Diener seiner Nation, die sich als Medium des Fortschritts versteht. Wie sein Pendant *Asterix* ist auch *Lucky Luke* ein in seinem Kern konservativer, auch nationaler Held. Er sorgt zwar auch in den gesellschaftlichen Subsystemen der

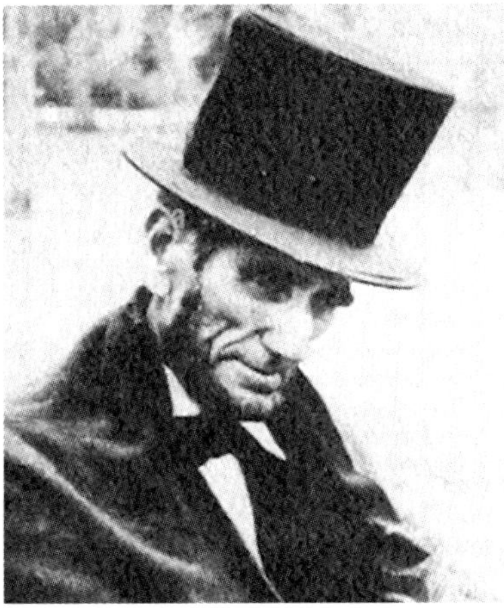

Wirklichen Vorbildern nachempfunden: …

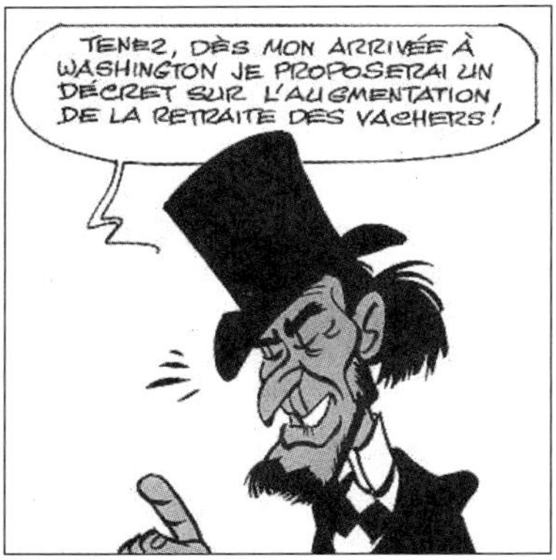

… Abraham Lincoln in *Lucky Luke gegen Pinkerton* (© Morris / Lucky Comics / Dargaud)

Pioniergesellschaft für Ordnung und Ausgleich, aber niemals käme es ihm in den Sinn, gegen das Große und Ganze zu rebellieren.

Wie die Outlaws und die Erfinder-Unternehmer, so sind auch die Politiker in *Lucky Luke* oft wirklichen Vorbildern nachempfunden.

Der Saloon und sein Wirt. Er ist vor allen Dingen damit beschäftigt, seine Spiegel und anderes Zerbrechliche in Sicherheit zu bringen, bevor die Schlägerei richtig losgeht. Manchmal hat ein Wirt aber auch selbst verrückte Ideen wie zum Beispiel ein elektrisches Klavier, das *Lucky Luke* auf gefahrvollen Wegen herbeischaffen muss, bevor es dann doch gleich wieder zu Bruch geht.

Der Saloon ist eine der wichtigsten Einrichtungen des Westens und des Westerns. Ein Ort der Kommunikation (auch wenn sich diese vorwiegend in Form von Prügeleien, Pokerrunden und in der Prostitution darstellt) und der Rituale. Die Spiegel über den Tresen, die Schwingtüren, die mehr oder minder sorgfältig gereinigten Gläser sind eher Attribute der Spätzeit; zu Beginn, etwa ab der Mitte der zwanziger Jahre, waren Saloons zumeist Bretterverschläge ohne anderen Boden als stets neu aufgeschüttete Holzspäne, die aufnehmen sollten, was hier so an Flüssigkeiten verspritzt wird.

In *Lucky Luke* reihen sich Saloon-Gags vor allem um die Bildelemente, die hier auseinandergenommen oder übertrieben werden: Einmal stehen die Männer in der üblich lässigen Haltung am Tresen, den es aber noch gar nicht gibt, weil der Saloon erst erbaut wird, ein andermal fliegt aus einer Reihe von Saloons in einer Straße jeweils ein Mann durch die Schwingtür nach draußen.

Die Kavallerie. Natürlich bietet die Kavallerie eine willkommene Gelegenheit, Kommiss, Sturheit und Disziplin zu parodieren. Man ist so überzeugt davon, seine Funktion zu erfüllen, dass man (in *Western Circus*), nachdem die Kavallerie tatsächlich einmal zu spät gekommen ist, felsenfest behauptet: »Wieso zu spät? Aber ... die Kavallerie kommt doch nie zu spät«, wie es der Leutnant erklärt.

Die gewöhnlichen Kavalleristen ähneln ein wenig den römischen Legionären in *Asterix*, eigentlich haben sie nur im Sinn, möglichst unbeschadet aus dem Dienst herauszukommen, der offensichtlich ihre einzige Möglichkeit ist, in der Gesellschaft des Westens einen Platz zu finden. Heroismus ist jedenfalls keine hervorstechende Eigenschaft. Natürlich kommen viele ihrer Verhaltensweisen (wie eine unbändige Rauflust oder die Sangesfreudigkeit) und ihre Typologie (die bärbeißigen Sergeants und die jungen Rekruten) aus den Kavallerie-Western von John Ford (oft nach Stoffen des Autors und Militärhistorikers James Warner Bellah) – ebenso das Arrangement ihrer Bewegungen in der Landschaft.

Die Schwarzen. Afroamerikanische Figuren kamen lange Zeit auch in unserer Serie nur in der Klischee-Form von Dienern oder Baumwollpflückern vor, und sie folgten dabei auch den sprachlichen Mustern der »netten« Diskriminierung. Mittlerweile aber hat *Lucky Luke* sich sogar mit einem »alten Freund«, der ihm durchaus ebenbürtig ist, zusammengetan, um für Gerechtigkeit zu sorgen.

Es ist eine etwas späte Genugtuung, schließlich wäre es für eine Serie, die sich auf ihren historischen Quellenbezug etwas zugutehält, schon möglich gewesen herauszufinden, dass zum Beispiel im Jahr 1845 jeder vierte Cowboy schwarz war. Unglücklicherweise gelang es der weißen Mehrheit, die Afroamerikaner, die Mexikaner und die Indianer stetig gegeneinander auszuspielen. Daher dürfte es von wenigen Ausnahmen abgesehen – die Seminole, die bemerkenswerterweise noch keine *Lucky Luke*-Repräsentierung fanden (sieht man von einer Beziehung von Bass Reeves in *Fackeln im Baumwollfeld* ab), – schwerfallen, eine Form der antirassistischen Einheit zu konstruieren. Man kann es kaum treffender sagen, als es Frank Wilderson[91] tut: Es war nicht die amerikanische Gesellschaft, die den Rassismus hervorbrachte, es war der Rassismus, der die amerikanische Gesellschaft hervorbrachte.

Die Indianer. Die Rolle der Indianer hat die zweitgrößte Veränderung durchgemacht. Zunächst ging es ganz nach dem Klischee der amerikanischen Western, um »Wilde«, die sich einer seltsamen Sprache befleißigen und am liebsten um den Marterpfahl herumtanzen, komplett mit einem Medizinmann in Boris-Karloff-Maske. Allerdings sind sie auch, wie ihre Widersacher die Blauröcke, durchaus Familienmenschen, haben Probleme mit dem Nachwuchs und der Autorität. Indianer und Kavallerie verhalten sich in etlichen Abenteuern *Lucky Lukes* in reziproker Mechanik, sie machen einfach immer das, was man ohnehin von ihnen erwartet, und sind relativ ratlos wenn es einmal anders geht (wie ein Planwagenzug der eine Gruppe Krieger umzingelt statt umgekehrt).

Natürlich hat Lucky Luke auch die Funktion des klassischen »Friedensstifters« im Western, allerdings bedient er sich dabei gelegentlich eher unorthodoxer Methoden. Er stellt noch bis in die Postklassik hinein, die furchtbare Doppelgestalt der Indianer im amerikanischen Gründungsmythos nicht infrage, wie sie Ariel Dorfman in seinem Essay über den *Lone Ranger* und in Bezug auf ein archetypisches Tal der wilden Pferde beschreibt, das der Held und sein indianischer Begleiter Tonto zu beschützen haben: »Für die Indianer gibt es in diesen Comics zwei Möglichkeiten: Einmal können sie das Tal von draußen bewundern – allerdings nur so lange, wie sie dem Standpunkt des Großen Weißen Mannes an ihrer Seite Achtung zollen; sie müssen dieselbe Geschichte proklamieren, die in den Geschichtsbüchern, Museen und Touristenhotels der heutigen nordamerikanischen Kultur zu sehen ist – jene Geschichte, in der ›Pontiac‹ ein Automodell und nicht ein Häuptling der ersten Amerikaner ist. Die andere Möglichkeit besteht darin, sie als ein weiteres Tier neben Puma und Büffel der Landschaft zuzuschlagen, ihre natürliche, rein passive und anekdotische Existenz zu bewundern und sie dann in Reservate zu pferchen, als einen Schatten unter anderen, einen Zufall, der beinahe unbemerkt über die Oberfläche des Landes gleitet.«[92] Freilich: Der Unterschied zwischen den Indianern bei *Lone Ranger* und bei *Lucky Luke* besteht im Grad der Selbstreflexion: Die Indianer bei *Lucky Luke* sind sich in gewisser Weise der Absurdität ihrer Existenz, ihrer hoffnungslosen kulturellen Vergiftung und ihrer Korruption bewusst. Mehrfach treten sie ja bereits in ihrer Funktion als Touristenattraktion oder in ihrer Show-Gestalt auf. In aller Regel lassen sie sich denn auch lieber auf einen zweifelhaften Handel ein als heroisch unterzugehen.

Die Chinesen. In *Lucky Luke* zeichnen sich Chinesen, abgesehen von ihrer drolligen Sprache, durch ausgesuchte Höflichkeit noch in den absurdesten Situationen aus. Sie kommen als Gleisbauarbeiter, aber auch als Betreiber von Waschsalons und Restaurants vor. Dem Klischee folgend bleiben sie am meisten unter sich, trinken Tee und lächeln beständig. In der Zeit, in der sie in *Lucky Luke*-Abenteuern auftreten, erleben die Sino-Amerikaner vor allem im Westen eine Welle der Ablehnung und Fremdenfeindlichkeit. Ihnen wird vorgeworfen, die Löhne zu drücken, und in Washington wird um ein Gesetz gerungen, das den Zuzug weiterer Menschen aus China begrenzen soll. Präsident Rutherford Hayes (dem wir in *Der Mann aus Washington* begegnen) widersetzt sich mit einem Veto und wird dafür im Osten so gelobt wie im Westen geschmäht. 1882 wurde der Chinese Explosion Act durchgesetzt, der Ankömmlingen aus China das Betreten amerikanischen Territoriums verbot. Für die Diaspora-Chinesen machte dies das Leben noch härter als es ohnehin schon war.

Die Ausrede, man betreibe keine Karikatur einer Volksgruppe, sondern die Karikatur von Film-Stereotypen, hilft in diesem Zusammenhang eher wenig. Denn in der großen Zeit amerikanischer Western kommen die Sino-Amerikaner so gut wie nicht vor. Nach dem Ende des Baus der großen Eisenbahnlinie, für den sie in großer Zahl ins Land geholt wurden, blieben die chinesischen Einwanderer eine verfolgte und isolierte Volksgruppe und mussten sich im Kino und in der Pulp Fiction dazu noch als hinterlistige und verschwörerische Gangster verzeichnet sehen. Tom Mix höchstpersönlich musste in einem seiner Filme – SKY HIGH von 1922 – Menschenschmuggler bekämpfen, die Arbeitskräfte aus China ins Land brachten, und wo Hoot Gibson schon einmal eine schöne Chinesin aus den Händen lüsterner Trunkenbolde befreit, da erweist sie sich auch gleich als diebische Verräterin: in TRAILING TROUBLE (1930; R: Arthur Rosson). Erst mit der Serie KUNG FU (1972–1975) mit David Carradine als kämpferischer chinesischer Mönch im Wilden Westen wurde ein positives Gegenbild im Genre möglich.

Natürlich sind die Klischees in der *Lucky Luke*-Serie niemals so gehässig wie in manchen amerikanischen Filmen. In *Die Rückkehr von Revolver Joe* gibt es einen chinesischen Cowboy, dem man allerdings den Namen »Chink« verpasst hat, das rassistische Schimpfwort für Sino-Amerikaner. Ming Li Fu betreibt die Wäscherei in *Daisy Town*, er tritt wieder auf in *Le 20ème de cavalerie*, und in *Die Reisschlacht* rettet *Lucky Luke* den Chinesen Tschong vor den Apachen und hilft bei der Etablierung eines Restaurants, das allerdings bald Konkurrenz bekommt und erst nach der titelgebenden Auseinandersetzung zu einer glücklichen Vereinigung führt. Die Übertreibung der Klischees bis zu ihrer möglichen Kenntlichkeit ist ein Merkmal der Serie, aber anders als den anderen karikierten Ethnien, den Indianern

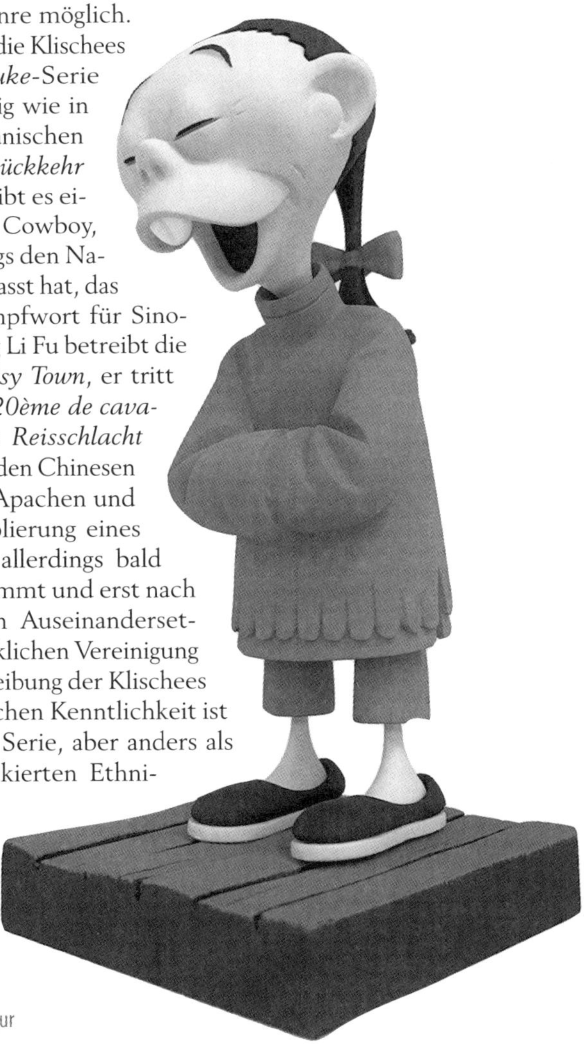

Den Chinesen ist es nicht vergönnt, hinter dem Klischee eine individuelle Persönlichkeit zu zeigen: Ming Li Fu als Sammelfigur

oder den Mexikanern, ist es den Chinesen nicht vergönnt, hinter dem Klischee eine individuelle Persönlichkeit zu zeigen. In der TV-Serie LUCKY LUKE – DIE NEUEN ABENTEUER (Les Nouvelles Aventures de Lucky Luke; 2001–2003) dreht sich das Klischee schließlich um: Hier sind nahezu alle Chinesen fantastische Kung-Fu-Fighter, und so natürlich auch *Lucky Luke*s Begleiter Tchin-Tchin in der Episode *The Return of Liki Liki*. Im Übrigen hatte der junge Unternehmer Liu Ke, der in der Vor-Corona-Zeit in Beijing mehrere Läden mit Rock'n'Roll- und Vintage-Kleidung betrieb, keine Probleme damit, sich selber einfach *Lucky Luke* zu nennen.[93]

Den asiatischen Anteil an der »Eroberung« des Westens feiern später neben etlichen Filmen und Fernsehserien auch Comics. Dazu gehört die epische Serie *Chinaman* von Serge Le Tendre (Szenario) und Olivier TaDuc (Zeichnungen): Im Jahr 1850 kommt der erfahrene Triaden-Kämpfer Chen Long Anh mit 200 chinesischen Auswanderern im Hafen von San Francisco an, um in Amerika einen neuen Anfang zu machen. So schließt er sich einem Siedlertreck an und flieht vor seinen Verfolgern in die Berge, um als Trapper zu leben. Als Beschützer des Waisenmädchens Rose wird er in immer neue Konflikte gezogen und muss immer wieder fliehen, und nicht zuletzt muss er sich der rassistischen Attacken seiner neuen »Landsleute« erwehren. »Die Emigration der Chinesen geschah unter Leid und Schmerz. Die Chinesen sind nach Amerika ausgewandert, um dem Elend zu entfliehen.« (Olivier TaDuc)[94] Wenig von diesem Elend, aber genügend von der fundamentalen Trennung zwischen den Weißen und den Asiaten im Westen enthält die *Lucky Luke*-Saga.

Mexikaner. Sind Banditen, trinken Tequila, halten Siesta. Aber wie die anderen Underdogs, die Chinesen, die Afroamerikaner, die Indianer, so pflegen auch sie nicht nur ihre eigenen Marotten, sondern erkennen ziemlich trefflich die der weißen Mehrheit. Erstaunlich ist ihre Toleranz. Als zwei Männer jenseits des Rio Grande (akustisch) Zeuge werden, wie Joe wieder einmal Averell erwürgen will, meint der eine, diese Gringos seien doch seltsame Leute (Die spinnen, die ...), und der andere erklärt weise, jedes Land habe eben seine eigenen Traditionen, darüber muss man sich nicht aufregen. Bei allen Klischee-Verwendungen darf man indes eines nicht vergessen: Goscinny und Morris *lieben* ihre Figuren. Alle.

Das Ortsschild. Jede Western-Town hat ein Ortsschild, auf dem neben der Einwohnerzahl auch eine mehr oder weniger gutgemeinte Warnung an alle Fremden vermerkt ist. In Cactus Junction etwa: Fremder, alles steht zu deinem Empfang bereit: Ein Hotel. Ein Gefängnis. Ein Saloon. Ein Friedhof. Oder in Grass Junction: Fremder, die beiden reichsten Männer der Stadt sind der Henker und der Totengräber. Oder Golden Glow: Fremder, hier suchten viele Gold und fanden nur Blei. Oder Grass Town: Hier wird rund um die Uhr gehängt. Oder Titusville, Hauptstadt des Erdöls: Fremder, kommst du nach Westen, sage, du habest sie bohren gesehen – ohne Gesetz und Moral.[95] Manchmal genügt es, wie in Purgatory, auch die Dokumentation rapide abnehmender Einwohnerzahlen auf dem Ortsschild zu vermerken, um die Fremden zu warnen. Und manchmal wird es auch ein wenig umständlich, wie in Bingo Creek: Fremder, wenn du dich nicht gut führst, schicken wir dich an einen Ort, der mit guten Vorsätzen gepflastert ist. Ein Fremder muss hier wohl erstmal anhalten, um den tieferen Sinn der Warnung zu erkennen. Leichter hat man es in Alfalfa City – Hier wohnt der reichste Totengräber der Vereinigten Staaten – oder in Carson City – Die Stadt der Telegrafen – Endstation für Galgenvögel.

Natürlich gibt es auch Ausnahmen; in *Meine Onkel, die Daltons* etwa kommt man einmal nach Highso City: »Hier ist man reich, elegant und diskret« (und Jolly Jumper wird beim Betreten per Schild darauf hingewiesen, sich die Hufe gründlich abzutreten). Ein andermal, in *Auf eigene Faust*, sehen wir ein Orts*ende*-Schild: »Sie verlassen Patos River. Wir kommen darüber hinweg«. In *Familienkrieg in Painful Gulch* ist das durchlöcherte Ortsschild nebenbei ein Beleg dafür, dass man mit der Fehde mehr beschäftigt ist als mit der Orthografie.

Wölfe, Bären und Coyoten. Alle wilden Tiere in *Lucky Luke* können sich über die Verrücktheiten der Menschen nur wundern. Oft müssen sie aber auch als Zielobjekte der Schießkünste herhalten, und meistens sind sie einfach da, weil sie dazugehören, wie ein Elch in Québec, der sich nicht stören lässt. Wenn ein Greenhorn wie Waldo einem Bären zu nahe kommt, versucht er sich natürlich zuerst einmal höflich zu entschuldigen, bevor Lucky Luke ihn vor der wütenden Bestie rettet (»Aber ich bitte Sie, wir sind doch unter Gentlemen!«). Allerdings ist auch ein (nicht ganz so) zahmer Bär bei Richter Bean (nicht ganz so) in den richtigen Händen. Das allergegenwärtigste Tier aber ist der Geier, nicht nur beim Leichenbestatter, gefolgt von der Klapperschlange. (Aber auch Klapperschlangen kennen Grenzen, wenn Billy the Kid vom »Mädchen aus dem Texas-Städtchen« singt, nehmen sie Reißaus.) Wird die Landschaft lieblicher, so werden es auch die Tiere, wenn *Lucky Luke* durch einen Wald reitet, singen die Vögel und die Eichhörnchen wundern sich; wenn er in die Wüste kommt, lauern die Schakale, und die Ratte verheißt gewiss nichts Gutes. In *Der Apachen-Canyon* muss Lucky Luke bei seinen Aufnahmeprüfungen ein Kaninchen fangen, was er nach Cowboy-Art auch macht, was das arme Tier ob solchen Regelverstoßes slow-burn-mäßig zum Betrachter blicken lässt.

Die Tränke. Jolly Jumper muss immer wieder hinnehmen, dass man seinen Wasserbehälter vor dem Saloon »verschmutzt«, indem einer der Cowboys, die hier ihre Schlägereien ausführen, hineingeworfen wird. Wenn er nicht ohnehin aus einem Strohhalm zusammen mit seinem Cowboy ein Getränk zu sich nimmt, dann hat er es gern, wie wir etwa in *Die Herausforderung* erfahren, dass man ihm ein Bier in die Tränke kippt. Und seine Ansicht ist klar: »An die Stelle der Tränken sollte man lieber Badewannen aufstellen, dann gäb's keine Verwechslungen mehr« (*Spaziergang durch die Stadt*). In *Der Kaiser von Amerika* hat sich Jolly Jumper wohlweislich einen Eimer mit frischem Wasser neben die Tränke stellen lassen, weil dorthinein ohnehin wieder jemand aus dem Saloon geworfen wird. Der zweite Running Gag (in der Tat) ist die Platzierung Jolly Jumpers unter dem Fenster, aus dem sein Cowboy springen wird, was zu immer neuen Variationen führt. (Im gerade erwähnten Abenteuer hat Jolly Jumper unter alle Fenster einen »Kollegen« postiert, weil er ja nicht wissen konnte, aus welchem Fenster *Lucky Luke* diesmal springen würde.) In Mexiko sind, wie es scheint, die Pferde-Tränken so hoch, dass ein Hund darunter Siesta machen kann – sagen wir, Rantanplan, der jedes Mal, wenn das Wort »Knochen« fällt, auffährt und sich den Kopf anschlägt.

Das Bad. Lucky Luke ist ein reinlicher einsamer Cowboy. Jedenfalls badet er gern, aber es ist ihm nicht vergönnt, jemals ein Bad ohne

Störung und Zwischenfall zu genießen. Ob in der Hotelbadewanne (*Lucky Luke und der Großfürst*) oder in einem Fluss. In *Den Daltons auf der Spur* wird das Bad für Lucky Luke erzwungen, weil sich Rantanplan fachgerecht auf die Spur eines Stinktieres statt der Daltons gesetzt hat. Dagegen wird er im Anwesen des Rancheros in *Tortillas für die Daltons* während des Bades mit bestem Tabak versorgt (derweil bürsten Diener seine Jeans aus und erhält Rantanplan weniger genussvoll sein Bad). Aber auch Jolly Jumper kann durch seine Vorliebe fürs erfrischende Bad in die Bredouille kommen, etwa wenn er sich wegen einer solchen Erfrischung bei der üblichen Rettungstat verspätet.[96]

Bade-Szenen (männlich wie weiblich besetzt) sind Bestandteile der Western-Ikonografie, vom erfrischenden Bad im Fluss nach strapaziösem Ritt bis zum ersehnten Wannenbad nach getaner Arbeit des Cowboys (in Delmer Daves' COWBOY [1958] vergnügen sich Glenn Ford und Jack Lemmon in der Wanne mit Revolverschüssen auf Fliegen). Unübertroffen bleibt die Howard-Hawks-Badeszene in EL DORADO (1966), wo Robert Mitchum nach überwundenem Alkoholmissbrauch auch eine äußerliche Reinigung im Sheriff-Büro vornimmt, aber alle naselang jemand hereingestürmt kommt, um ihm fürsorglich ein Stück Seife zu bringen. Auch dass ein Bad für einen Westerner ein gefährliches Momentum der Schwäche bieten kann, wird immer wieder in die Handlung eingebaut. Im Wasser ist der arglose Westerner von seinem Pferd, seiner Waffe und seiner Würde getrennt. Der erfahrene Gunfighter indes weiß so gut wie die prekäre Situation beim Barbier auch das Bad mit einer Absicherung zu verbinden.

Für Lucky Luke und Jolly Jumper ist das Baden ein Augenblick des reinen, unschuldigen Glücks. Es wird allerdings stets unterbrochen, oder es muss erst vorher erkämpft werden, wie in *Familienkrieg in Painful Gulch*, wo der von Revolver- und Gewehrschüssen durchlöcherte Badezuber des Hotels erst einmal mit Korken abgedichtet werden muss, bevor der Cowboy sein Reinigungsritual durchführen kann.

Die Wanted-Plakate. Der Steckbrief ist wie das Ortsschild eine Orientierungsmarke als Running Gag. Einmal beschwert sich ein Bandit darüber, wie wenig er wert ist, das andere Mal steht statt »tot oder lebendig« »nur tot« auf dem Plakat. Das Plakatkleben ist aber auch in anderen Zusammenhängen bedeutsam, etwa wenn es um eine Bürgermeister- oder Sheriff-Wahl geht.

Tatsächlich haben Wanted-Plakate die Funktion einer »Identifizierung« zu Beginn nur eher unvollständig erfüllen können. Die Bildgeschichte des Wilden Westens ließe sich auch anhand der Fahndungsplakate erzählen, die überdies ein entscheidender Aspekt der Outlaw-Legenden wurde. Dem Umstand, dass die Fahndungsplakate nach späteren Kriterien der Identifikation in der Kriminalistik eher zweifelhaft wirken, verdanken vermutlich etliche Männer im Westen ihren frühen Tod durch die Kugeln von Kopfgeldjägern, weil sie »eine gewisse Ähnlichkeit« mit tatsächlich gesuchten Verbrechern aufwiesen. Bei *Lucky Luke* sind Wanted-Plakate natürlich vor allem für Pointen gut, so etwa wenn das Kopfgeld für Joe, Jack und William Dalton kontinuierlich steigt, das für Averell aber auf 3 Dollar sinkt. Und wenn der Kopfgeldjäger das Fahndungsplakat für einen gewissen John Doe in Händen hält, erinnern wir uns nicht nur an den Gary Cooper von Frank Capras Film MEET JOHN DOE (Hier ist John Doe; 1941), sondern vor allem daran, dass »John Doe« ein »Platzhalter«-Name ist, ein Jedermann (mit Jane Doe als weiblichem Pendant): Jeder kann in die Fänge eines solchen Systems geraten, das das Leben eines Menschen in Dollar ausdrückt.

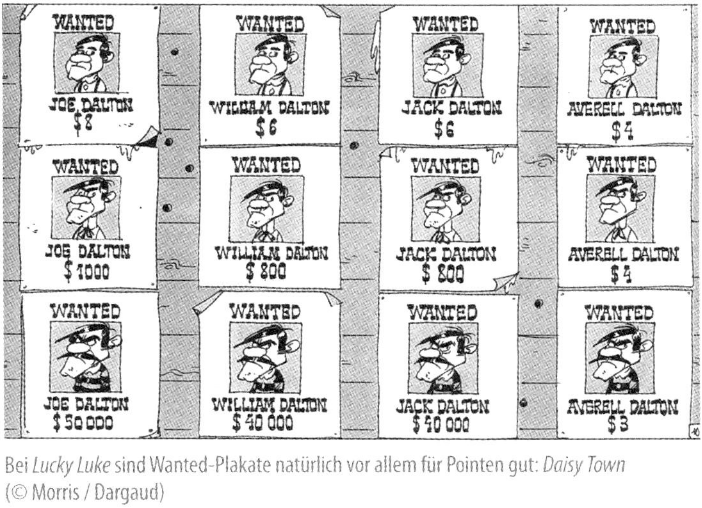

Bei *Lucky Luke* sind Wanted-Plakate natürlich vor allem für Pointen gut: *Daisy Town* (© Morris / Dargaud)

Das Schlussbild. In der ersten in Deutschland veröffentlichen Geschichte, *Die Eisenbahn,* ritt Lucky Luke übrigens mit dem Text »Ich bin ein armer, einsamer Cowboy, Holdrio ...« der untergehenden Sonne entgegen. Natürlich wurde später der ursprüngliche Text wieder eingeführt. Wir sehen am Ende jeden Bandes Lucky Luke mit seinem Lied davonreiten, aber häufig ist noch ein kleiner Gag eingebaut, der ein Schlüsselelement des Abenteuers zitiert (zum Beispiel durch die Schreibweise des Wortes »Fin« bzw. »Ende«). Im Panel zuvor haben wir mit schöner Regelmäßigkeit Anteil an Feierlichkeiten oder Ehrungen für Lucky Luke, denen sich unser Freund wieder einmal entzogen hat. Wenn eine Aufgabe erledigt ist, dann ist seines Bleibens nicht länger.

Das Schlussbild ist so ikonisch wie das Festbankett der Gallier bei *Asterix,* und jede kleine Abweichung ist, nun eben, eine Pointe für das

ENDE.

Anmerkungen

1 Morris 2007 im Interview mit linguapolis. http://linguapolis.hu-berlin.de/germanopolis/ll050307/1650.html

2 Pards, von partner, as if you did not know, sind die Kerle, die im Western zusammen reiten.

3 Heinz-Josef Stammel: Hölle auf Rädern – Die Eisenbahn erobert den Wilden Westen. Frankfurt/M 1976, S. 170.

4 Erastus und Irwin Beadle entwickelten das Format in den Jahren nach 1860. Nach dem Preis benannt wurde es nach und nach zu einem eigenen Medium für reißerische und »legendäre« Geschichten. Die großen Helden des Westens und vor allem Buffalo Bill – den der berühmte Autor Ned Buntline verewigte – wurden in den Dime Novels zu den Gestalten stilisiert, als die sie dann auch im Film wieder auftauchen. Gegen Ende des Jahrhunderts wurden die Dime Novels nach und nach von der Pulp Fiction abgelöst (so benannt wegen des billigen Papiers, auf denen sie gedruckt wurde), die mit Fortsetzungsromanen und Kurzgeschichten sowie actionreichen Illustrationen punkteten.

5 Garner hatte zuvor schon den Wyatt Earp in weniger ironischem Zusammenhang gespielt: In HOUR OF THE GUN – DIE FÜNF GEÄCHTETEN von John Sturges (1967), einem der Filme jener Zeit, die sich auf die moralische und psychische Ambivalenz ihrer Helden einließen.

6 Übrigens eine der am meisten falsch wiedergegebenen und interpretierten Film-Zitate. Die originalen Drehbuch-Zeilen lauten:
»Ransom Stoddard: You're not going to use the story, Mr. Scott?
Maxwell Scott: No, Sir. This is the West, Sir. When the legend becomes fact, print the legend.«
Der Zeitungsmann Scott kennt eben seine Leser*innen.

7 Die Radio-Features um den Lone Ranger und seinen treuen indianischen Freund Tonto hatten gegenüber der Konkurrenz einen auch für die Entwicklung des Comic-Western nicht unwichtigen Vorteil: Statt mit dem klassischen Cliffhanger und dem Versprechen, in der nächsten Folge zu verraten, wie der Held sich wieder einmal aus dem Schlamassel befreien würde, bot THE LONE RANGER stets eine abgeschlossene Handlung mit einem moralisch ebenso wie dramaturgisch mehr oder weniger befriedigenden Ende. Erst damit eigentlich war der Westen als in sich geschlossene Welt zu etablieren, als ein Land, das zugleich offen und von ewiger Wiederkehr bestimmt und in unterschiedliche Subsysteme zu gliedern war.

8 Unsterblich nicht nur als »California Carlson« in den Serienwestern sondern auch in der typischen »Netter alter Kerl«-Rolle in TV-Serien wie CORKY UND DER ZIRKUS oder LASSIE.

9 Der Film verdankte seine Reputation einerseits der Zeit-Dramaturgie, in der die Geschichte vom Kampf des Sheriffs gegen eine Übermacht rachsüchtiger Banditen gleichsam in Echtzeit erzählt wird, und andererseits Gary Coopers Darstellung des alternden Westerners, der seine stoische Ruhe und sein Selbstverständnis zu verlieren droht: HIGH NOON ist ein »Spätwestern« avant la lettre.

10 Die Erzählung von Akutagawa Ryūnosuke und der Film von Akira Kurosawa.

11 Nach Helmut Melzer: Unterhaltung in den Medien (deutsch aktuell) München 1983, S. 47f.

12 https://www.egmont-comic-collection.de/lucky-luke/interviews/ (André Franquin (1924–1997), der meisterliche Gestalter von *Spirou*, *Gaston* und den *Schwarzen Gedanken*. Franquin war nicht nur der Zeichner-Autor, der *Spirou* zur Blüte brachte, sondern auch ein persönlicher Freund von Maurice de Bévère.)

13 In der amerikanischen Mythologie ist Tee das »weibliche«, dekadente und britische Getränk, dem gegenüber der Kaffe »männlich«, amerikanisch und authentisch codiert ist. Ein Cowboy trinkt keinen Tee (wenn er es vermeiden kann). Calamity Jane hält sich für höchst zivilisiert, da sie in ihrem Saloon eine Ecke als Teestube für die Damen einrichtet.

14 »Einer der Gründe mag sicher sein, dass die Amerikaner sich auf diesem Gebiet einfach allen anderen weit überlegen fühlen. Sie glauben einfach, dieses Genre erfunden zu haben und damit besser zu machen als andere. Und dann spielt natürlich auch ein gewisser Protektionismus mit. Sie schützen ihre ›einheimische‹ Produktion. Die amerikanischen Verleger haben ein sehr scharfes Auge darauf, keine europäischen Comics ins Land zu lassen. Natürlich haben wir dort ein paar Hunderttausend Alben verkauft, aber angesichts der Bevölkerung ist das ein Pappenstiel« (Morris im Interview mit linguapolis, 2007 http://linguapolis.hu-berlin.de/germanopolis/ll050307/1650.html).

15 Dominique Bertail im Interview mit Paul Giner. »Haben Sie schon mal einen Bartträger im Kleid gesehen?« In: Comixene Nr. 130 (Februar 2019) S. 40.

16 Die Bezeichnung setzt sich aus den Anfangsbuchstaben der Beteiligten zusammen: Pietro Sartoris, Dario Guzzon und Giovanni Sinchetto.

17 Der Held wird uns da allerdings nicht gerade als moralisches Vorbild vorgestellt: »The Cisco Kid had killed six men in more or less fair scrimmages, had murdered twice as many (mostly Mexicans), and had winged a larger number whom he modestly forbore to count. Therefore a woman loved him.«

18 Joe Hembus: Das Western-Lexikon. Erweiterte Neuausgabe von Benjamin Hembus. München 1995, S. 399.

19 Rolf-Rüdiger Hamacher: Lucky Luke. In: film-dienst 13/1991, S. 32.

20 https://www.filmstarts.de/kritiken/53219/kritik.html.

21 Cuno Affolter, Urs Hangartner: I'm a poor lonesome Cowboy – Lucky Lukes Westernwelt. In: Andreas C. Knigge (Hg.): Comicjahrbuch 1990. Hamburg 1990, S. 81.

22 Reddition 77.

23 Siehe Seite 91.

24 Christian Blees: Clever und smart. Lucky Luke bei Bastei. In: Alfonz – der Comicreporter, Nr. 2/2023, S. 56.

25 https://www.ndr.de/kultur/buch/75-Jahre-Lucky-Luke,luckyluke100.html.

26 Eine super-genaue und makellose historische Editionsgeschichte haben Horst Berner und Volker Hamann zusammengestellt. In unserer Passage geht es mehr um Inhalte und Hintergründe. Die Referenz für diese Passage bilden naturgemäß die deutschen Ausgaben, allerdings habe ich mich immer wieder auf die französischen, englischen oder italienischen Veröffentlichungen

zurückgezogen, schon weil ich eine gewisse Abneigung gegen das Maschinen-Lettering hege. Das Hand-Lettering ist, jedenfalls nach Meinung dieses bescheidenen Autors, ein unabdingbarer Teil der Comic-Kultur.

27 Nicht alle Geschichten werden hier einzeln vorgestellt. Manche Titel tauchen im Laufe der Publikationsgeschichte als Albumtitel nochmals auf, andere werden abgewandelt. Hier nennen wir den jeweiligen Originaltitel und das dazugehörige Jahr der Erstveröffentlichung laut https://fr.wikipedia.org/wiki/Lucky_Luke.

28 Joseph Gillain alias Jijé (1914–1980), siehe Seite 59.

29 https://www.dw.com/de/lucky-luke-feiert-75-geburtstag/g-56675226.

30 Morris im Interview mit linguapolis 2007. http://linguapolis.hu-berlin.de/germanopolis/ll050307/1650.html.

31 Alistair Cooke: Amerika. München 1978, S. 163.

32 https://en-m-wikipedia-org.translate.goog/wiki/Robert_E._Lee_(steamboat)?_x_tr_sl=en&_x_tr_tl=de&_x_tr_hl=de&_x_tr_pto=rq#:~:text=Robert E. Lee (as first, destroyed by fire in 2010).

33 https://www.drakewell.org/.

34 Hans Schifferle: The Big Trail. In: Bernd Kiefer, Norbert Grob (Hg.): Filmgenres. Western. Stuttgart 2003, S. 64f.

35 Einer der grandiosen »Abgesänge«. Ein Cowboy, sein Pferd, die Prärie, eine kurze Rast. Dann ein alarmierendes Geräusch. Der Cowboy schaut in den Himmel, der nicht mehr der seine ist. Düsenjäger zischen vorüber.

36 https://www.tcj.com/this-town-is-big-enough-for-all-of-us-ralf-konig-on-lucky-luke/.

37 Achdé, Claude Guylouis, Nicolas Thibaudin: Lucky Luke – Das Kochbuch: Rezepte und Geschichten aus dem Wilden Westen. Berlin 2021.

38 Karl May: Winnetou Band I. Projekt Gutenberg-DE. Kindle-Version, S. 3.

39 In der *Zack*-Version unter dem Titel *Mit Musik geht alles besser* trägt er den Namen Sean O'Shluckbottle. Ein Beleg dafür, dass man es mit dem Witz der sprechenden Namen auch übertreiben kann.

40 Eine ernsthaftere Auseinandersetzung mit dem Thema »Theater im Wilden Westen« findet sich in den vier Bänden *Der Planwagen der Thespis* von Christian Rossi aus den frühen achtziger Jahren: Die Geschichte eines jungen Deserteurs aus dem Bürgerkrieg, der in einer wandernden Theatergruppe Unterschlupf und Freundschaft findet, wo er übrigens mit Perücke und Rock einigermaßen glaubhaft die weibliche Hauptrolle zu spielen hat.

41 Wer an präzisen und umfassenden bibliografischen Angaben interessiert ist, greife getrost zur Reddition-Ausgabe – siehe Angaben im Anhang.

42 Und hier ist das Ende in deutscher Übertragung: »Noch unverändert für den Blick der andern, / fühlt es die Wunde, die so zart begann, / tief innen wachsen, weinen, weiterwandern – / es ist zerbrochen – rühret es nicht an!«

43 Martin Weidinger: Nationale Mythen – männliche Helden. Politik und Geschlecht im amerikanischen Western. Frankfurt/New York 2006, S. 104.

44 Der entsprechende Trickfilm wurde übrigens kurz nach Goscinnys Tod herausgebracht. Die Geschichte ist in der Tat mehr als gewohnt auf »filmische« Pointen angelegt, von denen die Höllenfahrt der Daltons in einer Bergwerkslore und die Hollywood-Parodien in ihrem Traum die größten Effekte abwirft.

45 Die zeitgenössische französische Schreibweise mit einem p.
46 Tom Shapiro: Wanted: Lucky Luke. In The Comics Journal vom 29. September 2022 (https://www.tcj.com/reviews/wanted-lucky-luke/).
47 Deutsch in dem Sammelband *Ein Menü mit blauen Bohnen* (2014).
48 https://www.splashcomics.de/php/rezensionen/rezension/25242/lucky_luke_95_das_gelobte_land.
49 https://www.rollingstone.de/comic-blog-lucky-luke-sollte-in-rente-gehen-1229815/.
50 Wer will, kann in dieser Figur Anspielungen auf einen gewissen amerikanischen Präsidenten der aktuellen Zeitgeschichte erkennen, doch geht es den Autoren nach eigener Aussage eher um das *Prinzip* von Manipulation und Macht.
51 Heiner Lünstedt: Lucky Luke #97: Ein Cowboy in Paris. In: Die Sprechblase, Nr. 240 (Mai 2019), S. 27.
52 Christian Buß: Black Power im Baumwollfeld. In: Der Spiegel vom 30.10.2020. https://www.spiegel.de/kultur/literatur/lucky-luke-band-fackeln-im-baumwollfeld-black-power-im-wilden-westen-a-286560f1-b200-452e-b968-bc0618a5777a.
53 Jul zitiert nach Elmar Krämer: Showdown mit Veganer. Deutschlandfunk vom 2.11.2022. https://www.deutschlandfunkkultur.de/lucky-luke-rantan-plans-arche-100.html.
54 Ebd.
55 Tyll Peters: Auf den Hund gekommen. In: Alfonz – der Comicreporter, Nr. 1/2023, S. 74.
56 Priscilla Di Thiene: L'arca di Rantanplan – il nuovo fumetto di Lucky Luke è animalista (o quasi). In: La Repubblica, 9.11.2022 Spec. La Zampa.
57 https://taz.de/Lucky-Luke-Comic-Rantanplans-Arche/!5890544/.
58 Sam Bass (gest. 1878) war übrigens mehr als ein Ausbrecherkönig denn als wirklich erfolgreicher Bandit bekannt, was vermutlich dafür verantwortlich ist, dass er in der Western-Historie nur eine Nebenrolle spielt und sogar in seinem bekanntesten Film die Titelrolle teilen muss: In CALAMITY JANE AND SAM BASS (1949; R: George Sherman) wurde er immerhin von Howard Duff gespielt. Die folkloristisch bearbeitete Legende überdauerte indes die Generationen: Bei der Invasion von Okinawa zermürbte die amerikanische Armee den japanischen Gegner, indem sie die Ballade von Sam Bass durch die Lautsprecher jagte.
59 Peter Nover: Harvey Drinkwater in Texas. In: Alfonz – Der Comicreporter, 2/2012, S. 67.
60 In der Welt der Comic-Aficionados mag es als Pointe gelten, dass die reale Waffenfabrik von Smith and Wesson, auch durch die innige Beziehung von Dirty Harry zu seiner Handfeuerwaffe bekannt, ihren Sitz in Springfield hat.
61 Heiner Lünstedt: Lucky Luke sattelt um. In: Die Sprechblase, Nr. 241 (Okt. 2019), S. 21.
62 Ralph Trommer: Ein Cowboy auf dem Drahtesel. In: taz, 3.6.2019. https://taz.de/Hommage-an-Lucky-Luke/!5595073/.
63 Der Geburtsname des Schauspielers Steve McQueen lautete Steven Terrence McQueen.
64 http://www.satt.org/comic/21_09_tvod2106.html.

65 Interview mit Achdé von Stefan Svik. In: Comicgate, 30.3.2013. http://archiv.comicgate.de/interviews/interview-mit-achde.html.
66 »Ich diene gern dem Gesetz«, sagt er, nur zum Beispiel, in *Die Eskorte*.
67 https://splashcomics.de/php/rezensionen/rezension/5399/rantanplan_strips_2_hundstage.
68 Deutsch in dem Sammelband *Ein Menü mit blauen Bohnen* (2014).
69 Eine der jüngsten Ausgaben Dresden 2015.
70 Abgedruckt in: Pilote, Nr. 631/1971.
71 Centre Belge de la Bande Dessinée, 20, rue des Sables, 1000 Bruxelles.
72 Ich weiß nicht, wonach der riecht, ich habe ihn mir trotz der versprochenen 10% Rabatt nicht bestellt, weil ich gegen Duftbäume allergisch bin.
73 Morris zit. nach https://www.welt.de/print-welt/article464498/Der-Mann-der-schneller-zeichnete-als-sein-Schatten.html.
74 Zit. nach Philippe Mellot: L'Univers de Morris. Paris 1988.
75 Andreas C. Knigge: Comeback für Jijé. In: Ders. (Hg.): Comic Jahrbuch 1988. Berlin 1988, S. 288.
76 Diese Alben erschienen bis 1968 bei Dupuis, danach bei Dargaud.
77 Siehe Anm. 24.
78 Zit. nach Martin Jurgeit: Morris, der Vater von Lucky Luke ist tot. In: Zack Nr. 27/2001, S. 20.
79 Zit. nach Cuno Affolter: René Goscinny – Eine längst überfällige Würdigung eines genialen Szenaristen. In: Andreas C. Knigge (Hg.): Comic Jahrbuch 1987. Berlin 1987, S. 102.
80 René Goscinny, zit. nach https://it.wikipedia.org/wiki/René_Goscinny.
81 Interview mit Achdé von Stefan Svik. In: Comicgate, 30.3.2013. http://archiv.comicgate.de/interviews/interview-mit-achde.html.
82 Jul im Interview mit Sophie Bogrow. Comixene, Nr. 122 (Frühling 2017), S. 22.
83 Andreas Platthaus: Vom Willen verweht. In: FAZ, 23.11.2020.
84 https://www.comedix.de/lexikon/special/gudrun_penndorf/interview.php.
85 Die Sprechblase, mit der recht eigentlich der Übergang von der Bildgeschichte zum Comic-Medium vollzogen wurde, ist allerdings keine Erfindung dieser Erzählweise. Schon im Mittelalter wurden Monologe und Dialoge auf diese Weise bildhaft dargestellten Personen zugeordnet. Später war die durch Blase und Pfeil – manchmal auch nur Pfeil – geschaffene Verbindung von Text zu Bild ein beliebtes Mittel von Karikatur und Propaganda.
86 https://www.egmont-comic-collection.de/lucky-luke/interviews/.
87 ebd.
88 Zit. nach: Heiner Lünstedt / Joanna Gawronska: Die obligatorische Kampfszene. In: Alfonz – Der Comicreporter, Nr. 3/2021, S. 81.
89 Pia Horlacher: Lucky Jim oder alles eine Frage des Glücks. Ganz ungewöhnlich gewöhnlich: James Stewart. In: Dieter Bertz (Red.): Filmkalender 1993. Marburg 1993 (o.S.).
90 Falls jemand die Geschichte nicht kennt: Der Lone Ranger war einst einer von einer Gruppe von sechs Männern seiner Profession, die in einen Hinterhalt gerieten. Alle mussten sterben, auch der Bruder des Helden, der nur durch die Hilfe jenes Indianers überlebte, den er später »Tonto« nannte. Der Überlebende beschloss, seinen bürgerlichen Namen für immer zu

begraben, zwischen den Gräbern der anderen fünf, und fortan, unter einer Maske verborgen, als einsamer Kämpfer gegen das Böse zu kämpfen. Sein Markenzeichen dabei sind die Kugeln aus dem Silber, das er aus der Mine seines Bruders bezieht. Gezeichnet wurde die erste Comic-Version von Charles Flanders.

91 Frank B. Wilderson im Gespräch mit Markus Metz und Georg Seesslen.

92 Ariel Dorfman: Der einsame Reiter und Babar, König der Elefanten. Reinbek 1988, S. 92f.

93 The Charmed Life of Lucky Luke. http://www.chinadaily.com.cn/weekend/2017-09/23/content_32369791.htm.

94 Martin Surmann im Gespräch mit Olivier TaDuc. In: Zack Nr. 63 (Sept. 2004), S. 4f.

95 Wanderer, kommst du nach Sparta, verkündige dorten, du habest uns hier liegen gesehn, wie das Gesetz es befahl. Friedrich Schiller: Der Spaziergang.

96 »Zu spät. Die Reiter ohne Pferd waren vor dem Pferd ohne Reiter da« (Der Apachen-Canyon.

Kleine Bibliografie

Cuno Affolter / Urs Hangartner: I'm a poor lonesome cowboy. Lucky Lukes Westernwelt. In: Andreas C. Knigge (Hg.): Comic Jahrbuch 1990. Hamburg 1990.

Stéphane Beaujean: L'Art de Morris. Angoulême 2016. Katalog zur gleichnamigen Ausstellung.

Horst Berner: Editorische Vorworte in *Lucky Luke* – Die Gesamtausgabe (2003–2016).

Horst Berner / Volker Hamann (Hg.): Das große Lucky-Luke-Lexikon. Hamburg 2022.

Alexander Braun (Hg.): Going West! Der Blick des Comics Richtung Westen. Katalog zur gleichnamigen Ausstellung 2015–2016 in Basel und Hannover.

Andrea Carta: Il Corriere dei Piccoli – Una supernova tra le riviste d'autore. Viterbo 2022.

Daniel Couvreur: Belvision. Le Hollywood européen du dessin animé. Paris 2013.

Yvan Delporte: Lucky Luke Special. Das illustrierte Morris-Buch. Stuttgart 1995.

Wolfgang J. Fuchs: Interview mit *Lucky Luke*-Zeichner Morris. In: Comixene 4, Nr. 19. Hannover 1978.

GEO Histoire. Sondernummer: Lucky Luke et la conquête de l'Ouest. No. 41, Oktober 2018 (Daraus folgend: Eric Meyer [Hg.]: Lucky Luke – La conquête de l'Ouest à travers les aventures du célèbre cow-boy. Paris 2019).

Volker Hamann (Hg.): Dossier Morris und Lucky Luke. Reddition – Zeitschrift für Graphische Literatur 4, Nr. 64, April 2016.

Harald A. Havas: Es war einmal im Wilden Westen ... Frankreichs Cowboy Nr. 1 wird 40. In: Comic Forum, Nr. 40, 1988.

Joe Hembus: Western-Geschichte. München 1979.

Historia. B.D. No. 2: Lucky Luke, le far west du crime et de la justice. Paris 2020.

Jijé: Spirou par Jijé. Paris 2015.

Philippe Mellot: L'Univers de Morris. Paris 1988.

Réunion des Musées Nationaux: Goscinny et le cinema – Asterix, Lucky Luke et Cie. Paris 2017.

Markus Tschernegg: Dossier Lucky Luke. In: Comic Forum, Nr. 21, 1983.

Abbildungsnachweis

15: Jmh2o (Wikipedia) / Morris | 21: Archiv des Verlages | 24: Archiv des Verlages | 25: Wikipedia / Morris | 28: Archiv des Verlages | 29: Morris / Dargaud | 31: Dick Ayers / Jack Kirby | 47: MiddelkerkeSteve (Wikipedia) / Art Mural a.s.b.l. / Morris | 53: Morris / Dupuis | 54: Matthieu Bonhommes / Lucky Comics | 56: Archiv des Verlages | 57: Archiv des Verlages | 60: Jijé | 63: Splitter Verlag | 67: Mondial Verlag | 71: Pabel Verlag | 72: Eckart Schott Verlag | 77: Paloma Films / Reteitalia | 78: UGC YM | 80: Archiv des Verlages | 82: Nevit Dilmen (Wikipedia) | 84: Archiv des Verlages | 87: Morris | 89: Morris / D. F. Bertz | 93: Morris / Dupuis | 94: Internet / gemeinfrei | 97: Jmh2o (Wikipedia) / Morris | 98: Archiv des Verlages | 103: Morris / Dupuis | 105: Internet / gemeinfrei | 107: Morris / Dupuis | 112: Morris / Dupuis | 114: Internet / gemeinfrei | 115: Morris / Dupuis | 120: Internet / gemeinfrei | 121: Vikiçizer (Wikipedia) | 124: Internet / gemeinfrei | 125: Morris / Dupuis | 128: Archiv des Verlages | 129: Morris / Dargaud | 132: Jmh2o (Wikipedia) / Morris | 135: Internet / gemeinfrei | 141, links: Archiv des Verlages; rechts: Morris / Dargaud | 146: Internet / gemeinfrei | 147: Morris / Dargaud | 151: Archiv des Verlages | 156: Morris / Dargaud | 158, oben: Archiv des Verlages; unten: Morris / Lucky Productions | 162: Internet / gemeinfrei | 166: Internet / gemeinfrei | 167: Morris / Lucky Comics / Dargaud | 172: Internet / gemeinfrei | 177: BD_Angouleme (Wikipedia) | 179: Jul / Achdé / Lucky Comics / Dargaud | 182: Jul / Achdé / Lucky Comics / Dargaud | 184: Salleck Publications | 186: Archiv des Verlages | 187: Egmont Comic Collection | 189: Selbymay (Wikipedia) | 194: Archiv des Verlages | 197: Archiv des Verlages | 199: Stefflater (Wiki) / Morris | 200: D.F. Bertz | 201: Sony | 203: Morris | 205: Domigillain (Wikipedia) | 209: gemeinfrei: Hans Peters / Anefo – Nationaal Archief Fotocollectie Anefo (Wikipedia) | 213: Simon de l'Ouest (Wikipedia) | 216: Mazku~commonswiki (Wikipedia) | 219: Julienmorvan (Wikipedia) | 222: Jul / Dargaud | 225: Archiv des Verlages | 226: Morris / Dargaud | 227: Morris / Dupuis | 229: Morris / Dupuis | 236: Morris / Dargaud | 237: Morris / Dargaud | 241: Internet / gemeinfrei | 243: Nevit Dilmen (Wikipedia) | 244: Archiv des Verlages | 245: Archiv des Verlages | 246: Morris / Dargaud | 247: Archiv des Verlages | 250, oben: Internet / gemeinfrei; unten: Morris / Lucky Comics / Dargaud | 254: Archiv des Verlages | 259: Morris / Dargaud